치유를 위한
기름 부으심

Anointing to Heal
ⓒ 2005 by Randolph Vickers
originally published in English under the title Anointing to Heal
Published by Terra Nova Publications International Ltd
PO Box 2400, Bradford on Avon, Wiltshire BA15 2YN, UK.
All rights reserved.

This Korean translation edition ⓒ 2024 by YUHA Publications.
Seoul, Republic of Korea
Translated and used by permission of Randolph Vickers.

이 한국어판의 저작권은 Randolph Vickers와 독점 계약한 유하출판사에 있습니다.
신 저작권법에 따라 한국 안에서 보호받는 저작물이므로 무단 전제와 무단 복제를 금합니다.

치유를 위한 기름 부으심

초판 발행 | 2024년 4월 20일
지은이 | 랜돌프 비커스
옮긴이 | 오신숙
발행인 | 한뿌리
총괄 | 이소진
펴낸곳 | 有하
등록 | 2014년 4월 24일 제 2016-000004호
주소 | 서울 강서구 공항대로 334(내발산동)
전화 | 02-2663-5258
팩스 | 02-2064-0777
인쇄 | 인스 P&B

값 18,000원
ISBN 979-11-85927-48-0 03230

랜돌프 비커스 지음

치유를 위한
기름 부으심

오신숙 옮김

有하

차례

서문 / 07

역자 서문 / 11

1장　치유를 위한 하나님의 사랑의 깔때기 / 15
2장　믿음을 선포하기 / 45
3장　죽은 사람이 무슨 믿음을 가지고 있을까? / 73
4장　기름 부으심이 멍에를 끊는다 / 101
5장　오소서, 성령님! / 137
6장　예언적 치유 / 173
7장　기본을 가르치기 / 201
8장　아기, 결혼, 맹세 / 241
9장　우울증, 공포증, 알레르기 그리고 근육통성 뇌척수염(M.E.) / 275
10장　암과 다른 장애들 / 303

서문

'노섬브리아(Northumbria) 기독교 치유기도 센터'는 1991년에 우리 집에서 시작되었다. 우리 집은 사람들이 자유롭게 와서 우리가 믿을 수 있는 유일한 분인 예수 그리스도를 만날 수 있는 제법 안전한 장소였다. 예수님은 우리를 치유하시고 온전하게 하실 수 있는 유일한 분이다. 우리가 집을 샀는데, 그 집 이름이 '거지들의 휴식처'(Beggars Roost, 이 책에서는 영문 명칭 그대로 '베거즈 루스트'로 부르기로 한다-역주)였다. 처음에는 그 이름에 특별한 의미가 있다는 것을 인식하지 못했다. '거지'(beggar)란 병들어 치유를 기다리는 사람처럼 자신이 필요한 것을 소유하고 있지 못한 사람이다. 이 세상에는 치유가 필요하고 마음의 고통으로 어려움을 겪고 있으며, 외롭고 소망이 없으며, 기회도 없고 갈 곳도 없으며, 믿을 만한 사람이 하나도 없는 사람들이 너무나 많다. 사실 그들은 자기 자신조차도 믿을 수 없는 사람들이다.

하나님은 인생의 폭풍우를 만난 그분의 자녀들을 돌보신다. 시편 91편 4절의 귀한 말씀이 그것을 증거한다. 그 진리는 우리가 삶의 어떤 현장에 있을지라도 절대 변하지 않는다.

"그가 너를 그의 깃으로 덮으시리니 네가 그의 날개 아래에 피하리로다 그의 진실함은 방패와 손 방패가 되시나니."

이 책은 예수님이 나와 나의 아내 도로시(Dorothy)를 치유 사역에 동참하게 하셨던 1975년 이후, 우리 부부를 포함하여 많은 사람이 영국 내 많은 지역과 해외로 어떻게 오고 갔는지, 또 예수님이 그들을 어떻게 고치셨는지 우리가 보고 겪은 이야기들을 담았다. 또한 우리 치유 센터와 외부 사역을 통해 많은 사람이 고침받은 이야기를 자세히 기록해놓았다. 그러나 나의 성공을 기뻐하고 자랑하려는 의도는 전혀 없다. 그동안 치유받은 많은 사람의 이야기가 담겨 있지만, 우리 팀원들을 포함해서 아직 치유되지 못한 사람들도 있기 때문에 우리는 항상 긴장감 속에서 살고 있다.

이 책이 예수님과 함께 치유 사역을 하거나, 그 사역에 동참하고자 하는 교회나 공동체 혹은 개인에게 유용한 정보를 줄 수 있기를 소망한다. 또한 이런 치유 기록을 통해 병들고 아픈 친구나 가족이 굳건한 소망을 품게 되고, 무엇이든지 가능하게 하시는 하나님 아버지를 온전히 신뢰하게 될 것이라고 믿는다. 나는 이 기록의 진실성을 확증하기 위해 치유 사역의 일부를 예로 들어 상세히 설명하면서, 우리가 사역에 임할 때 어떻게 해야 하는지 여러 방법을 보여주려고 노력했다. 대부분은 우리가 무엇을 하고, 왜 그것을 하는지, 또한 우리가 무엇을 말하고, 왜 그것을 말하는지를 성경 말씀에 근거해 설명하려고 노력했다.

내가 이 책을 쓰려고 자료를 모으고 있던 어느 날, 1년 이상 보지 못하고 이야기도 전해 듣지 못했던 한 여성도가 아침 일찍 전화를 했다. 전화 내용은 주님이 나에게 전화해 다음의 구절을 전해주라는 감동을 강하게 주셨다는 것이다. "여호와의 말씀이니라 내 말이 불 같지 아니하냐 바위를 쳐서 부스러뜨리는 방망이 같지 아니하냐"(렘 23:29). 그녀는 우리 사역을 통해 얼마나 많은 사람이 정신적, 육체적으로 치유되었는지 또 그 영향력이 어느 정도인지, 내가 제대로 실감하지 못하고 있는 것 같다고 말했다. 또한 우리가 밖에서 인도한 사역과 교육을 통해 얼마나 많은 선교 단체와 그룹이 생겨났는지를 잘 모르고 있다고 했다. 그녀는 몇 년 전 베거즈 루스트에 와서 어떻게 두려움에서 놓여났는지를 설명했다. 지금은 그녀와 남편도 이 사역을 하고 있다고 했다.

　나는 지난 30년 동안 나와 함께 동역한 아내에게 이 책을 바친다. 또 오랫동안 여행할 수 있도록 도와준 나의 아들 데이비드(David)와 며느리 카렌(Karen)에게, 그리고 그들의 지도를 받고 있는 노섬브리아 기독교 치유기도 센터 팀들에게, 또 우리를 교회로 초대해주신 목사님들에게, 그리고 원고를 검토해준 아내와 우리의 친구 노라 스콧(Nora Schott)에게, 그리고 사람들의 이름과 그들의 이야기를 사용할 수 있도록 허락받는 일을 위해 수고한 엘린 멜레이(Ellen Mallay)에게 깊은 감사를 전한다.

랜돌프 비커스
2005년 8월 베거즈 루스트에서

역자 서문

내가 이 책을 접하게 된 것은 2006년에 랜돌프 비커스(Randolph Vickers, 이하 그의 애칭인 랜디로 표기)가 운영하던 노섬브리아 기독교 치유기도 센터를 방문한 뒤 얼마 지나지 않아서였다.

독일에서 신학 박사 과정을 다 마치고 논문만 남은 상황에서 1995년에 남편의 새로운 목회지인 영국으로 이주하게 되었다. 늦은 나이에 다시 신학 석사 논문을 쓰면서 그동안 너무 많은 시간을 책상에 부동자세로 앉아 있었던 탓인지 왼쪽 팔과 다리에 통증이 있었고, 팔은 어깨 이상으로 올릴 수 없었다. 내가 살던 영국 더럼 지역의 대학 병원을 찾아 하루 내내 검사를 했지만, 원인을 찾을 수 없었다. 2006년 9월, 논문을 제출하고 영국 교회에서 만난 친구 안(Anne)의 권유로 노섬브리아 기독교 치유기도 센터를 함께 방문하게 되었다. 첫날 예배 중 치유 센터의 스태프들이 한 시간 전에 모여 기도하며, 하나님께 받은 지식의 말씀을 근거로 그날 저녁에 고쳐주기를 원하시는 사람들의 증상을 발표하는 시간이 있었다. 그중 두 번째 항목이 나의 상태를 정확하게 묘사하고 있었다. 누구든지 자원하는 사람은 나와서 기도를 받으라고 해서 나는 앞으로 나갔다. 지금은 돌아가신 랜디 목사님과 사모님인 도로시가 나를 위해 기도해주었다. 그날 저녁 이후 나를 짓누르던 통증은 사라지고 서서히 팔이 올라가기 시작했다. 그후 얼마 동안 자동차로 50분이 걸리는 센터를 다니며 랜디 목사님이 쓴 이 책을 읽으면서 많은 은혜를 받았다.

1년여 동안 영적 교제를 나눈 뒤 2007년 우리 부부는 한국으로 들어오게 되었다. 그 후 태풍으로 무너진 우리 동백리 교회가 재건축된 뒤, 랜디 목사님은 2010년에 우리 교회에 오셔서 치유 집회를 인도해주셨다. 목사님은 그 곁에 있으면 예수님과 같은 성품을 느낄 수 있는 분이었다. 나는 그분이 매순간 주님과 동행하시는 모습을 보았다. 얼마 전, 랜디 목사님은 내가 이 책을 한국어로 번역하기 시작한 것을 보시고 소천하셨다. 생전에 번역된 책을 보여드리지 못한 것이 너무 죄송하다.

이 책은 랜디 목사님과 도로시 사모님이 주로 아프리카와 미국, 독일 등 선교 여행에서 혹은 기도 센터와 영국에서 일어난 성령의 역사를 기록하였지만, 신학 석사학위를 받은 학자답게 말씀에 기초하여 왜 치유가 반드시 일어나야 하는지, 어떻게 치유가 일어났는지에 대해 하나님의 음성을 듣고, 예언적 치유를 통해 구체적으로 설명하고 있다. 처음에 나오는 이론적인 부분이 어렵게 느껴질 수 있으나, 갈수록 그의 깊은 영성을 느끼게 되고 생생한 치유 사역의 현장을 볼 수 있다. 보면 볼수록 한 번만 읽기에는 너무 아까운 책이라는 생각이 든다.

이 책의 기록은 개인에게도 유익하지만, 교회나 치유 사역을 하고 있는 사람에게도 유익하다. 또한 저자는 한 회사를 운영하는 사장으로 사업장에서 치유가 일어날 수 있다는 것을 증명해주고, 치유 사역을 하는 사역자들이 어떤 기본적인 자세를 갖추어야 하는지 말씀을 통해 정확하게 짚어준다. 아직 번역되지는 않았지만, 그의 두 번째 책인 『기독교 치유의 9가지 기본 모듈』(Nine Basic Moddules of Christian Healing)은 치유 사역자들을 어떻게 훈련해야 하는지를 더 자세히 알려주고 있다.

언젠가 책상에 앉아 번역을 하고 있는 나의 모습을 보고 놀란 적이 있다. 그러나 바쁜 목회 일정으로 진도를 많이 나가지 못하고 시간이 많이 지났는데, 마침 영국의 좋은 책을 소개해달라는 합신 동기이자 실로암 교회의 담임인 한양훈 목사의 부탁으로 오래전 번역을 시작해놓았던 이 책이 생각났다. 처음에는 랜디 목사님의 방향과 다를 수 있다고 생각하여 "한 목사의 성령 사역과 다를 수 있는데 괜찮겠느냐?"라고 물었다. 그러나 성령님의 역사는 다양하니 괜찮다는 답이 돌아왔다. 성령님의 역사에 대한 다양함을 배우겠다는 열정과 의지가 큰 동기가 되어 이 책의 번역을 다시 시작하게 되었다.

처음에는 한양훈 목사가 치유 사역에서 선조의 죄까지 회개해야 한다는 것을 너무 강요한다는 인상을 받아 좀더 자세히 확인하고 싶었지만, 결국 나는 치유에서 회개가 큰 역할을 한다는 것을 사역 현장에서 많이 발견했다. 이런 점에서 우리는 서로 공통점이 있었고, 나로서는 회개의 중요성을 다시 한번 확인하는 기회가 되었다(마 9:1-8, 중풍병자의 죄를 사하시고 일어나라 하심).

이 책을 번역하면서 영국의 특이한 문화나 난해한 표현은 영국인인 사위와 영국에서 직장생활을 하고 있는 자녀들의 도움을 받았다. 너무나 고마운 마음을 전한다. 또한 이미 번역해놓은 번역본을 읽어준 남편 정종은 목사와 이소진 간사에게 깊은 감사를 전한다. 특별히 마지막 번역본을 읽으며 더 좋은 단어들을 생각나게 해주신 성령님의 역사에 감사드린다. 이 책이 한국어로 출간될 수 있도록 인도해주신 하나님께 모든 감사와 영광을 올려드린다.

2023년 11월, 금일도 동백리 교회에서

오신숙

1장

치유를

위한

하나님의

사랑의

깔때기

주님은 내가 그분의 사랑의 '깔때기'가 되어야 한다는 것을 보여주셨다. 그것은 바로 예수님의 치유 사역에서 그리스도인이 어떤 역할을 해야 하는지에 관해 나에게 보여주신 그림이었다. 깔때기는 예수님이 필요한 사람에게 하나님의 사랑과 평안와 은혜 그리고 능력을 부으시는 통로를 말한다.

내 생각에는 독일의 베를린 장벽이 무너지기 전, 나와 아내가 동독에서 사역하고 있을 때 처음으로 깔때기 기능을 살짝 경험한 것 같다. 그때 우리는 독일어를 한마디도 할 수 없었다. 우리를 초청하고 안내하고 통역해준 사람은 국제 순복음 사업가 친목회(FGBMFI)의 베를린 지역 회장인 내 친구 장 피에르 비츠만(Jean Pierre Witzman)이었다. 예배와 나에 대한 소개가 끝난 후 사역 시간이 되었다. 친구는 기도가 필요한 사람은 앞으로 나오라고 독일어로 광고했다. 그곳은 사람들이 꽉 들어찬 작은 방이었지만, 앞쪽에 약간의 공간이 있었다.

제법 나이가 있어 보이는 한 노인이 비척거리며 앞으로 나왔다. 그녀의 무릎 관절은 굳어 있었고 힘들게 움직였다. 그녀는 영어를 전혀 할 수 없었고, 장 피에르는 다른 사람들과 함께 있었다. 그래서 나는 단순히 그녀의 어깨에 손을 얹어놓은 상태였다. 주님은 나에게 그녀의 내면이 얼마나 차갑고 황량한지를 느끼게 해주셨다. 방의 온도 때문에 그녀의 몸이 차가운 것이 아니라, 감정적, 영적으로 얼어붙어 차가워진 모습을 보여주셨다. 그것은 마치 아무 소망 없는 차갑고 황폐한 불모지처럼 느껴졌다. 내가 이해하기로는 그녀가 사랑하고 돌보았던 것을 다 빼앗긴 것 같았다.

나는 아내에게 그녀를 붙잡아달라고 했다. 아내는 157센티미터의 체구가 작은 여인이었지만, 자기보다 훨씬 큰 그녀를 감싸 안아줄 수 있었다. 우리 부부는 조용히 방언으로 기도했다. 아내는 주님이 필요한 것을 다 하셨다는 느낌이 올 때까지 오랫동안 그녀를 안고 있었다. 아내가 그녀를 붙들고 있을 때, 하나님 아버지는 사랑과 따스함과 소망과 평화를 그녀에게 부어주셨고, 그녀의 갇힌 영혼에 활기를 불어넣어 자유롭게 하셨다. 그 이상은 누가 알겠는가? 우리가 할 수 있었던 것은, 단지 그 자리에 있으면서 자원하여 주님의 팔이 되어드리는 것뿐이었다. 그래서 주님이 그녀를 사랑하셔서 다시 살리시도록 하는 것이었다. 주님은 우리가 몸을 움직이고 꿈틀거림으로써, 그녀가 꿈틀거리고 움직이기를 원하셨다. 그녀가 꿈틀거렸을 때, 하나님의 사랑이 내면의 얼어붙은 황무지에 온기를 주시고 치유해주시는 것을 그녀는 느꼈다. 그녀의 관절과 뼈는 서서히 부드러워졌고 결국 자유롭게 되었다. 그녀가 다시 자기 자리로 돌아갈 때는 이전처럼 비척거리지 않고 자유롭게 걸어 들어갔다.

나의 오래된 기억 가운데 생각나는 것이 하나 있다. 모임이 끝나고 집으로 돌아가면서 일어난 일이다. 이름도 모르는 키가 작은 여성이 문 밖으로 나가려다가 방향을 틀어 어깨너머로 우리를 바라보면서 기쁨에 찬 미소를 지었다. 그리고 자신이 치유받아 자유롭게 되었다는 것을 보이려고 개구쟁이처럼 우리에게 엉덩이를 흔들었다. 나는 말라기 4장 2절이 생각났다. "내 이름을 경외하는 너희에게는 공의로운 해가 떠올라서 치료하는 광선을 비추리니 너희가 나가서 외양간에서 나온 송아지같이 뛰리라." 나이가 꽤 들어 보이는, 자그마한 둥근 얼굴의 여성은 문자 그대로 깡충깡충 뛰면서 방을 나갔다. 뒤돌아보면, 여러 해가 지나서야 이 일은 내가 '흡수 신학'(absorption theology)을 위해 부름받았다는 것을 어렴풋하게 깨닫게 된 첫 번째 사건이었다. 나는 우리가 사람들에게 줄 수 있는 큰 은사는, 바로 성령님의 능력 안에서 하나님의 사랑이 강력하게 임하도록 하는 것임을 알게 되었다. 치유란 성령의 기름 부으심에 흠뻑 젖어들면서 일어난다. 그래서 우리가 그 과정을 의식적으로 인식하거나, 혹은 우리 뇌로 무슨 일이 일어나는지 깨닫지 못하면서, 치유하시는 예수님의 사랑을 자기 안에 흡수하게 된다. 치유란 이렇게 우리의 영혼과 육, 전체가 주님에게서 오는 온전함을 흡수하는 것이다. 에베소서 1장 3절 하반절은 우리에게 하나님 아버지가 그리스도 안에서 하늘에 속한 모든 신령한 복을 우리에게 주셨다고 가르쳐준다. 예수님은 우리 안에 복을 부으시기를 원하신다.

나는 누구도 치유할 수 없다. 하나님이 우리 몸에 자연스럽게 치유할 수 있는 능력을 주셨는데도, 우리는 의식적으로는 우리 자신을 치유할 수 없다. 치유는 하나님의 뜻이다. 우리는 하나님 안에 몸을 담그고 그분을 흡수한다. 그래서 우리는 사람들에게 사역할 때 우리 팔로 그들을 감싸 안고 어떻게든 그들을 그리스도의 임재 안으로 끌어들인다. 우리의 두 팔은 그들에게 깔때기를 열어주는 도구가 된다. 두 팔을 통해 하나님은 그들에게 그 은혜의 풍성함을 아낌없이 부어주신다(참조. 엡 1:7).

베거즈 루스트에 있는 노섬브리아 기독교 치유기도 센터를 세우기 위해 주님이 나에게 주신 비전 중 일부는 그리스도의 몸인 교회가 가르치고 치유 사역을 하도록 격려하는 것이었다. 이 사역에는 국내와 해외에서 초청받은 교회와 모임을 방문하는 것도 포함된다. 그래서 나는 왜 교회나 모임들이 이 치유 사역에 적극적으로 동참하지 않는지 알아내야 했다. 내가 발견한 가장 중요한 문제는 두 가지다. 하나는 두려워서이고, 다른 하나는 믿음에 관한 지식이 부족해서다. 그런데 이 두 관계는 혼합되어 있다.

목회자나 성도들이 말하는 두려움은 '사역을 통해서도 치유받지 못하는 사람들은 어떻게 하는가?'였다. 성경에서 하나님은 치우치지 아니하신다고 했는데도 그들은 치유신학을 받아들이는 것이, 하나님을 편파적으로 치유하시는 분으로 받아들이는 것처럼 생각할 수 있다.

"그러자 베드로가 말하기 시작했다: 나는 참으로 하나님께서는 사람을 외모로 차별하지 않는 분이시라는 것을 깨달았습니다"(행 10:34, 쉬운성경).

"차별하지 않으신다" (롬 2:11, 쉬운성경)

성경 말씀의 진리가 교회가 경험한 것과는 모순되는 것으로 보일 수 있다. 때문에 그들은 하나님이 치유하시는 일에 동참하지 않는 것이 당장은 더 안전하다고 느낄 것이다. 그런데 세상 의술에 대해서는 똑같은 문제 제기를 하지 않는 것이 이상하지 않은가? 그 증거로 약물치료를 받은 사람 중 많은 수가 낫지 않고 죽지만, 어떤 사람도 의사에게 치료받는 것을 중단해야 한다고 말하는 사람은 없다는 것이다. 그것은 영적 치료와 달리 약물 치료는 낫지 않아도 치료가 잘못되었다고 느끼지 않기 때문이다.

이제 다시 두려움에 관한 논제로 돌아가 보자. 아픈 사람 편에서 보면, 그들이 기도를 받으려고 앞으로 나갔다가 낫지 않으면 자신들의 잘못이 아닐까 하는 두려움이 생길 수도 있다. '치유받을 만큼 내게 믿음이 충분하지 않았나?' '다른 사람들의 눈에는 어떻게 보일까?' 사역자들도 자신들이 안수했는데도 낫지 않으면, 자신들의 믿음이 적어서 그런 것은 아닐까 두려워할 수도 있다. 그러므로 환자들은 교회 의자에 앉아서 스스로 그 문제를 극복하거나 아픈 채로 있으면서 치유의 기회를 붙잡지 않는 편이 더 안전하다고 생각할 수 있다. 그리고 사역자들도 치유받기 위해 앞으로 나온 환자들에게 안수하지 않는 편이 더 안전하다고 느낄 수 있다. 치유보다는 축복을 위해 앞으로 나오기를 권유하는 편이 훨씬 더 안전하다고 생각한다. 왜냐하면 치유는 당장 눈으로 볼 수 없는 경우가 포함되기 때문이다. 또한 사역자도 환자도 축복 기도에는 실수가 없다고 느끼기 때문이다.

신학자가 많은 것처럼 치유신학도 많다. 그래서 나는 나의 석사 논문 <치유의 면모>(Aspects of Healing)에서 많은 신학자와 더 깊이 토론하였다. 다른 이름으로 '흡수 신학'이라고 부르는 것은 지나치고 심지어 주제넘게 보일 수 있으나, 다른 어떤 이름에서도 하나님의 치유라고 인식하기에 알맞은 삼투현상 같은 개념을 찾을 수는 없었다.

치유되기를 기대하고 사역에 동참하고 있더라도 문제를 향하여 명령할 때, 사역받는 사람이나 사역하는 사람은 모두 두려움이 없어야 한다. 왜냐하면 치유는 과정이지 일회적인 사건이 아니라고 나는 믿기 때문이다. 물론 기도하는 중에나 안수하는 중에 즉각적으로 몸이 치유되거나 걱정과 근심에서 벗어난 증거와 경험이 있을지라도, 그것은 그 사람의 전 생애를 통틀어 진행된 준비 과정의 한순간일 뿐이기 때문이다. 이 과정은 사역하는 사람이나 치유받았다고 간증하는 사람을 포함하여 수많은 사람의 삶에서 반복되어왔다. 예를 들면, 천장에서 중풍 병자를 달아 내린 친구들이 있다. 그 일로 인해 예수님이 그 환자를 고치실 수 있었다. 그 친구들은 준비를 비롯해 치유의 전 과정에서 아주 많은 부분을 차지했다.

내가 예수님을 삶의 주인으로 영접했을 때, 전체를 이해하고 감사하는 여정에 스스로 참여했음을 인정했다. 내가 믿기로 하나님은 우리에게 필요한 모든 것을 이미 다 공급하셨고, 그분의 뜻은 그분의 백성이 모든 면에서 잘되는 것인데, 이는 영혼이 잘되는 것뿐 아니라 육체도 강건하기를 바라시는 것이다. 우리는 그 뜻을 수용하고 받아들이는 자리에까지 가야 한다. 우리가 어떻게 우리를 향한 하나님의 뜻을 잘 받아들이는(혹은 내 것으로 삼는) 자리에까지 갈 수 있는지 씨름하면서, 나는 예수님이 하나님 나라가 손에 닿는 가까운 곳에 있다는 것을 강조하신 것이 얼마나 기본이 되며 중요한지를 인식하게 되었다. 그래서 현재 일어나는 치유는 단지 하나님 나라가 바로 여기에 있어서 일어난 것이다. 예수님이 열두 제자에게 능력과 권위를 주실 때 그들에게 두 가지를 하라고 명령하셨다(눅 9:2). 첫 번째는 하나님 나라를 선포하라고 하셨고, 두 번째는 치유하라고 하셨다. 그다음 칠십 명의 제자에게는 병자들을 고치고 이르시기를 "하나님의 나라가 너희에게 가까이 왔다"(눅 10:9)라고 하셨다. 그리고 이때부터 예수님이 비로소 전파하여 이르시되 "회개하라 천국이 가까이 왔느니라"라고 하셨다(마 4:17). 많은 번역본(AV를 포함하여)은 여기서 "eggizo"를 "가까이"(near)보다는 "가까이"(at hand)라고 번역한다.

> "예수께서 온 갈릴리에 두루 다니사 그들의 회당에서 가르치시며 천국 복음을 전파하시며 백성 중의 모든 병과 모든 약한 것을 고치시니"(마 4:23).

> "이르시되 때가 찼고 하나님의 나라가 가까이 왔으니 회개하고 복음을 믿으라"(막 1:15).

위의 구절에서도 "하나님 나라가 가까이(at hand) 있다"고 말씀한다. 그러므로 하나님 나라의 복음이 예수님의 가르침과 사역의 중심이다.

예수님은 언젠가 가까운 미래에 임할 왕국이나, 우리가 소망하는 한 부분이나, 우리가 모든 아픔과 질병에서 놓여 온전해지는 순수한 재림 때의 경험만을 말씀하시지 않는다. 이것은 과거에도 일어났고, 현재도 일어나고 있다.

만약 케이크를 구우려고 한다면 무엇을 할 것인가? 먼저 나는 재료가 다 있는지 확인하고 조리대에 가져다 놓을 것이다. 그다음에 숟가락, 거품기, 케이크 틀 등 필요한 조리 기구를 꺼낼 것이다. 이 모든 것이 편리한 장소에 다 갖추어져 있을 때, 나는 케이크를 만들기 시작할 것이다. 나는 모든 것이 손에 잡히는 곳에 준비되기 전에는 시작하지 않을 것이다. 그래야 내가 손을 뻗어 원하는 대로 필요한 것을 집을 수 있다. 그렇게 하면 이 재료를 쓸까 저 재료를 쓸까 망설이거나, 지난번에 사용한 계란 거품기가 어디에 있는지 찾느라 이리저리 뛰어다닐 필요가 없다. 이렇게 모든 것이 '가까이'(at hand) 있어야 한다.

예수님이 선포하신 하나님 나라의 복음을 생각해볼 때, 우리는 우리가 필요한 것을 모두 다 가지고 있다는 것과 그것이 이미 가까이 있음을 알아야 한다. 우리가 해야 할 일은 손을 뻗어 그것을 잡아서 사용하는 것이다. 왜냐하면 중생한 사람들은 지금 하나님 나라 안에 사는 특권이 있기 때문이다. 나는 치유 사역을 지지하는 어떤 사람이 지금 치유를 받는다는 것은 예수님이 세상을 다스리기 위해 다시 오실 때 장차 이루어질 하나님 나라에서 '빌려오는' 것이라는 설명을 들었다. 그러나 그것은 우리가 지금 하나님 나라에 살고 있다는 진리를 간과하고 있는 것처럼 보인다. 우리가 미래에서 치유를 빌려오는 것은 아니다.

수많은 신학자와 사역자가 하나님 나라에 대해 같은 공감대를 형성하고 있으며, 하나님 나라를 그리스도인의 삶에 현재 공존하는 것으로 받아들이는 것이 중요하다고 생각한다는 것을 알게 되니 위로가 된다. 장 다넬(Jean Darnell)은 그것을 '포개진 삶'으로 묘사하고, 슈바이쳐는 '현세의 윤리'라고 단언했다. 구스타프 아울렌(Gustaf Aulen)은 칭의란 현재로 가져온 속죄이기에 여기 현재에서 하나님의 축복이 저주를 이긴다고 하였다. J. V. 테일러(J. V. Tayor)는 소망 신학이 하나님 나라가 벌써 주어졌다는 확신을 잃어버린 것이라면 그 신학은 불완전하다고 했다. 알란 에클스톤(Alan Ecclestone)은 하나님 나라의 삶은 지금 놓치지 말아야 하는 것임을 일깨워주었다. J. A. T. 로빈슨(J. A. T. Robinson)은 성령님과 함께하는 새 시대를 그리스도 안에 계시는 하나님께로 가는 '창'으로 묘사했다. 성령님을 하늘나라로 가는 창으로 묘사한 매력적인 이미지는, 내가 이해하고 있는 사랑의 깔때기의 지상 끝부분과 확실하게 연결되어 있다. 하나님은 사람들이 겪고 있는 문제에서 멀리 하늘에 계시는 것 같지만, 사실 예수님은 십자가에서 우리를 위해 모든 것에 대해 승리하시고, 아픔과 죄로부터 모든 것을 고치시고 구원하셨으며, 우리를 위해 모든 풍성한 삶을 이미 준비해놓으셨다. 이 은혜는 우리가 그 모든 것을 받아들일 때 우리 위와 안에 부어질 준비가 된다. 성령으로 충만하고 기름 부음을 받은 어떤 사람이 기도가 필요한 사람들과 함께 서 있고 예수님의 이름으로 사역할 준비가 되었을 때, 늘 그랬듯이 우리는 사랑의 흐름을 인도하는 깔때기의 한 부분이 된다. 하나님은 원천이시고 우리는 깔때기다.

베를린에 있을 때 나는 하나님이 당신의 뜻대로 만드신 우리 자신을 사랑해야 하고, 하나님께 감사해야 한다는 것에 대해 더 깊이 깨닫게 되었다. 영어를 유창하게 하는 한 매력적인 젊은 자매가 나를 찾아왔다. 그녀는 '엉덩이 탈골증'(clicky hips)이라는 문제를 겪고 있었다. 나는 의학 용어를 잘 모르고 그런 병명은 들어보지도 못했지만, 그녀는 그것이 잘 알려진 의학적 병명이라고 확인해주었다. 그녀가 걸을 때 고관절에서 문자 그대로 딸깍거리는 소리가 났는데, 그때마다 굉장한 통증을 수반하며 앞으로 상태가 더 나빠질 수 있다고 말했다. 나는 하나님께 그 병에 대해 여쭈었는데, 하나님은 그녀가 여태까지 남자가 되기를 원했고 여자가 된 것에 화난 적이 있느냐고 묻도록 인도해주셨다. 그러자 그녀는 아버지가 자신이 태어났을 때 남자아이이기를 원했었다고 말했다. 그래서 그녀는 모든 것을 아버지를 따라 남자아이처럼 하려고 했고, 어떻게 하면 남자아이처럼 뛰고 던지는지를 배웠다고 말했다. 나는 그녀에게 자기 모습, 즉 자신이 여자인 것을 수용하지 못하고, 자신이 여자인 것에 대해 감사하지 못한 것을 하나님께 죄송하다고 말씀드릴 수 있는지를 물었다. 그녀는 하나님이 자신을 만드신 것에 화가 나 있던 것과 그녀의 여자다움에 대해 하나님께 감사하고 찬양하지 못한 것에 대해 용서를 구해야 했다. 그리고 그녀는 딸인 자신을 귀중한 선물로 여기고, 있는 그대로 사랑하지 못한 아버지를 용서해야 했고, 아버지가 그녀를 다른 사람이 되기를 원하고 또 그렇게 되도록 부추겼던 것을 용서해야만 했다. 그 어여쁜 아가씨는 이 말을 듣고 울었다. 그녀는 주님께 자신을 용서해주시기를 구했고, 그녀는 자신의 아버지를 용서했다. 그 후 그녀는 걸음을 옮길 때 치유되었다는 것을 알았다. 그녀의 엉덩이에서 더는 소리가 나지 않았다. 이제 그녀는 자신의 아름다운 여성성을 깨닫고, 자신이 여자인 것에 자부심을 갖게 되었다.

하나님과 그분의 사랑에 대한 놀라운 사실은 시간과 장소에 제한받지 않으신다는 것이다. 치유하시는 것은 그분의 뜻이다. 그것은 그분의 본성에서 흘러나온다. 예수님이 모든 사람을 위해 나눠주실 부활의 능력은 우리가 어디에 있든지 성령의 역사를 통해 나타나며, 이 책을 통해 계속 간증하게 될 것이다. 나는 많은 다른 나라와 지역을 다니며, 여러 가지 필요를 원하는 사람들을 만나 사역할 때마다 하나님이 내가 사랑의 깔때기가 되도록 허락하신 것을 경험했다.

아버지의 사랑의 팔에 안겨

/

미국 집회에서 한 어머니가 16살 되는 아들을 데리고 왔다. 소년은 아버지가 돌아가신 후 심한 우울증을 앓고 있었다. 소년은 사교적이지 않아 누구와도 거의 말을 하지 않았다. 주님이 나에게 하라고 지시하신 것은 소년을 안아주라는 것이었다. 내 팔이 소년을 감싸 안았을 때, 소년은 나를 꼭 끌어안았다. 그 소년은 오랫동안 자신이 바라는 것을 어떻게 표현해야 할지, 어떻게 받아야 할지도 모르고, 하나님 아버지의 팔에 안겨서 자신의 슬픔을 위로받고 있는 것처럼 보였다. 5분, 10분 시간이 지나면서 내 다리에 쥐가 났다. 아마도 당신은 오랫동안 아무 움직임 없이 서 있을 때, 온갖 종류의 가려움증이 어떻게 시작되는지 상상이 갈 것이다! 그러나 나는 그 자리를 지켜야 했고 강하게 안고 있는 것을 먼저 풀어서는 안 된다는 것을 알고 있었다. 소년이 나를 안고 있던 손을 풀기 시작한다고 느낄 때까지 20분 이상 그 자리에 서 있었다. 소년은 천천히 내게서 팔을 빼기 시작했다. 소년이 돌아보며 어머니에게 미소 지을 때, 그의 두 눈은 밝았고 얼굴에는 빛이 났다. 소년의 자태와 태도를 보니 키가 크고 자신감이 넘쳤다. 소년의 어머니는 기쁨의 눈물을 줄줄 흘리며 활짝 웃었다. 소년은 울고 있는 어머니에게 다시 돌아갔다. 나는 바울이 에베소에서 말한 부활의 능력이 우리의 것임을 증거하는 증인 역할을 할 수 있었다. "…믿는 우리에게 베푸신 능력의 지극히 크심이 어떠한 것을 너희로 알게 하시기를 구하노라 그의 능력이 그리스도 안에서 역사하사 죽은 자들 가운데서 다시 살리시고 하늘에서 자기의 오른편에 앉히사…"(엡 1:19).

나중에 들은 바로는 소년의 우울증은 사라졌고 건강을 회복해 평안히 살고 있다고 한다. 이런 경우는 아무 상담이 필요 없었고, 기도도 필요 없었으며, 안수 기도도 필요 없었다. 오직 하나님 아버지가 여러 아들 중 한 아들을 그의 사랑의 품에 확실하게 안고 계셨던 것뿐이다.

이것이 하나님이 사람들의 삶에서 치유하시고 예수님의 온전하심을 향해 나아가도록 화해를 보여주시는 유일한 방법은 아니다. 우리는 앞으로 치유 사역에서 여러 다른 형태를 보게 될 것이다. 그래서 나는 처음부터 솔직히 이렇게 말하려고 한다. 나는 '치유를 믿지' 않는다! 기독교 치유기도 센터의 설립자로서, 또한 30여 년 동안 예수님의 치유 사역을 했던 사람이 이렇게 말하는 것이 이상해 보일 수 있다. 하지만 그래도 이것은 사실이다. 나는 학자 행세를 하려 하거나 말장난하려는 것이 아니다. 이것이 어떤 의미인지 설명하면 이렇다. 나는 예수님을 주님으로 믿는다. 그러므로 그분이 이미 치유하셨다. 그분은 나를 고치시는 주님이다. 이것이 사역의 기본이다. 예수님이 "나를 믿는 자는 나를 믿는 것이 아니요 나를 보내신 이를 믿는 것이[다]"(요 12:44)라고 말씀하셨다. 또 예수님은 우리가 해야 할 일은 하나님이 보내신 이를 믿는 것이라고 하셨다(참조. 요 6:29). 바로 그것이다! 믿는 것이 우리가 해야 할 일이다! 그것이 전부다. 우리는 치유를 믿을 필요가 없다. 예수님을 진실하게 믿기만 하고 그분이 이루신 사실에 집중한다면, 다른 모든 것은 제자리를 찾을 것이다. 그때 우리는 아무 의심 없이 가슴 깊이 하나님의 하나님 되심을 알게 된다. 우리가 구원받았음을, 중생했음을, 영생을 얻었음을 알게 되고, 그 밖의 다른 것들도 알게 된다. 뿐만 아니라 우리가 그분 안에서 누구이며, 무엇인지에 관한 중요한 진리도 알게 된다. 이런 것들을 열심히 공부하거나 문제를 해결하려고 노력할 필요가 없다. 그것은 우리가 예수님을 믿기만 하면 주어진다. 그것에 집중하라. 우리가 그것을 아무리 강조해도 지나치지 않는다. 마가복음 16장 16-18절을 생각해보라. 거기서 예수님은 제자들에게 말씀하시기를 "믿고 세례를 받는 사람은 구원을 얻으리라"라고 하셨고, 또 "병든 사람에게 손을 얹은즉 나으리라"라고 약속하셨다. "믿고 세례를 받는 사람은"이라고 말씀하신다. 무엇을 믿는다는 것인가? 당연히 '예수를 믿으면'이다. 병든 자에게 안수할 때 우리가 해야 할 모든 것은 말씀대로 그것을 행하는 것이다. 우리는 예수님을 믿어야 하고, 예수님은 치유하시고 구원하시는 일을 하시는 것이다. 우리가 흥분하거나 열광하거나 긴장할 필요가 없다. 나는 다만 그분을 믿고 그다음에 행동하는 것이다.

마가복음 16장 16절 이후 말씀에 비추어보면, 우리가 예수님을 믿는다면 다른 사람이나 우리 자신을 위해 변화를 일으키는 일에 동참할 수 있지만, 우리가 치유 그 자체를 믿기 시작한다면 우리는 우상숭배의 자리에 이르게 될 수 있다. 민수기 21장 4-9절에는 이스라엘 백성이 광야에서 독사에게 물렸던 이야기가 나온다. 예수님은 이것을 어떻게 이해해야 하는지 알려주신다. "모세가 광야에서 뱀을 든 것같이 인자도 들려야 하리니"(요 3:14). 하나님은 모세에게 뱀 형상을 만들라고 하셨는데, 이는 마치 땅 위의 어떤 피조물의 형상도 만들지 말라고 하신 두 번째 계명과 반대되는 일을 하고 계신 듯하다. 그런데도 이렇게 하신 것은 중요한 의미가 있기 때문이다. 사람들은 하나님이 문제가 되는 그 뱀을 치우셔서 완전히 제거해주시기를 원했다. 이처럼 우리도 대부분 모든 병과 죄가 그저 제거되기를 원한다. 그러나 하나님은 우리의 방법이 아닌 당신의 방법으로 구원하신다. 그분은 더 기적적인 방법을 사용하신다. 즉, 사람의 응답이나 치료 방법에 의존하지 않으시고, 우리가 그분을 바라보기를 원하신다. 그분의 방법은 우리가 스스로 겸손하게 하고 회개한 뒤 고개를 들어 치유는 사람이 아닌 하나님의 손에서 나오는 것임을 확인하게 하시는 것이다. 유대인은 치유가 뱀을 보는 것으로 일어나지 않는다고 생각했다. 실제로 그것은 하나님을 '바라보는 것'에 의미가 있었다. 또한 예수님은 우리에게 하나님이나 그분의 말씀을 대적하는 말은 하지 말아야 한다고 가르쳐주신다. 모세를 통해 율법이 주어졌는데, 이는 곧 하나님의 말씀이 사람에게 주어진 것이다. 그리고 예수님은 말씀이시기에 그 말씀은 요한복음 3장 14절처럼 반드시 들려야 한다.

이스라엘 백성이 사막에 있었을 때는 지금 이 시대의 광야나 사막과 흡사하다. 사막에서 맹렬한 독사들이 그들을 공격했다. 그 독사는 바로 마귀로, 요한계시록 12장 3절에는 "큰 붉은 용"으로 묘사되었다. 붉은 불꽃 색깔이 얼마나 잘 어울리는지 모르겠다! 바울은 에베소서 6장 16절에서 원수가 우리를 겨냥하는 "불화살"에 대해 쓰고 있는데, 이는 바로 시험과 죄와 병이다. 하나님은 해독제를 처방해주셨는데, 문제를 일으킨 물건과 닮은 것을 들어 올리는 것이었다. 얼핏 이 행동은 아주 이상해 보인다. 하나님은 묘약, 일반적인 약물 치료, 의료 행위 등을 제시하지 않으셨다. 또한 그 시대에 흔했던 기름을 바른다든지 희생 제사 드리는 것도 제시하지 않으셨다. 대신 문제를 일으킨 것과 똑같이 생긴 구리 뱀 형상을 장대 위에 달고 높이 드는 것을 제시하셨다. 상징도 아닌 똑같이 생긴 형상이어야 했다. 그리고 그들은 그 구리 뱀을 쳐다보아야만 했다. 우리를 구원하려 하시는 하나님의 해결책이 이상해 보일 수 있다. 온 세상을 치유하시고, 우리를 구속하시며, 우리를 독사, 즉 사탄에게 묶인 것에서 놓아주시려는 해결책이 이상해 보인다. 그러나 하나님의 해결 방법은 성육신하신 예수님을 십자가 위에 높이 들어 올리시는 것이었다.

율법을 받은 모세는 구리 뱀이 달린 장대를 높이 들었다. 모세가 가져온 율법은 말씀, 곧 하나님의 말씀이다. 그 말씀은 예수님, 곧 메시아에 대해 기록하였고 어떻게 율법이 완성될지를 말한다. 예수님을 십자가에 높이 달았던 자들은 대제사장과 바리새인들, 율법의 준행자들, 말씀을 가르치는 자들이었다. 그러나 그들은 무지하여 그렇게 행했다. 왜냐하면 그들은 자신들이 가르쳤던 율법을 이해하지도 믿지도 못했기 때문이다. 이런 무지함이 자신들을 황폐하게 하고 파멸을 초래했다는 것을 그들은 인식하지 못했다. 그들은 생명이 되시고 또 그분을 믿고 십자가를 바라보는 모든 사람을 치유하시는 예수님을 나무에 달고 있다는 것을 몰랐다. 예수님은 로마서 8장 3절에서 십자가에 달리신 것에 대해 말씀하셨다. "율법이 육신으로 말미암아 연약하여 할 수 없는 그것을 하나님은 하시나니 곧 죄로 말미암아 자기 아들을 죄 있는 육신의 모양으로 보내어 육신에 죄를 정하사"라고 하시며 하나님이 하신 일이라고 하셨다. 세상에서 벌어지는 모든 문제를 대표하는 것은 다 십자가 위에 있었다. 왜냐하면 예수님이 모든 질병과 죄를 다 짊어지셨기 때문이다. 예수님이 우리를 대신하여 '죄가 되셨다.' 모세는 사람들을 둘러싸고 있는 질병의 형상인 구리 뱀을 들었다. 유대인은 십자가를 들어 올렸는데, 그 위에 과거와 현재와 미래의 모든 죄와 질병이 놓여 있었다. 칠흑 같은 어두움 때문에 이 사실이 우리 눈에 감추어져 있었다는 것은 끔찍한 일이다. 그러나 요한복음은 우리를 격려하면서 시작된다. 빛은 어두움에 압도되어 사라지지 않는다. 유대인은 사막에서 장대에 달린 형상을 바라보았을 때 치료받았다. 우리는 십자가에 달리신 형상, 곧 예수님을 바라볼 때 고침을 받는다.

민수기 21장 9절에 나오는 "장대"는 히브리어로 표준, 상징, 깃발 혹은 표시라는 의미가 있다. 예수님을 매단다는 것은 모든 사람이 볼 때 하늘에 흔들리는 깃발과도 같다는 신호다. 이사야가 "그날에 이새의 뿌리에서 한 싹이 나서 만민의 기치로 설 것이요 열방이 그에게로 돌아오리니 그가 거한 곳이 영화로우리라"(사 11:10)라고 말했듯이, 예수님은 높이 들리셨고 독사의 머리를 깨부수시고 승리하셨다. 이스라엘 사람들은 쳐다보았고 살게 되었다. 우리가 예수님을 바라보고 믿으면 우리는 이 세상의 사막에서 망하지 않고 영생을 얻는다. 그분이 주신 것이나 이적과 기사 같은 것을 보지 말고 오직 예수님을 바라보자! 히브리서 기자는 "믿음의 주요 또 온전하게 하시는 이인 예수를 바라보자 그는 그 앞에 있는 기쁨을 위하여 십자가를 참으사 부끄러움을 개의치 아니하시더니 하나님 보좌 우편에 앉으셨느니라"(히 12:2)라고 우리를 권고한다. 이사야는 "땅의 모든 끝이여 내게로 돌이켜 구원을 받으라 나는 하나님이라 다른 이가 없느니라"(사 45:22)라고 하였다.

이스라엘 백성에게나 우리에게나 주는 교훈은 과거나 지금이나 똑같다. 그러나 시간이 지나면서 이스라엘 백성에게 무슨 일이 일어났는지 보라! 백성은 치유받기 위해 하나님을 바라보지 않고 구리 뱀을 경배하기 시작하였다. 그것은 예수님을 바라보지 않고 자신들의 교회나 교파를 가장 중요한 것으로 바라보는 많은 사람과 같다. 그들은 우리가 말씀 안에 거하면 이미 하나인데, 하나가 되려고 노력하면서 말씀과 타협하기도 한다. 말씀 안에서, 즉 예수님 안에서만 진실하고 영원한 하나 됨이 있다. 마술사 시몬처럼 많은 사람이 문제에 대한 해답으로 이적과 기사를 기대한다. 믿음 치료사와 영매자는 치유만을 증거로 믿는다. 우리는 치유가 일어나든지 아니든지 예수님을 바라보아야 한다. 우리는 치유를 예수님의 자리에 두어서는 안 된다. 마태복음 12장 38절에서 예수님은 표적을 구하는 모든 사람을 꾸짖으셨다. 서기관과 바리새인 몇 사람이 "선생님이여 우리에게 표적 보여주시기를 원하나이다"라고 하였을 때 예수님은 "악하고 음란한 세대가 표적을 구하나 선지자 요나의 표적밖에는 보일 표적이 없느니라"라고 대답하셨다.

우리는 기적을 예배하거나 그것을 믿음의 근거로 삼아서는 안 된다. 우리가 예수님을 믿고 그분을 예배하기만 하면, 그 후에 영적인 이적과 기사가 자연스럽게 따라오는 것이다. 수많은 부흥이 탈색되었다. 왜냐하면 너무 많은 사람이 이적과 기사와 치유받는 것을 최고의 핵심으로 여기게 되었기 때문이다. 예수님은 이적과 기사 같은 현상들이 나타날 때 열외 취급을 받으시지만, 이런 현상들이 일어날 때 성령님과 기름 부으심은 일하신다. 성령님은 이적과 기사만 보여주지 않으시고 예수님을 드러내 보이신다.

우리가 믿는다면 우리는 말로 선포해야 한다. 우리는 집에서나 일터에서 다른 사람이 우리에 대해 뭐라고 말하든지 생각하든지 조금도 두려워할 필요가 없다. 요즘 제도권의 교회들이 불신자들의 인정을 받는데 너무 큰 관심을 두다 보니 복음을 전파하고 병을 고치라는 예수님의 지상명령을 준행하는 일에는 추진력을 잃고 있다. 우리가 모든 사람에게 공정하거나 모든 사람의 소원을 다 들어줄 필요는 없다. 구원은 예수님과 그분의 말씀을 받아들임으로써만 얻을 수 있으므로 우리는 어떤 것과도 타협할 수 없다. "나를 저버리고 내 말을 받지 아니하는 자를 심판할 이가 있으니 곧 내가 한 그 말이 마지막 날에 그를 심판하리라"(요 12:48).

이제 우리는 예수님을 믿고 마음을 다잡아 예수님이 우리에게 명하신 것을 행할 것인가? 이것이 예수님을 믿고 의심하지 않으며 예수님과 함께 치유 사역을 하는 데 기본이 된다. 믿고 기름을 부으라. 그러면 이적과 기사와 치유는 반드시 따라올 것이다. '사랑으로 안아주는 것'은 우리의 사역인 사랑의 깔때기의 밑부분을 다르게 표현하는 방법이다. "이로써 사랑이 우리에게 온전히 이루어진 것은 우리로 심판 날에 담대함을 가지게 하려 함이니 주께서 그러하심과 같이 우리도 이 세상에서 그러하니라"(요일 4:17). 그분의 사랑이 우리 안에서 완전해졌으므로 그분은 우리가 다른 사람을 위해 당신의 사랑의 팔이 되기를 원하신다.

다음은 우리 치유센터에 왔던 베라(Vera)에게 일어난 일이다. 당신은 이해력이 떨어지는 사람과 어떻게 기도하는가? 당신은 병으로 인해 마음으로나 심리학적으로 믿음을 사용할 수 없는 사람, 혹은 기도할 때 어떤 의식도 사용할 수 없는 사람에게는 어떻게 사역하는가? 베라가 바로 그런 사람이었다. 그녀는 목요일 저녁에 발을 질질 끌고 한 손은 은색 손잡이가 있는 지팡이를 의지하고, 다른 한 손은 우리 멤버 중 한 사람인 빌(Bill)과 다른 사람과 함께 센터로 들어왔다. 그녀는 머리 꼭대기부터 발바닥까지 관절염으로 지독한 통증에 시달리고 있었는데 그 상태로 3년이나 지낸 상태였다. 걷는 속도는 상상할 수 있을 정도로 느렸다. 그래서 그녀가 키우는 개는 운동 부족으로 살이 너무 찐 상태였다. 베라는 기독교인이었다. 증상을 완화하기 위해 먹은 약 기운과 통증이 너무 강해서 그녀는 자기만의 공간에 늘 갇혀 지냈다.

그때 나는 사도행전 12장 1-12절을 가르치고 있었다. 그 본문에는 천사가 어떻게 감옥에 있는 베드로에게 왔는지를 말하고 있었다. 그 감옥은 유월절이 지나기까지 헤롯이 베드로를 감금한 곳으로, 헤롯은 그를 목메어 죽이려 하고 있었다. 최근에 헤롯은 요한의 형제 야고보를 칼로 죽였고, 그 일로 유대인들이 얼마나 기뻐했었는지를 보았으므로, 군중의 더 큰 호응을 얻기 위해 무엇을 할지 고심하고 있었다. 이런 상황에서 베드로가 체포되자 베드로의 친구들은 아무 일도 할 수 없다는 것을 알았다. 그들은 기도 외에 아무것도 할 수 없었다. 베드로가 감옥에 갇히자 시내에 있는 온 교회는 그가 안전하게 풀려나도록 기도했다. 그러나 오늘날 대부분의 성도가 그렇듯이, 그들도 열심히 철야 기도까지 했는데도 베드로가 구원받을 것이라고 기대하지는 못한 것 같다. 상상해보라! 주님과 아주 친한 제자들도 함께 기도하고 있었다. 나는 그 장면을 상상할 수 있다. 먼저 찬양을 부르고 예배하며 일어서서 팔을 올리고 외치며 말씀을 선포한다. 그리고 하나님께 영광을 돌리고 다시 찬양을 부르며 시편을 암송하고 노래를 부른다. 그들은 예수님이 살아계실 때의 능력을 기억하며, 무릎을 꿇고 앉아 회개하며 조용히 말씀을 묵상한다. 그 후 그들은 예수님과 함께 다니면서 개인적으로 경험한 일들, 이적과 기사들, 병 고침과 십자가, 무덤이 열린 것, 부활 등을 다시 이야기하기 시작했을 것이다. 그러나 그날 밤 그들의 믿음은 다 어디로

간 것이었을까?

베드로가 처형되기 바로 전날 밤에, 환한 빛을 내는 천사가 베드로의 감옥 안에 나타났다. 그 천사는 베드로에게 일어나라고 흔들었을 뿐만 아니라 "빨리 일어나라"라고 말도 하며 허리도 쳤다. 베드로는 간수가 사라지고 그를 연결했던 쇠사슬이 풀어진 것을 보았고, 천사가 "신발을 신으라, 겉옷을 두르고 나를 따르라"라고 말하는 것을 들었다. 그때 그는 천사의 인도를 받아 죽음을 무릅쓰고 자신을 지키고 있는 파수대를 세 군데나 지나갔다. 베드로는 자기 옆에 있는 군인들 옆을 기어서 지나간 뒤, 천사를 따라 첫째 보초병과 둘째 보초병을 지나갔다. 그때 감옥 앞에 있는 큰 대문이 저절로 열렸다. 베드로는 여전히 환상을 보고 있다고 생각하며 자기 눈앞에서 벌어지고 있는 일을 믿을 수가 없었다. 우리도 이와 비슷한 현상들을 많이 보았다. 치유 사역에서 기적이 일어나리라는 것을 믿지 않는 사람들은 대부분 자신을 묶고 있던 병에서 벗어나 몸은 자유롭게 되었으나, 그 과정을 머리로 이해하는 데는 훨씬 오랜 시간이 걸렸다. 베드로는 천사의 지시에 따라 몸은 반응하여 옷을 입고 잠자는 군인들 곁을 조심스럽게 지나가면서도, 무슨 일이 일어나고 있는 것인지 현실을 제대로 인식하지는 못했다. 결국 그는 자신이 자유로워졌다는 것을 의식 세계에서 인정하고 받아들이기 전에, 곧 이것이 환상이나 꿈이 아니고 실제로 자유로워진 것임을 인정하기도 전에, 감옥 밖으로 나와서 길 아래로 계속 걸어갔다. 이제 그는 묶여 있지 않았다. 자신의 머리로 이해되지 않는 것에 몸은 먼저 반응하고 있었다. 예수님은 자신의 영으로 베드로의 영과 소통하셨다. 우리 머리가 받아들이기 전에 우리 몸은 우리 영에 일어난 일을 나타낸다. 이처럼 우리는 그의 혼이 의식 세계와 하나가 되기 전에, 그의 몸이 병과 고통의 묶임에서 풀려난 사람을 보고 있다.

베드로는 즉시 마리아의 집으로 가기로 했다. 그녀가 문을 열기도 전에 여종 로데는 베드로의 목소리를 알아듣고 너무 흥분했다. 그래서 다른 사람들에게 베드로가 왔다고 말하려고 서둘러 돌아가는 바람에 그를 안으로 들어오게 하는 것도 잊어버린다. 그리고 성경에 나오는 추론 중 가장 이상한 것 하나가 나오는데, 그들은 하나님이 자신들의 기도를 들어주셨다고 믿지 않고 베드로의 천사가 문밖에 있는 것이 틀림없다고 확신한 것이다. 베드로가 문을 두드리는 것이 약해지지 않자 그들은 문을 열어주었다. 나는 하나님은 모든 것을 하실 수 있다는 것을 주님께 직접 배운 굉장한 기도의 용사들이 그들의 기도가 응답될 것이라는 믿음도 없이 그렇게 오랫동안 열심히 기도했다는 것이 놀랍다. 그러나 이 사건은 믿음이 겨자씨보다 더 작을 때조차도 예수님이 가르쳐주신 교훈에 순종하며 드리는 기도의 효능에 대해 내게 많은 것을 가르쳐주었다. 확실히 우리에게 보여주는 것은, 우리가 주님의 교훈을 따르며 기도할 때 그분의 은혜가 기도하는 사람에게 기름을 부으시려고 능력으로 자유롭고 넉넉하게 흐른다는 것이다. 그리고 그 기름 부으심이 멍에를 끊는다.

다시 베라의 이야기로 돌아가 보자. 베드로는 감옥에서 놓였는데, 베라는 어떤가? 관절의 증상과 고통을 제어하기 위해 그녀는 졸음을 유발하는 약을 먹어야만 했다. 그래서 우리가 이야기하고 기도하는 시간에도 베라는 한마디 말도 듣지 못한 채 의자에서 깊은 잠을 자고 있었다. 우리가 기도해주는 시간이 왔을 때 나는 베라에게 다가가서 그녀가 설 수 있는지를 물었다. 베드로에게 일어난 일처럼 그녀의 몸은 꿈에서 반응하는 듯했다. 모든 관절염 환자와 허리 통증이 있는 사람들이 갑자기 움직일 때 생기는 통증에서 자신을 조심스럽게 보호하는 것처럼, 베라는 도움을 받아 아주 천천히 조심스럽게 자기 발로 일어났다. 그녀가 일어섰을 때 나는 아무 말이나 설명도 하지 않고 천국의 창문인 사랑으로 그녀를 부드럽게 감싸 안아주었다. 한참을 안고 나서 베라에게 몸의 어느 부분을 움직일 수 있는지 물었다. 그녀는 계속 지팡이를 잡고 있으면서 손가락을 움직였다. 나는 그녀의 얼굴이 서서히 펴지는 것을 볼 수 있었으나, 그녀가 머리로는 그것을 받아들이지 못하고 있다는 것을 확인하였다. 나의 아내는 "믿음으로 걸어보라!"라고 말했다. 우리가 기도하던 방의 넓이는 8미터 정도밖에 되지 않아 오래 걸을 수는 없었다. 처음에는 천천히 몇 발자국을 걸어보라고 하였다. 나는 베라에게 머리를 움직여보고 팔을 들어보고 또 몸을 돌려보라고 했고, 그녀는 그 요청에 모두 반응하였다. 그렇게 하자 그녀는 몸의 통증 없이 이 모든 동작을 하고 있었다는 사실을 머리로 천천히 이해하기 시작하였다. 그녀의 입가에는 미소가 번지기 시작하였고 눈은 맑아졌다.

우리 치유센터에서 2주 전에 치유받은 한 여인이 같은 날 저녁에 참석하였다. 그녀는 몇 년 전 일어난 사고로 다리를 다쳤다. 그런데 다리뼈가 정확히 맞춰지지 않아서 오른쪽 다리의 무릎 아래가 오른쪽으로 휘게 되었다. 그것이 심한 불편함과 통증을 유발했다. 지난번 모임에서 예수님이 그 다리를 곧게 펴주셨고 모든 통증에서 그녀를 풀어주셨다. 이제 그녀가 베라의 손을 잡고 이렇게 말했다. "자, 우리 같이 뛰면서 함께 춤춰요." 그들은 이렇게 모든 사람을 기쁘고 즐겁게 했다. 베라는 완전히 자유롭게 되었다.

그날 밤에는 우리 모임 초반에 '치유 사역'이 의심스럽다고 말했던 한 간호사도 참석했다. 그녀는 매일 병동에서 불치병 환자들을 돌보았다. 몸 전체가 심한 관절염을 앓고 있던 베라의 통증이 사라진 것을 보았지만, 그녀는 여전히 믿을 수가 없었다. "그 상태가 계속될까요?" 그녀가 물었다. 나는 베라와 춤을 추었던 자매에 대해 언급했다. 모임이 끝나고 그 간호사는 베라가 나갈 때까지 밖에 서 있었다. 그녀는 베라가 길로 내려가는 두 개의 계단 중 첫 번째 계단으로 오는 것을 보았다. 그리고 베라가 멈추어서 몸을 옆으로 돌린 다음, 한 다리를 천천히 다음 계단으로 내리고 곧이어 다른 다리를 더 천천히 내리는 것을 보았다. 베라는 이렇게 느리고 고통스러워 보이는 동작을 두 번째 계단에 도착할 때까지 반복했다. 당신은 아마도 그 간호사가 '나는 그 치유가 그렇게 오래가지 않을 걸 알고 있었지'라고 생각하는 것을 짐작할 수 있을 것이다. 나의 아내가 베라에게 무엇을 하는 거냐고 물었다. 베라는 금방 알아차렸다. 그러고는 "아, 이렇게 할 필요가 없지요. 그렇지요?"라고 말했다. 그리고 몸을 곧게 펴더니 계단을 빨리 달려갔고 밑에서 다시 한번 춤을 추었다. 예수님은 우리 몸을 고쳐주시지만, 우리 머리는 아직도 통증을 이기려고 오랫동안 익혀온 낡은 패턴과 행동에 묶여 있다. 그래서 우리는 우리의 생각도 새롭게 하는 법을 배워야 한다.

우리 몸은 어떤 특정한 행동 습관에 연습해서 길들여져 있다. 생각과 몸 둘 다를 어떻게 자유롭게 움직일 수 있는지 다시 한번 배워야 한다.

예수님이 열린 창으로 일하시는 성령님을 통해서 당신의 사랑을 부어 넣으셔서 기도실에서 치유를 받았는데도, 나는 그 치유된 것이 계속 그대로인지를 확인하고 싶었다. 사탄이 그녀의 건강을 다시 빼앗을 수 있는 어떤 권리나 이유를 갖지 않기를 원했다. 사람들이 이미 받은 것을 잃어버리는 일들을 살펴보면, 거기에는 반드시 이유가 있었다. 그래서 베라가 센터를 떠나기 전에 커피를 같이 마시면서 언제부터 관절염이 시작되었냐고 물었다. 그녀는 3년 전, 자신의 모든 것이자 숭배의 대상이었던 멋진 남편이 죽은 뒤 바로 관절염과 통증이 시작되었다고 했다. 발병의 시작점을 알게 되자 나는 문제 해결의 실마리를 깨닫게 되었다. 하나님은 우리에게 우상숭배의 죄에 대해 말씀하시고 그분 앞에서 다른 신들을 섬기지 말라고 명령하셨다. 어떤 물건이나 사람을 숭배의 대상으로 삼는 것은 잘못이다. 이런 문제가 분노와 불안을 일으키지 않는다고 말하기는 쉽지 않다. 그러나 베라는 주님을 섬기고 싶어 했고, 하나님께 속한 것들을 자기 남편과 그에 대한 기억에 두는 것이 좋지 않음을 알게 되었다. 내가 기도를 인도하자 베라는 어떤 방법으로든지 남편을 하나님보다 앞에 놓았던 것을 용서해달라고 기도했다. 그러고 나서 그녀는 남편이 죽고 나서 품었던 슬픔과 상실감, 또 그녀가 남편에게 품었던 지나친 사랑에 대해 하나님이 다 아시고 이해하시기 때문에, 하나님의 사랑과 돌보심에 남편을 온전히 맡기게 되었다. 우리는 주님이 그녀를 도와주시기를 기도했다.

몇 달 뒤 베라가 우리 교회에 와서 간증했다. 그녀가 매일 8킬로미터를 걷는데 자신의 애견이 따라오기 힘든 속도로 걷기 때문에, 그녀의 개가 피곤해하고 행복해하지 않는다고 말해서 우리는 모두 웃었다. 그녀의 개는 날씬하고 건강해졌다. 왜냐하면 전에는 베라가 힘들게 몸을 끌며 달팽이 속도만큼 느리게 걸었기 때문에 개도 비척거렸지만, 이제는 뛰어야 했기 때문이다. 처음 몇 번은 집에 돌아오는 길에 개를 업고 와야 했다. 왜냐하면 개가 따라올 수 없었기 때문이다. 이 모든 일은 지난 몇 년 전에 일어났다. 요즈음 베라가 다시 우리 센터를 찾았다. 74세의 날씬한 그녀는 지금 에어로빅 클래스에서 오는 길이라고 했다. 베라의 은색 손잡이 지팡이는 우리 기도실에 걸려 있다. 이제 더는 그 지팡이가 필요하지 않기 때문이다.

게이츠헤드에 가다

/

주일 아침 나는 게이츠헤드에 있는 친구네 교회에서 설교하였다. 예배 후 담임목사인 친구가 교회 의자에 앉아 있는 젊은 여인에게 가서 내가 말해주기를 원했다. 헬스케어 전문가인 그녀는 관절염으로 통증이 심하고 손가락이 뻣뻣해져서 마사지를 못해서 오랫동안 일을 할 수 없었다. 나는 그녀가 어떤 일로 누군가를 용서하지 못하고 정죄하고 있어서 관절염에 묶여 있을 수 있음을 알게 되었다. 그것을 말해주자 그녀는 자원하여 용서하기로 선언하였고, 하나님의 용서를 받아들이며 울기 시작하였다. 그리고 그녀 뒤의 의자에 앉아 있던 여인도 그렇게 했다. 나중에 알게 되었지만, 뒤에 앉아 있던 여인은 그녀의 어머니였다. 그녀가 용서하고 난 뒤 울음을 그치자 통증이 사라진 것을 그녀의 얼굴에서 알 수 있었다. 그러나 몸에 일어난 일을 그녀의 머리로 어떻게 받아들일 수 있겠는가? 바로 그때 교인 중 한 사람이 교회 장의자 끝을 걸어 지나가면서 그녀에게 "좋은 아침이에요"라고 말했다. 무심코 그녀는 머리를 옆으로 돌리고 그에게 웃으며 "안녕하세요"라고 말했다. 바로 그때 그녀가 자신의 행동을 인식하자, 그녀의 눈에 빛이 났다. 만약 당신이 그 자리에 있었다면 당신도 보았을 것이다. 그녀는 머리를 옆으로 돌렸는데도 전혀 아프지 않았다. 이에 그녀는 더 시도해볼 용기가 생겼다. 나는 그녀에게 의자를 잡고 있는 손을 놓아보라고 했다. 그녀가 손을 놓자 손가락이 움직이기 시작하였다. 손가락들이 자유로워졌다. 그러자 그녀는 손가락을 구부렸다 폈다 하면서 그 느낌을 즐겼다. 그녀의 어머니와 내가 웃기 시작하자 "아, 이제 내가 집에 가서 토마토 껍질을 벗겨 주일 점심을 준비할 수 있을 것 같아요"라고 그녀가 말했다.

2장

믿음을

선포하기

1장에서 치유와 관련하여 믿음이라는 주제와 이것이 목회자나 성도들의 마음과 생각에 불러일으킬 수 있는 어려움과 두려움에 관해 이야기했다. 그들은 충분한 믿음을 가지게 될까? 교회에 나가지 않는 사람들이나 불신자들은 어떨까? 그들은 믿음이 있는가? 혹은 치유받기 위해 믿음이 필요한가? 이 문제에 대해 좀 더 자세히 살펴보기로 하자. 한 광부의 이야기부터 시작하기로 하자.

매튜가 베거즈 루스트에 오다

/

1990년대 초 8월 말쯤, 몇몇 친구가 매튜(Matthew)라는 이름의 한 사람을 목요일 치유 집회에 데리고 왔다. 매튜는 40대 초반으로 예수님과 아무 관계도 없는 상태였고, 몸이 나으리라는 기대도 없었다. 예배 시간 중 사역할 시간이 되었다. 그의 친구들이 그를 앞으로 나가라고 재촉했다. 그는 내게 청소년 때부터 채탄 막장의 광부로 일해왔다고 자신을 소개했다. 채탄 작업은 거친 육체노동으로 작업자의 온몸이 더러워지는 직업이었다. 영국 노섬브리아와 더럼의 광산은 매우 낮고 좁으며 습기가 많은 곳이었다. 그를 데려다주는 갱도 승강차가 떠나고 나면, 그는 작업 시간 내내 차갑고 축축한 검은 석탄층을 구부정하게 걷거나 기어 다녀야 했다. 그는 스물세 살에 강직성 척추염이라는 병을 진단받았다. 강직성 척추염은 관절의 뼈가 비정상적으로 움직이거나 움직이지 않는 상태를 말하며, 척추에 염증이 생기는 것을 말한다. 그 말은 곧 밑에서부터 시작하여 척추에 있는 뼈들이 서로 붙기 시작하였다는 것이다. 매튜에게는 엄청나게 충격적인 소식이었고, 그의 삶은 참혹해졌다. 매튜는 남자로서 중요한 시기에 시간이 갈수록 질병이 위쪽으로 퍼져 척추뼈 하나하나가 위쪽 척추뼈와 합쳐질 것을 알았다. 그로 인해 그의 등뼈는 허리를 구부리거나 움직일 수 없을 정도로 점점 더 딱딱해졌다. 병을 앓은 지 15년이 지나자, 일하고자 하는 강한 의지도 그 병을 이기지 못했다. 석탄층을 다니며 허리를 구부리거나 움직일 수 없다면 그는 일을 그만두어야 했다. 그의 척추는 이제 영구적으로 움직이지 못하고 굳어진 쇠막대처럼 되어갈 것이다. 이것이 어떤 의미인지를 헤아려본다면, 그가 지난 몇 년 동안 정신적으로나 육체적으로 당한 고통의 강도를 우리도 상상할 수 있을 것이다. 의사나 의학 전문가들도 이 병은 되돌릴 수도, 치료할 수도 없다고 판단했다. 그래서 친구들은 희망도 없고, 미래도 없으며, 직업도 없고, 살아갈 의미도 없었던 매튜를 우리 센터로 데려왔다.

그가 이야기할 때, 우리는 기도실 마루에서 서로 얼굴을 보고 서 있었다. 나는 기도로 하나님께 간구했다. 예수님이 얼마나 자신을 사랑하시는지 매튜는 알아야 했다. 다시 말해 예수님은 매튜가 영생을 얻기 위해 돌아가셨고, 그리고 다시 사셨다는 것과 매튜를 이미 알고 계셨으며 매튜를 원하신다는 것이다. 그리고 하나님은 매튜를 항상 기억하셨고 아무 조건 없이 그를 받아들이신다는 것이다. 또한 오랜 시간 매튜가 겪은 마음의 상처와 고민을 들으셨고, 십자가에서 온 세상의 죄와 질병을 대신 짊어지셨다는 것이다. 매튜가 예수님을 그의 삶에 모셔 들이도록 기도로 인도하는 것은 나에게 엄청난 기쁨이었다.

성령님이 감동하셔서 그에게 세 번이나 사역을 했다. 첫 번째 다루어야 할 것은 그의 마음속에 오랜 세월 동안 자리 잡은 두려움이었다. 그다음은 일을 하지 못하기에 가족을 부양할 수 없다는 공포였다. 내가 그의 안에 있는 두려움과 공포에 대해 두 번 명령하자, 성령님이 강력하게 역사하셔서 그를 카펫 위에 조용히 눕히셨다. 나는 그가 반듯이 누워 있을 때 성령님이 예수님의 사랑으로 그의 영에 직접 사역해주셨다고 생각한다. 내가 그의 몸 상태에 대해 계속 선포하자 그는 세 번째 쓰러졌다. 그가 바닥에 쓰러져 누워 있을 때 나는 그 옆에서 무릎을 꿇고 내 손바닥으로 그의 머리 뒷부분을 잡고 있었다. 그의 척추는 영구적으로 앞으로 굽도록 고정되어 있어서, 그 결과 그가 누우면 그의 머리는 항상 바닥에서 15센티미터 정도 떨어져 있었다. 아무리 노력해도 머리는 바닥에 닿지 않았다. 그가 나중에 말하기로, 자신이 침대에서 편하게 자려면 항상 높은 베개를 사용해야만 했다고 한다. 내가 그의 머리를 잡고 있을 때 주님이 척추를 제자리로 돌아오게 하셨고, 그러자 그의 머리가 점점 내려오기 시작했다. 10분쯤 지난 뒤 내 손이 카펫에 닿았다. 그의 머리가 바닥에 닿아 편히 쉬고 있다고 느낄 수 있도록 나는 서서히 손을 빼냈다. 이 일이 매튜의 의식에 입력될 때까지는 한참 걸렸고, 그때 그는 조용히 "닿고 있다. 내 머리가 바닥에 닿고 있다"라고 말했다. 그는 그 상태로 한참이나 누워 있었다. 내가 보기에 자신의 머리와 몸에 방금 일어난 굉장한 일을 서서히 받아들이는 것 같았다. 결국 그의 발까지 변화가 오자, 나는 그에게 의자에 앉아서 다리를 앞으로 쭉 뻗어보라고 하였다. 내가 그의 발목을 잡고 있을 때 주님이 그의 엉덩이를 자유롭게 풀어주셨다. 그다음에는 그가 일어나서 자신의 목을 돌릴 수 있었고, 엉덩이를 움직이며 등을 아래로 구부릴 수 있었다. 그러고 나서 우리 팀 사역자들이 그의 근육이 강해지도록 그에게 계속 사역하였다. 그가 모임을 떠날 때는 완전히 다른 사람이 되어 있었다. 그는 그렇게 새로 거듭났다.

나는 '치유자'가 아니다

/

노섬브리아 기독교 치유기도 센터에 찾아오는 사람이나 다른 모임에서 내가 설교하는 것을 듣는 사람 중에는 "당신은 믿음 치유자입니까?"라고 묻는 사람이 많다. 그러면 나는 언제나 "아니요"라고 대답한다. 나는 치유자가 아니다. 예수님이 치유자이시고, 나는 단순히 그분의 사랑을 전달하는 사람일 뿐이다. 그러나 이런 질문은 할 수 있다. "치유받기 위해서 믿어야만 합니까?", "의식적으로 믿음을 가지고 있어야 합니까?"

　매튜가 우리에게 왔을 때는 믿음도 없었고 치유에 대한 기대도 없었다. 우리는 설교를 많이 듣는데, 신앙과 믿음을 동의어로 취급하는 경우가 많다. 그러나 그 두 단어의 의미가 아주 다를 수 있다는 것을 알아야 한다. 우리 모두의 문제는 우리에게 믿음이 있는가가 아니라, 우리가 그것을 어떻게 적용하느냐 하는 것이다. 모든 사람에게 신앙은 있지만, 우리는 평상시 행동하던 대로 생각한다. 우리가 보통 하는 말들을 생각해보라. "만약 내가 토요일에 바비큐를 준비한다면 비가 올 거야." 혹은 "그렇게는 믿을 수 없어." 혹은 "겨울이 오고 있는데 아마도 나는 감기에 걸릴 거야. 나는 보통 무엇이든지 다 걸려" 등등.

　우리는 성경의 기대에 부응하여 적용하기가 매우 어렵다고 생각하지만, 종종 우리가 기대하는 것을 얻는다. 그러나 우리에게는 "믿음의 분량"(참조. 롬 12:3)이 있다. 그래서 나는 설교할 때나 치유에 관해 강의할 때나 환자를 위해 치유 기도를 할 때도 사람들이 지적으로 이해할 수 있는 단어나 문장으로 말하되, 그들의 마음을 따라 선포하지는 않는다. 그들의 마음은 그것을 받아들이지 못하거나, 혹은 그들의 경험 때문에 그들이 그것을 받아들이지 못할 때가 많기 때문이다. 나는 그들에게 믿음이 생기도록 큰 소리로 선포한다. 이것이 바로 우리가 누군가를 위해 기도할 때 큰 소리로 하는 이유다. 우리는 하나님께 무엇을 해달라고 말하는 것이 아니라, 믿는 것을 선포하는 것이다. 그래서 우리가 수천 킬로미터 떨어져 있든지 혹은 집 가까이에 있는 누군가를 위해 중보기도를 하든지 간에, 기도 대상인 사람들이 우리가 기도하는 것을 들을 가능성이 거의 없어도 그들을 위해 크게 소리 내어 기도하는 것이 어리석지 않은 이유다.

이 세상을 창조하실 때 하나님은 말씀으로 선포하셨고, 수면에 운행하시던 성령님은 능력으로 일하셨다. 예수님이 육신이 되신 바로 그 말씀이셨다. 성경은 믿음을 이렇게 정의한다. "믿음은 우리가 바라는 것들의 실상이요 보지 못하는 것들의 증거니"(히 11:1). "바라는 것"을 뜻하는 헬라어 단어는 '소원을 두고 기대하다'는 뜻인 *elpizo*다. 그러므로 나는 텅 빈 소망이 아니라 사람들이 치유받는 것을 보게 될 것이라는, 기대에 찬 소망을 품고 믿음으로 선포한다. 그래서 나는 예수님이 행하신 일을 볼 때 단순히 놀라움이 아니라 경이로움으로 바라본다. 이것은 내 믿음을 증명하는 것이 아니라 믿음에 관한 하나님의 말씀이 사실이라고 증명하는 것이다.

예수님이 채찍에 맞으시고 십자가에서 돌아가심으로 이미 우리를 치유하셨다. 우리가 믿음을 가지고 말할 때 절름발이나 강직성 척추염이 고침을 받는데, 이미 과거에 사실이었던 것이 이제 확실히 드러나게 된 것이다. 믿음을 가지고 말하는 것은 내가 이해하고 있는 치유신학의 전문 용어인 '흡수 신학'의 한 측면인데, 그것은 다른 신학과 구분하기 위해서다. 예수님은 십자가에서 과거와 현재, 미래의 모든 병과 질고를 다 짊어지셨다. 그분은 이미 우리의 치유를 다 확보해놓으셨다. 그러나 우리는 그것을 어떻게 우리 것으로 만들 것인가?

요크셔에 있는 비벌리에 가다

/

언젠가 나는 요크셔주 비벌리에서 국제순복음 기업인 친교회가 주최한 만찬에 초대 연사로 참석했다. 연설 도중 나는 매튜가 치유받은 일에 대해 언급했다. 그 즉시 사역이 시작되었고, 같은 문제로 수년 동안 고통을 겪고 있던 한 사람이 앞으로 나왔다. 다시 한번 내가 그 상태를 향해 믿음으로 선포하자 그의 뼈가 '풀어지기' 시작했다. 그런데 무슨 이유인지 그 밤에 98퍼센트 정도만 치유가 진행되었다. 그의 머리는 여전히 마룻바닥에서 조금 떨어져 있었다. 내가 다른 사람들을 사역하고 나자, 그의 아내가 눈물을 흘리며 나에게 다가왔다. 그런데 그것은 행복의 눈물이었다. 몇 년 만에 남편이 그녀를 팔로 안을 수 있었던 것이다. 그것도 아주 꼭 안았을 뿐만 아니라 동시에 아내의 눈을 바라볼 수 있었기 때문이다.

한버리 마노아[1]에 가다

/

예수님께 치유받는 것과 관련해 때와 장소가 그렇게 중요한 문제가 아니라는 것을 가르쳐준 좋은 사례가 바로 한버리 마노아에 갔을 때 일어났다. 우리와 함께 있었던 사람들은 자신들이 고백하기로도 믿

---

[1] 한버리 마노아 이야기 중 일부는 1996년 5월 <리뉴얼>(Renewal) 240호에 처음 게재되었다. 다음을 참조하라: www.christianitymagazine.co.uk

음이 없었고, 그중 대부분은 교회에 다니지 않았다. 우리는 1996년 5월 <리뉴얼>(Renewal)에 실린 "열 번째 티*에서 일어난 이적과 기사"라고 불리는 사건을 목격했다. 그 일이 있었던 주말 전 어느 날의 이야기부터 시작하기로 하자. 나는 일터에서도 교회를 보여주겠다는 생각으로 목사 안수를 받았다. 기름 부으심을 세상 기업에 적용해보겠다는 나의 생각은 동료 목사들의 생각과는 조금 차이가 있었다. 이에 대해서는 누가복음 5장 17절이 말씀하신다고 생각한다. 예수님이 계신 곳에는 치유의 능력이 있고, 이 능력은 환경에 상관없이 존재한다. 우리는 항상 기름 부으심 안에서 걸어가야 한다.

그 치유 사건은 몇 년 전에 일어났다. 나와 내 아들 데이비드는 미용기구 생산업체와 도매상 위원회의 연례 회의에 참석하려고 주말 동안 화려한 한버리 마노아에 갔다. 우리는 랜드로켓(Rand Rocket Ltd.)이라는 가족 회사를 운영하고 있었는데, 우리 회사는 협회의 무역을 위해 미용 가위를 공급하는 주요 업체였다. 나와 아들은 둘 다 협회의 회원이었기에 그 모임에 의무적으로 참석해야만 했다. 보통 사람들은 치유의 이적과 기사는 특별한 교회 예배나 큰 대중 집회 혹은 치료비를 낼 수 없다고 여겨지는 중앙아프리카의 마을에서만 나타난다고 생각한다. 그러나 우리가 초대하기만 하면, 항상 우리와 함께 계시고 싶어 하시는 하나님의 열망과 편애하지 않고 치유하시는 하나님께 늘 감사할 수밖

---

* Tee, 골프 용어로 드라이버 샷을 하기 위해 공을 올려놓는 것. 나무, 고무 혹은 플라스틱 재질로 만들며, 한 홀을 시작하는 지역 또는 티 그라운드라고도 한다. 여기서는 골프가 시작됨을 알리는 자리로 사용된다.-역자 주

에 없었다.

때는 5월의 어느 지독하게 더운 날, 한 젊은이가 친구와 테니스를 치던 여동생을 데리러 잔디 위에 헬리콥터를 착륙시켰을 때, 푸른 골프 코스의 열 번째 티에서 주님은 첫 번째 놀라운 치유를 나타내셨다. 해마다 골프장에서 열리는 이 행사는 참석자 대부분이 고객이었다. 그래서 토요일 오전에는 사업 모임을 가진 뒤 아들과 나는 다른 참석자들과 어울리려고 애쓰고, 가능하면 그들과 함께 골프도 친다. 첫 번째 티(Tee)를 했을 때, 나는 4인조 그룹 중 한 사람인 마틴 우드게이트(Martin Woodgate)가 뒤 스윙을 짧게 치는 것을 알게 되었다. 4년 전에 오른쪽 어깨를 다치고 나서 이렇게 되었다고 그는 말했다. 몇 년 동안 의사와 물리치료사를 찾아 치료를 받았지만, 그의 어깨는 더는 나아질 수 없다는 판정을 받았다. 그래서 그는 일상생활이나 골프를 칠 때 자유롭게 움직일 수 없게 되었다. 드디어 열 번째 티(Tee)를 칠 시간이었는데 나는 그에게 "마틴, 당신의 어깨는 회복될 수 있어요"라고 말했다. 그러자 그는 다시 천천히 의사들이 내린 진단을 설명하며 불가능하다고 답했다. "의사들은 할 수 없지만, 예수님은 오늘 당신을 치유하실 수 있습니다"라고 나는 대답했다. 그러자 그는 눈 하나 깜박이지 않고 "그럼, 해봅시다"라고 대답했다.

먼저 나는 일상적으로 내가 그런 문제를 해결할 때 하듯이, 그에게 팔을 쭉 뻗어보라고 했다. 그리고 그의 팔과 등과 모든 근육은 정상으로 온전해지라고 선포했다. 그렇게 하는 동안 데이비드는 마틴의 뒤로 조용히 가서 다음에 일어날 일을 대비했다. 나는 사역하기 위해 마틴의 목을 잡으려 손을 뻗으면서, 그에게 뒤로 넘어져도 걱정하지 말라고 했다. 그의 입에서 "왜…"라는 말이 나왔지만, 곧 성령의 기름 부으심으로 그의 눈이 커지면서 뒤로 쓰러졌다. 데이비드가 뒤에서 그를 팔로 붙잡아 잔디 위로 서서히 내린 뒤 그는 그 자리에 5분 이상 누워 있었다. 우리 그룹의 네 번째 사람은 입을 다물지 못한 채 예수 그리스도가 하신 일을 지켜보고 나서는 바로 몸을 돌렸다. 그는 별다른 일을 하지 않았고, 마치 우리와 함께 있지 않은 척하는 것처럼 보였다. 마틴은 움직이지 않고 누워 있었다. 나는 네 번째 볼이 잘 따라오고 있는지 계속 지켜보았다. 그러나 하나님은 우리와 함께 계셨다. 그것은 골프가 빠르게 진행되고 있는데도 우리는 전혀 방해받지 않았던 것이다. 그때 마틴은 약간의 혼돈을 느끼며 일어서서 자신의 팔과 어깨를 시험해보기 시작했다. 먼저 팔을 머리 위로 높이 올리고 원을 그리며 둥글게 편 다음 내리고, 또 허리 뒤로도 올리는 등 어렸을 때 이후 시도하지 못했던 위치까지 펴고 있었다. "지난 5년 동안 이렇게 할 수 없었어요"라고 중얼거리는 그의 얼굴에는 믿기지 않는다는 듯한 기쁨의 함박웃음이 피어나고 있었다.

"나도 그렇게 할 수 없었어요"라고 내가 대답했다. 마틴은 자신이 회복된 사실에 대단히 놀랐다. 몸 전체의 움직임이 회복되었고, 움직일 때 통증도 없었으며, 팔로 하는 가장 힘든 동작도 해냈다. 마틴은 내 아들 데이비드와 한편이 되고, 나는 그의 친구와 한편이 되어 게임을 하고 있었다. 그래서 마틴이 조금 회복한 후 새로운 스윙을 하려고 애를 쓰기 시작했고, 그로 인해 그의 게임이 완전히 망가지는 것을 보면서 이상한 통쾌감이 들기도 했다! 그다음 여덟 개 홀에서 그가 계속해서 팔을 공중으로 올리고 등 뒤로 뻗는 등의 동작을 했기 때문에 굳이 집중해서 관찰하지 않아도 그에게 일어난 변화를 알아차릴 수 있었다. 처음 아홉 홀은 승부가 팽팽했지만, 후반 아홉 홀에서는 파트너와 내가 확실한 승리를 거두었다. 그러나 마틴이 치유받은 것이 그 아름다운 봄 주말에 예수님을 증거할 수 있던 마지막 이야기는 아니었다. 마틴은 자신에게 일어난 일이 너무 놀라워서 비밀로 간직할 수가 없었다. 내가 바에서 음료수를 마시고 있을 때 그는 골프용품점 위에 있는 발코니에서 열 번째 티(Tee)에서 일어난 일에 대해 거기 있던 모든 사람에게 설명했다. 자신이 지난 5년 동안 오른팔로 할 수 없었던 일들을 지금은 할 수 있게 되었다면서 상세한 동작으로 보여주었다.

내가 바에서 나오자마자, "그럼, 제 무릎은요?"라고 한 젊은 여성이 물었다. 그녀는 짧은 반바지를 입고 있어서 긴 다리가 보였다. 자신의 양쪽 무릎에 문제가 있어서 아무것도 할 수 없다고 설명했다. 이번에는 그녀가 성령의 기름 부으심을 받아 베란다 돌바닥에 쓰러지자, 무슨 일이 일어나고 있는지 설명을 구하는 많은 증인이 모여들었다. 이 일로 인해 우리는 예수님에 대해 이야기할 기회가 더 많아졌다.

그날 저녁 열린 댄스파티는 접수처 옆에서 열렸다. 홀로 들어서자, 나는 금방 마틴을 알아볼 수 있었다. 그는 다른 많은 위원회의 회원에게도 그날 오후 골프 코스에서 회복되어 움직일 수 있게 된 모든 것을 큰 동작으로 보여주며 기쁘게 소식을 전하고 있었다. 위원회 회장인 짐 댈러스(Jim Dallas)가 나에게 다가왔다. 그는 40년 동안 두통으로 고생하고 있다고 말했다. 그리고 기도하면 나을 수 있냐고 물었다. 짐은 키가 아주 크고 건장했다. 175센티미터인 데이비드는 바에서 무슨 일이 일어나고 있는지 알고서 재빨리 짐의 뒤로 왔다. 데이비드는 짐이 성령의 능력으로 급하게 넘어지지 않기를 기도했다. 성령님이 짐에게 강력하게 임하셨지만, 데이비드가 안심하도록(혹은 자신이 안심되도록) 그는 앞뒤로 흔들렸고 바닥에 쓰러지지 않았다. 그는 약간 저리는 느낌과 평안함과 안도감을 느낀다고 말했다.

이때 위원회 비서인 리처드(Richard)가 나에게 다가와 자신이 오랫동안 무릎과 발에 생긴 관절염으로 얼마나 고생했는지를 말했다. 심지어 이제는 발뼈도 뒤틀렸다고 했다. 응접실 옆에 있는 문을 살짝 열어보니, 비어 있는 사무실 하나가 있었다. 주님이 나에게 리처드의 관절염에 대한 지식의 말씀을 주셨다. 다시 이 일에 대해 기도하고 나자 그는 성령님의 강력한 힘으로 바닥에 쓰러져서 상당한 시간 동안 누워 있었다. 사무실 주인이 우리가 준비되기까지는 돌아오지 않도록 나는 계속 기도했다. 왜냐하면 한 남자가 내 발치에 왜 움직이지 않고 누워 있는지 설명하려면 오래 걸릴 것 같아서였다. 결국 리처드가 내게 왔고, 나는 그가 일어설 수 있도록 도와주었다. 그는 무릎을 폈다 구부렸다 하면서 평소에 통증을 일으켰던 동작을 시도해보았는데 모든 통증이 다 사라졌다고 말했다. 우리는 함께 치유해주신 예수님께 감사드렸다. 그다음 날 데이비드는 나에게 말하기를 리처드와 밤늦게까지 이야기를 나누었는데, 그는 자신에게 일어난 일을 증언했고, 발뼈가 어떻게 원래 모양으로 돌아왔는지를 보여주었다고 했다.

나와 리처드가 사무실을 떠난 지 얼마 되지 않아 식당으로 가라는 방송이 나왔다. 내가 식당 좌석에 앉자 한 여성이 내 옆자리로 와서 앉았다. 리처드는 그녀의 남편 회사에서 일하고 있었다. 그녀는 리처드에게 일어난 기이한 일을 그에게 전해 들어 알고 있었다. 그녀는 지난 2년 동안 점점 심해지는 관절염으로 움직일 수 없었다면서, 자신을 위해서 기도해줄 수 있냐고 물었다. 60대의 앤(Anne)은 교회에 다니는 그리스도인이었다. 그녀와 남편은 여행을 좋아했지만, 목발을 짚어야 하는 장애로 여행의 기쁨뿐만 아니라 삶에 많은 제약을 안고 살았다. 그래서 우리는 식사 후에 모여서 우리의 문제를 주님께 가져가기로 했다. 우리는 즐거운 식사와 대화를 나누었다. 밤 12시가 넘어서 앤과 그녀의 남편, 마틴과 그의 아내 캐럴(Carole)이 함께 모였다. 마틴은 자기 아내가 허리와 엉덩이 부분의 통증으로 얼마나 고통받고 있는지 말해주었고, 자신이 그랬던 것처럼 해방감과 평안함을 경험하기를 간절히 원하고 있었다. 그리고 캐럴은 자신의 문제를 해결해줄 수 있는 방법이 아무것도 없었기 때문에 평생 이 문제를 안고 살면서 잘 대처하는 법을 배워야 했다고 이야기했다. 안도 기대에 가득 찬 얼굴로 진지하게 기다리고 있었다. 나는 하나님께는 불가능한 일이 없다는 것과, 만약 잃는 것이 있다면 통증뿐이라고 설명했고, 이 말씀에 근거해 진행해보자고 제안했다. 먼저 캐럴의 양팔을 앞으로 쭉 펴게 하고 그녀의 등과 팔이 잘 정렬되도록 명령하자 그대로 되었다. 그 후 그녀의 허리와 골반 부분으로 이동하여 그것들이 제자리로 돌아오도록 명령하고, 근육과 조직들이 강해지도록 명령하였다. 그리고 통증은 떠나라고 명령했다. 이어서 내가 그녀의 목과 척추 부분에 사역할 때 성령님께 그녀의 척추 전체에 기름을 부어달라고 기도하자 그녀는 성령님의 능력으로 쓰러졌다. 성령님 안에서 한참 쉬고 흠뻑 흡수한 뒤 그녀가 발을 딛고 일어설 때, 예전에 할 수 없었던 것을 보여달라고 그녀에게 요청했다. 그러자 그녀는 허리를 구부려서 그녀의 엉덩이를 힘 있게 틀었다. 이 모습을 지켜본 우리는 하나님께 감사드렸다.

앤은 기도받기 위해 망설이며 서 있었는데, 나는 그녀에게 '전체적인 균형'이 필요하다고 직감했다. 먼저 캐럴과 같이 그녀의 팔을 앞으로 쭉 뻗게 하고 나서, 그녀의 척추 전체가 제대로 맞춰질 것을 명령하였다. 그리고 모든 동맥과 정맥이 잘 열리도록, 또 뇌가 그녀의 전신과 잘 통하게 하려고 가볍게 목을 만지자 그녀는 성령님의 능력으로 쓰러졌다. 한참 뒤 나는 그녀에게 의자에 앉아 앞으로 두 다리를 쭉 뻗어보라고 하였다. 그 단계에서 그녀는 여전히 움직일 때마다 고통스러워했다. 내가 그녀의 양 발목을 서로 대보니 방에 있는 모든 사람이 보기에도 왼쪽 발목과 발꿈치가 오른쪽보다 3.8센티미터 정도 높았다. 예수님이 하실 놀라운 일을 놓치지 않으려고 모두가 지켜보는 가운데, 나는 엉덩이와 다리가 제대로 맞춰지도록 예수님의 이름으로 명령하였다. 이번 반응은 순간적으로 일어났다. 발꿈치와 발목뼈가 오른쪽 다리와 정확히 일치하도록 왼쪽 다리가 자연스럽게 움직이며 맞춰졌다. 그녀가 일어서자 나는 등 아래쪽과 골반 쪽에 명령했는데, 그녀는 성령님의 능력으로 다시 쓰러졌다. 나는 주님께 그녀를 평안과 기쁨으로 채워주시기를 기도했다. 마침내 그녀가 일어날 수 있게 되었을 때 예전에는 어려워했던 동작들을 해보라고 요청했다. 그랬더니 아무 통증 없이 모든 행동을 다 할 수 있었다. "모든 동작 중에 가장 힘든 것이 무엇이었나요?" 내가 물었다. 그녀는 계단에 오르는 것이 가장 큰 골칫거리였다고 말했다. 다음 계단으로 오르기 전에 항상 옆으로 서서 두 발을 한 계단씩 올려놓는 것이 얼마나 힘들었는지를 설명했다. 그래서 나는 계단이 있는 곳으로 나가서 그녀가 얼마나 새롭게 잘 움직일 수 있는지 시험해보자고 하였다.

새벽 1시에 우리 다섯 명은 호텔 복도에서 가장 가까운 계단, 특히 가장 가파른 계단으로 내려갔다. 용감하게도 앤은 계단으로 다가갔다. 첫 번째 계단으로 한쪽 발을 들어 올렸다가 곧바로 다른 쪽 발을 두 번째 계단으로 올렸다. 그렇게 똑바로 서서 계단을 계속 올라갔다. 쉬지 않고 한 발 한 발, 한 계단 한 계단씩 위로 올라갔다. 정상에서 그녀는 승리의 미소를 지으며 돌아섰다. 나는 다시 두 번째로 하기 어려웠던 동작이 무엇인지 물었다. 그녀는 대답했다. "계단을 내려가는 거요." 그녀가 두 번째 어려웠던 일을 하는 데 어떤 격려도 필요치 않았다. 앤은 앞을 바라보고 난간도 잡지 않은 채 계단을 내려왔다. 옆으로 돌거나 한 걸음 한 걸음 부드럽게 낮추지도 않았다. 다 내려온 그녀는 승리감으로 차 있었다. 그녀는 반복해서 그 계단을 오르내렸다. 그들의 침실이 위층에 있어서 모든 사람이 밤 인사를 할 때는 세 번째로 계단을 올라가야 했다. 다음 날 아침 나는 앤와 남편이 우리 침실이 있는 가든 코트에서 출발해 아침 식사가 제공되는 본관 호텔까지 걸어가는 동안 약 50미터 뒤에서 그들을 따라갔다. 그녀의 어정쩡한 걸음은 사라지고, 더는 머뭇거리지 않고 돌계단을 내려와서 똑바로 걷는 것을 보니 정말 기분이 좋았다.

어느 봄 토요일에 주님이 직접 만지신 이 여섯 명은 예수님이 몸으로 임하신 사실을 알고 있었고, 그로 인해 영향을 받은 것은 의심할 여지가 없었다. 옆에 있던 많은 사람도 예수님의 이적과 기사를 보고 증언하였다. 아침 식사 시간에 마틴과 캐럴은 요크에 있는 어느 교회를 가야 할지 의논했다.

예수님은 일터에서도 사람들을 만나시고 치유하신다
/

일터에서 예수님이 사람들을 만나시고 치유하시기 위해 꼭 필요한 조건은 우리가 하나님 나라에서 살고 있다는 것을 알고 용감하게 목소리를 높이는 것이다. 믿음을 가져야 한다는 생각조차도 없는 사람들에 대해서 다시 이야기해보자. 히친(Hitchin) 지역의 오래된 건물에 월세로 있던 나의 사무실에서 어느 날 일어난 일이다. 무역 잡지의 대리인[피터(Peter)라고 칭할 것이다]과 광고란에 대해 협상하고 있었다. 피터가 서류를 가지러 움직일 때, 나는 그가 고통스럽게 움츠리는 것을 보았다. 그는 자신의 등에 문제가 있다고 말했다. 그래서 나는 그에게 원하기만 하면 예수님이 고치실 수 있다고 말하였다. 그랬더니 그는 정중하게 고개를 젓더니 다시 자신의 업무를 장황하게 설명하며 일을 진행했다. 계약이 성사되어 그가 자리를 뜨려고 하자, 나는 그에게 다시 치유받을 기회를 주었다. 이번에는 내가 그의 고객이기 때문에, 고객의 기분을 맞춰주는 영업 전략 정도로 생각해서인지 그는 동의했다. 아주 놀랍게도, 나는 단순히 예수님의 이름으로 통증은 가라고 명령했더니 통증이 사라졌다. 그는 아무 고통 없이 등을 연신 쭉 폈다. 그리고 기쁘게 웃으면서 집으로 갔다. 며칠 뒤 나는 계약이 확정되었다는 소식과 함께 '그 상사(예수님)'에게 자기 등을 고쳐주어 감사하다고 전해달라는 쪽지를 받았다.

1년여가 지나서 나는 국립전시장 중앙 홀을 걷고 있었다. 이곳은 버밍햄 근처의 대규모 상업전시관으로, 매년 봄마다 국제박람회가 열리면 쓸 만한 공간은 모두 사용된다. 국립전시장이 세워진 이래 우리 회사는 이 박람회에 매년 참가했다. 중앙 홀은 사람들로 붐볐지만, 피터가 나를 향하여 걸어오고 있다는 것을 알 수 있었다. 그는 내 앞에 멈춰 서서 두 가지 이유로 나를 찾아왔다고 말했다. 하나는 다음 해 광고 계약을 협상하기 위해서이고, 다른 하나는 자신의 아픈 등을 위해 기도를 요청하러 온 것이었다. 그가 허리를 무리하게 사용하기 바로 전 주 전까지는 모든 것이 좋았다. 그러나 다시 통증이 시작되었고 기도를 받고 싶어졌다. 그는 우리 주위로 엄청난 군중이 떠밀려 다니는 것을 보면서 "모든 일에는 때와 장소가 있는데…"라고 말했다. 나는 우리가 어디에 있든지 그곳이 적절한 시간과 장소가 되도록 해보자고 하면서, 중앙 홀에서 조금 옆으로 벗어나 그의 등이 낫도록 기도드렸다. 순간적으로 통증이 풀어지자 그는 예수님과 나에게 감사했다. 그리고 부끄러워하면서 자신의 두 딸은 집 근처 감리교회를 찾아갔지만, 자신은 특별한 행사 때에만 교회에 참석했다면서 더 자주 갔어야 했다고 말했다. 나는 히친에서 매달 열리는 국제순복음 기업인 친교회에서 주최하는 저녁 만찬에 그와 그의 아내를 초대하였다. 그는 고통에서 벗어나게 된 것에 감사해서 초대에 응하는 것 같았다. 그러나 내가 피터 부부를 초대한 달에 참석할 수 없게 되어 나의 아내 도로시가 그 밤에 주빈으로 손님을 맞이하였다. 피터는 저녁 식사 시간에 예수님을 자신의 주님으로 영접했다. 피터는 내게 감사 편지를 보냈다. 그 편지를 받고 며칠 후 피터의 아내가 도로시에게 전화를 걸어왔다. 피터가 심장병으로 갑자기 죽었다고 했다. 일과를 마치고 집에 온 피터는 딸들과 탁구를 쳤는데 갑자기 테이블에 쓰러졌고 바로 운명했다는 것이다. 도로시는 어안이 벙벙해서 피터가 정말 죽은 것이 맞느냐고 어리석은 질문을 했다. 피터의 죽음은 확실했고, 그의 아내는 그동안 우리가 해준 일에 감사하려고 전화한 것이었다. 피터가 식사 자리에서 거듭나 그리스도인이 된 것을 이미 그리스도인이었던 그의 아내는 알고 있었다. 그 아내와 딸들은 피터가 예수님과 함께 천국에 있기에, 언젠가 그를 다시 볼 것을 믿으며 기뻐하였다. 만약 피터의 죽음이 일주일 전에 일어났다면 엄청난 상실감과 슬픔을 감당하기 어려웠을 텐데, 지금은 훨씬 더 자신감 있게 극복할 수 있었다. 또한 그 아내는 남편이 남긴 유산을 사람들을 예수님께로 인도하는 데 도움이 되도록 써야 한다는 것도 알고 있었다. 그래서 그녀는 사람들을 초대해 식사를 베풀며 복음을 전했다.

우리가 있는 장소나 사람들 때문에 예수님을 전하는 것을 당황스러워하지 말아야 한다. 이 세상에 예수님이 실제로 존재하신다는 사실과 그들에게 예수 그리스도가 필요하다는 것을 인식하게 되는 것은, 바로 치유하시는 그분의 능력을 증거하고 경험할 때 이루어지기 때문이다.

독일의 졸링겐에 가다

/

어느 날 나는 우리 영업 팀을 독일로 데려가, 우리가 판매하는 미용 가위가 어떻게 제작되는지 견학하고, 경쟁사들보다 앞서기 위해 사용하고 있는 몇 가지 신기술에 대한 최신 정보를 가르쳐주기 위해 졸링겐의 공장을 방문했다. 우리가 공장을 다니고 있을 때, 내 앞을 걸어가는 한 영업과장의 몸이 '한쪽으로 기울어진' 것처럼 보였다. 나는 그를 잠시 멈춰 세우고 이것에 관해 물어보았다. 그는 자신이 항상 약간 절었다고 대답했다. 나는 그 즉시 작업실 한복판에서 모든 사람이 지켜보는 가운데 그를 작업대 위에 앉게 했다. 그의 허락을 받은 나는 그의 두 발목을 잡고 두 발을 땅에서 들어 올렸다. 그리고 나의 양쪽 엄지손가락을 두 발의 발목뼈 중앙에 가져다 놓았다. 두 발이 2.5센티미터 정도 수평에서 어긋나 있는 것은 누가 봐도 알 수 있었다. 그렇다고 이것이 반드시 한쪽 다리가 다른 쪽 다리보다 길다는 의미는 아니었다. 그것은 한쪽 엉덩이가 고관절에 걸릴 수 있다는 것을 나는 경험을 통해 알고 있었기 때문이다. 나의 왼쪽 엉덩이를 몇 번이나 풀어준 의사가 그렇게 말했었다. 좀 더 의학적인 내용이 많이 들어간 설명이었지만, 내가 듣기엔 그가 그렇게 설명했던 것 같다. 영업과장은 확실한 차이를 볼 수 있었다. 내가 예수님의 이름으로 다리는 정렬되라고 명령하는 것을 지켜보고 있었는데, 진짜 그렇게 되었다. 그는 자기가 보고 느낀 것에 대해 엄청나게 놀랐다. 그가 일어서서 공장 견학을 계속할 때 더 이상 한쪽으로 기울어져 걷지 않았다.

한 여성이 척추병에서 놓여나 자유롭게 뛰고 춤추며 하나님을 찬양하였다. 그녀는 친구와 함께 목요일 저녁 예배 시간에 왔다. 그녀는 우리 팀원인 마고(Margot)와 데이비드(David)에게 사역을 받고, 완전히 고침을 받았다. 그들이 그녀에게 사역을 시작하자 성령님이 그녀를 바닥에 눕게 하셨는데 거기서 그녀는 한참 동안 누워 있었다. 그 후 그녀는 아무 도움 없이 바닥에서 일어날 수 있게 되자마자 자신이 치유되었다는 것을 알았다고 나에게 편지를 보내왔다. 나는 다른 곳에 있다가 소리를 지르고 노래하고 춤을 추는 여성이 누구인지 둘러보았다. 그녀는 엉덩이를 구부려 발가락을 만지고, 무릎을 높이 들고 춤을 추고, 무엇보다도 팔을 쭉 뻗어 공중에서 손을 흔들며 주님을 찬양하는 등 과거에 할 수 없었던 모든 것을 하고 있었다. 그녀와 친구들은 한 시간이 넘도록 찬양하였는데 밤이 되어서 모임이 끝나지 않았다면 멈추지 않았을 것이다. 그 후 그녀는 목요 집회에 와서, 자신의 상태에 대해 나에게 설명하였다. 그녀는 강철 막대기가 자신의 어깨와 척추와 엉덩이에 있는 것 같았다고 말했다. 너무 아파서 팔을 구부리지도 못하고, 위로도 올리지 못하고, 어깨너머로 볼 수도 없었다. 그녀의 엉덩이는 뻣뻣하고 아파서 걷는 것이 매우 힘들었다. 그녀는 바닥에 반듯하게 누울 수 없었고 다시 일어날 수도 없었다. 그녀는 짧은 거리를 걷는데도 발을 질질 끌 정도였기 때문에 혼자서 갈 수 있는 곳이 없었다. 그녀는 자주 어지러웠고, 위를 쳐다보면 머리가 멍해졌다. 그녀의 팔과 다리에는 핀과 바늘이 들어 있는 것 같았다. 그러나 치유받은 후 그녀가 내게 보내온 편지에는 집으로 간 이후 누구의 도움 없이 뉴캐슬에 혼자 나갔고, 모든 고통이 다 사라졌다고 쓰여 있었다.

거꾸로 기도하기

기도와 믿음에 관해 생각하고 있던 중, 내 마음에 '거꾸로' 기도라는 이미지가 떠올랐다. 즉, 많은 사람이 머리로 서서 기도하는 것처럼 보이는 우스꽝스러운 모습이 머릿속에 떠올랐다! 우리는 문제의 해결점을 보고 기도하기보다는 문제 자체를 보고 기도한다. 우리는 보좌로부터 시작하는 기도를 하는 대신, 우리의 문제나 수렁에 깊이 머리를 박고 기도한다. "이기는 그에게는 내가 내 보좌에 함께 앉게 하여 주기를 내가 이기고 아버지 보좌에 함께 앉은 것과 같이 하리라"(계 3:21). "또 함께 일으키사 그리스도 예수 안에서 함께 하늘에 앉히시니"(엡 2:6). "예수께서 하나님의 아들이심을 믿는 자가 아니면 세상을 이기는 자가 누구냐"(요일 5:5). 바로 우리다! 당신이 예수님을 주님으로 믿는다면, 당신은 이긴 자다. 내가 성경에서 가장 좋아하는 책은 에베소서다. 이 책을 읽는 독자는 이 책이 모든 것이 이미 이루어졌다는 점에서 다시 생각하도록 쓰였음을 알게 될 것이다. "찬송하리로다 하나님 곧 우리 주 예수 그리스도의 아버지께서 그리스도 안에서 하늘에 속한 모든 신령한 복을 우리에게 주시되"(엡 1:3). 하나님이 우리를 축복하셨다. "하나님이 우리를 축복하실 거야" 혹은 "우리를 축복하실 가능성이 있어. 아마도 축복하실 거야" 등과 같은 미래 시제가 아니다. 그분이 우리를 축복하셨다. 그것은 주어지고 이미 성사된 거래다. 바울은 하나님이 우리를 부르신 부르심의 소망을 잘 알기 위해서 우리 마음의 눈을 "밝혀주시기를" 계속해서 기도한다(참조. 엡 1:18). 하나님은 어떻게 이 일을 하실까? "너희는 그 은혜에 의하여 믿음으로 말미암아 구원을 받았으니 이것은 너희에게서 난 것이 아니요 하나님의 선물이라"(엡 2:8).

이것이 선물이라면, 우리는 그저 수동적으로 앉아 있고 하나님이 모든 것을 하시도록 하는 것일까? 전혀 그렇지 않다. 예수님은 머리시고, 우리는 몸이다. 몸의 기능은 머리가 무엇을 명령하든지 따르는 것이다. 우리는 예수님께 우리가 스스로 해야 할 것이 있을 때 우리를 위해서 그것을 해주시기를 계속해서 구해야 한다. 그런데 우리가 구하지 않는 한 가지 이유는 우리 대부분이 정말 중요하거나 의미 있는 일을 할 능력이 우리에게 없다고 미리 생각하기 때문이다. 다음 구절을 생각해보라. "우리 가운데서 역사하시는 능력대로 우리가 구하거나 생각하는 모든 것에 더 넘치도록 능히 하실 이에게"(엡 3:20). 그분의 능력이 우리 안에서 역사하신다는 말씀에 주목하라. 예수님은 이미 우리가 약하고 무력하다고 느끼는 문제를 해결해주셨다. 그분은 자신의 힘을 발휘하여 우리 안에서 그 힘을 발휘하셨다. 그러므로 우리는 그 힘을 사용하는 법을 배워야 한다.

우리 대부분이 치유를 반대하고 문제 삼는 이유는 믿음 때문이다.

"오, 이것은 믿음이 필요해. 나는 믿음이 필요해"라고 우리는 말한다. 우리가 구원받았다면, 그것은 어떻게 받은 것인가? 성경은 우리가 믿음으로 말미암아 은혜로 구원받았다고 말씀하신다. 우리가 구원받았다면 그때 우리에게는 믿음이 있었던 것이다. 구원은 선물이다. 은혜와 믿음은 항상 같이 있다. 왜냐하면 우리가 예수 그리스도를 영접할 때 우리에게 주어진 구원 얻을 만한 믿음은 은혜로 주어졌기 때문이다.

왜 그런지 모르지만, 많은 사람은 믿음이 하나님이 어떤 일을 하시도록 만드는 힘이라고 완전히 잘못 생각하고 있다. 그래서 우리가 믿음이 충만하다면 하나님이 무슨 일이든지 하시도록 만들 수 있다고 생각한다. 그러나 믿음은 하나님이 무엇인가를 하시도록 만들지 않는다. 믿음은 하나님이 은혜로 해놓으신 일들에 대한 긍정적인 반응일 뿐이다. 우리는 "원하는 것을 말하고 요구하라!"라는 잘못된 가르침을 듣는다. 그런 교훈은 우리가 그저 계속 무엇인가를 요청하면, 혹은 '이제 나는 믿음이 있으므로 하나님이 무엇인가를 하시도록 움직일 수 있다'고 생각하면, 하나님이 확실하게 반응하시도록 할 수 있다고 가르친다. 혹은 우리가 아주 세게 그리고 자주 그렇게 한다면, 결국 하나님이 개입하셔서 무엇인가를 하실 것이라고 생각한다. 즉, 그분이 개입하셔서 우리가 고침을 받는다고 생각한다. 내가 보기에 이것은 마태복음 6장 7절에서 경고하고 있는 기도의 범주에 속한다. "또 기도할 때에 이방인과 같이 중언부언하지 말라 그들은 말을 많이 하여야 들으실 줄 생각하느니라." 이런 가르침 때문에 환멸을 느끼는 그리스도인을 나는 많이 만나봤다. 치유 사역이라면 어떤 것도 강력하게 반대하는 성도들과 사역자들을 자주 만나는데, 그것은 그들이 치유의 역사가 일어나는 것을 경험하지 못했기 때문이다. 그들은 자신을 위해서 혹은 사랑하는 사람을 위해서 영원처럼 보이는 시간 동안 치유를 위해 기도했지만, 그들은 하나님이 그들을 무시하시는 것처럼 보였다. 그들은 믿는 자들에게 주신 하나님의 권위를 이해하지 못했다. 이 권위에 대한 문제는 나중에 더 깊이 살펴보기로 하자. 단순히 무언가를 주장한다고 해서 믿음이 생기는 것은 아니다. 혹시 그렇다 하더라도 믿음은 오직 하나님이 미리 은혜로 이루어놓으신 것에만 적용된다.

우리가 말씀의 진리를 고백해야 하는 것은 분명하지만, 먼저 우리가 하나님께 가져다 드리는 특정한 상황, 문제 또는 환경과 관련하여 하나님이 이미 무엇을 제공하셨는지 알아내야 한다. 그러나 치유의 경우로 본다면, 우리는 하나님이 이미 치유를 공급해주셨다는 것을 안다. 그런데 우리 중 대부분은 이미 하나님이 이루어놓으신 것을 하나님이 하시도록 명령 내지는 설득하려고 애쓰고 있다. 하나님은 치유하실 수 있다가 아니고 이미 치유하셨다. 만약 우리가 무엇을 사거나 만들어서 우리 소유로 삼으면, 우리는 그것을 소유한 사실을 의심하지 않고 우리가 가지고 있음을 안다. 치유에 관해도 이처럼 아는 자리로 들어가야 한다. 치유는 이미 와 있지만 볼 수가 없다! 그래서 치유를 얻으려고 투쟁하고 있으니 치유를 의심하는 것이다. 때로는 자기가 정한 기간 내에 치유가 나타나지 않으면 치유를 받아들일지 말지를 의심하기도 한다. 전기를 생각해보라. 전류는 계속해서 발전소에서 전선을 타고 우리 집으로 흐르고 있다. 등을 밝히려면 스위치를 켜거나 플러그에 끼워야 한다. 만약 등이 켜지지 않는다고 하더라도 발전소에서 전기 생산을 중단했다고 생각하지는 않는다. 그럴 때 우리는 등의 연결 부분에 결함이 있다고 생각해 전구나 퓨즈를 교체한다. 그런데 우리는 하나님의 음성을 듣지 않고 있으면서 하나님이 우리에게 가까이 오시지 않고 말씀하시지 않는다고 생각한다.

이미 믿는 우리가 하나님의 안식에 들어간다는 말씀이 생각난다(참조. 히 4:3). 이것은 이미 '주어진' 것이다. 그러나 듣는 것이 믿음과 합해지지 않는다면 들어갈 수가 없다. 우리가 만약 불순종 가운데 계속 살고 있다면, 아무도 거기에 '들어갈' 수 없다. 그래서 우리는 말씀, 곧 십자가에서 이루신 진리를 우리 안에 내재해 있는 믿음으로 선포해야 한다. 말씀이 들어가도록 하라. 곧 예수님을 믿고 순종함으로 걸으라. 그리고 그 말씀을 믿고 그분의 안식에 거하라. 우리 속에 말씀이 들어가면 그분이 이미 이루신 모든 것, 곧 예수님께로 더 가까이 가게 된다. 그분이 우리에게 하라고 하신 것을 행하면 우리에게 공급해주신다는 하나님의 약속이 우리에게 확신을 준다. 우리가 그분의 안식에 들어가면, 우리는 이렇게 기도할 수 있다. "주여, 당신은 이미 우리를 치유하셨습니다. 이제 제가 무엇을 하기 원하십니까?"

베거즈 루스트에 온 샌드라(Sandra)

샌드라는 다음과 같이 편지를 썼다.

1997년, 제가 처음 치유 센터를 방문했을 때 랜디는 주님이 누군가의 두피 가려움증을 치료해주실 거라고 말했습니다. 두피의 가려움으로 늘 정신이 산만했던 저는 그때 치유받았습니다. 또한 방문한 그날 저는 자동차 사고를 당해 허리를 다쳤는데, 허리 근육 인대에 염좌가 생겼습니다. 그때도 기도를 받았더니 하나님이 100퍼센트 치료해주셨어요.

1997년 7월에 다시 방문했을 때 저는 무릎 부상으로 거동이 불편했습니다. 주님이 제 다리를 고쳐주셔서 몇 년 전보다 훨씬 더 잘 움직일 수 있게 되었습니다. 다음 날 출근하자 매니저가 갑자기 앞으로 며칠 동안 뉴캐슬의 모든 매장을 방문하라고 했습니다. (그날 아침 기분이 훨씬 좋아져서 정말 안도했습니다). 저는 아침 일찍 나가서 오후 4시 30분에 사무실로 돌아왔습니다. 만약 이 업무가 치유되기 전에 주어졌다면 어땠을까요? 저는 점심시간도 넘기지 못하고 온종일 누워 있어야 했을 것이고, 허리와 다리가 너무 아파서 완전히 지쳐버렸을 것입니다. 주말이 지나고 저는 다시 며칠 더 근무해야 했는데 그때도 괜찮았습니다. 하나님을 찬양합니다!

3장

죽은

사람이

무슨

믿음을

가지고

있을까?

치유를 기대하는 사람이 많지 않다. 그것은 대부분 그들 자신이 믿음이 충만하거나 올바른 믿음이 있다고 생각하지 않기 때문이다. 그러나 예수님은 우리가 보는 것이나 느끼는 것에 의존하지 말고, 하나님 말씀에 의지하라고 가르치신다. 마르다와 마리아처럼 우리도 예수님이 이곳에 계셨더라면 형편이 달라졌을 것으로 생각한다(참조. 요 11:21, 32). 확실히 예수님이 우리와 함께 여기에 계셨다면, 우리는 믿음이 생겼을 것이고, 치유해주시기를 구했을 것이다. 그리고 치유받았을 것이고, 우리는 확신했을 것이다. 그렇지만 예수님은 지금 여기에 계시는 분이다. 우리 육신의 눈으로 그분을 보지 않아도, 그분은 죽음에서 살아나셨고 지금도 살아계시기 때문에 여기에 현존하신다.

이번 장에서 자신에게 치유받을 만한 믿음이 없다고 생각하는 모든 사람이 치유받는 새로운 자리로 나아가기를 바란다. 이제 우리는 요한복음 11장에 나오는 죽음에서 살아난 나사로의 사건을 생각해볼 것이다. 나사로를 사랑했던 사람들이 느꼈을 암울함을 짐작해보라. 요한복음 11장은 나사로가 아프다는 소식으로 시작한다. 그의 누이들인 마르다와 마리아는 이 소식을 예수님의 제자들과 베다니에서 멀리 떨어진 곳에 계시는 예수님께 보낸다. 예수님은 제자들에게 지금 나사로가 아프지만, 그것은 죽을병이 아니라고 말씀하셨다. 그리고 "잠들었다"는 단어의 의미에 대해 제자들이 당황하고 있음을 드러내는 토론이 이어진다. 예수님이 곧 행하실 일은 하나님의 영광과 권능을 드러내는 것이며, 예수님이 누구신지 분명하게 보여줄 것이다. 무엇이 당신을 일어나 앉게 하고 주목하게 하는가? 누군가 더 나아지는 것을 보는 것인가? 혹은 죽은 사람이 일어나서 걷고 말하는 것을 보는 것인가? 제자들은 수많은 치유의 역사를 보았으나, 믿음과 신앙에 대해 더 깊이 이해해야 했다. 예수님이 지금 나사로에게 가실 것이라고 말씀하셨을 때, 제자들은 그들 자신만을 생각하고 있었던 것 같다. 왜 그럴까? 지난번에 그들이 그 지역에 있었을 때 유대인들이 예수님을 돌로 쳐 죽이려 했기 때문이다. 예수님은 제자들에게 오늘날도 여전히 죽음을 완곡하게 표현하는 단어로 쓰이는 '잠들다'를 사용하시며 나사로가 "잠이 들었다"라고 하셨다. 그것은 성경 어디에선가 사용되고 있으며, 제자들이 모르는 것도 아니었다. 나는 왜 예수님이 이 많은 무지한 무리와 함께 지내시면서 애를 쓰셨는지 이해하기 어려울 때가 있다. 하지만 그때 나는 그분이 왜 또 나를 위해 그렇게 애쓰시는지 궁금해지기 시작한다. 누가복음 8장에서 예수님이 야이로의 딸을 죽음에서 살리실 때 그분은 '잠들다'는 단어를 거의 같은 의미로 사용하셨다. 어떤 경우든지 예수님은 그들을 위해 알기 쉽게 설명하시고 나사로가 죽었다고 분명히 말씀하셔야 했다. 그리고 낙담하는 우울증 환자의 좋은 예인 도마는 이미 돌을 들고 있는 사람들을 생각하면서 "우리도 그와 함께 죽으러 가자"라고 말한다. 이런 사람들이 바로 예수님과 함께 움직이는 무리였다. 그들이 가지고 있는 유일한 믿음과 기대는 죽는 것으로 끝난다. 예수님은 나사로가 죽은 지 나흘이나 지난 후 베다니 근처에 도착하셨다. 내 생각에 예수님은 나흘을 기다리신 것이다. 왜냐하면 모든 영광을 하나님께 돌려드리고 싶었고, 미신적인 허튼소리로 영광이 빼앗기는 것을 막고 싶으셨기 때문이다. 그 당시에는 사람이 죽으면 3일 동안은 그 영혼이 돌아다닌다고 생각했던 것 같다. 그러므로 그 기간 안에 나사로의 생명이 다시 돌아오는 것은 그렇게 큰일이 아니라고 생각했을 수 있다. 그런데 이제 나사로도 나흘 만에 진짜로 죽은 것으로 간주되어 장례를 치를 수 있게 되었다. '예수님이 오셨더라면'이라는 원망뿐만 아니라 불신과 침울함이 베다니 사람들을 누르고 있음을 예수님은 아셨다. 마르다는 예수님께 "주께서 여기 계셨더라면 내 오라버니가 죽지 아니하였겠나이다"(21절)라고 말했다.

　오늘날 치유에 대한 사람들의 태도는 믿음과 기대가 부족했던 예수님 주위의 사람들 그리고 도마와 아주 흡사하다. 구원의 확신이 있는 그리스도인조차도 하나님의 말씀을 바로 즉시 믿는 것을 힘들어한다. 그러나 예수님의 치유 사역으로 내가 함께 일하고 싶은 그리스도인의 특징은 바로 지금 말씀을 믿는 것이다. 교회의 신도석을 채우는 수백만 성도가 예수님을 믿는다. 그러나 마귀들도 예수님의 존재와 능력을 인정하는 만큼 그분을 믿는다. 가장 중요한 질문은 당신이 일반적으로 '예수님을 믿는가?'가 아니라, 당신이 개인적으로 '예수님을 믿는가?'이다. 당신은 그분이 하신 말씀을 믿는가? 당신은 그분이 '병을 고치기'

위해 보내신 자들에게 주신 권세와 능력을 믿는가?(참조. 눅 9:1, 10:9) 당신은 이렇게 말씀하신 예수님을 믿는가? "너희가 가서 듣고 보는 것을 요한에게 알리되 맹인이 보며 못 걷는 사람이 걸으며 나병환자가 깨끗함을 받으며 못 듣는 자가 들으며 죽은 자가 살아나며 가난한 자에게 복음이 전파된다 하라"(마 11:4). 당신은 그리스도인의 삶에 따르는 이적에 관한 예수님의 설명에 동의하는가? "믿고 세례를 받는 사람은 구원을 얻을 것이요 믿지 않는 사람은 정죄를 받으리라 믿는 자들에게는 이런 표적이 따르리니 곧 그들이 내 이름으로 귀신을 쫓아내며 새 방언을 말하며 뱀을 집어 올리며 무슨 독을 마실지라도 해를 받지 아니하며 병든 사람에게 손을 얹은즉 나으리라"(막 16:16). 바로 이것이 노섬브리아 기독교 치유기도 센터의 사역을 함께하기 원하는 사람들에게 제일 먼저 부탁하는 것이며, 또한 모든 것이기도 하다. 나는 언젠가 연로한 자메이카의 순복음교파 여성도님이 이 구절로 설교하는 것을 들었는데, 이렇게 인용하였다. "누구든지 믿고 세례를 받은 사람…." 그때부터 나는 나 자신을 '누구든지' 중 한 사람이라고 생각하지 않을 수 없었다. 당신도 '누구든지' 중 한 사람인가? 예수님을 믿는가? 나는 죽은 사람이 살아나는 것을 본 적은 없으나, 주님이 하실 수 있음을 믿는다. 그리고 언젠가는 나도 그런 사건을 볼 날을 기다리고 있다.

만약 예수님이 제자들을 포함해 거기 모인 사람을 대상으로 나사로를 죽음에서 살리실 것을 믿었는지 여부에 대해 거수 투표를 했다면, 아마 한 사람도 손을 들지 못했을 것이다. 나사로의 친구들이 모여 자매를 위로하고 함께 울부짖는 소란스러운 장면을 상상해보라. 무덤으로 이동하는 그들을 보았다면, 동정심과 호기심에 가득 찬 군중까지 그들을 따라갔을 것이다. 친척과 친구들의 슬픔을 배가하기 위해 전문 애도인을 고용했을 수도 있다. 예수님이 우시는 것을 보았을 때 그 자리에 있던 사람들도 얼마나 큰 소리로 동참했을지 상상할 수 있다(참조. 33절). 그들은 예수님이 친구 나사로가 죽었기 때문에 우셨다고 생각했을 것이다. 그러나 성경은 예수님의 마음이 괴로우셨다고 한다. 왜 그러셨는지 궁금한가? 그것은 하나님의 전인 예루살렘 성전을 위하여 우실 때와 마찬가지였다. 이들은 예수님의 제자들이었고, 성전은 세상에서 예수님의 몸이 되어야 했다. 그러나 그들조차 예수님을 믿지 않았다. 내 생각에는 예수님이 그들의 믿음 없음을 보시고 우신 것 같다.

이제 우리는 그 무덤과 돌로 가보자. 나는 그 돌이 바로 불신, 상처, 두려움, 분노, 거절과 고통을 대표한다고 생각한다. 그 돌은 걸림돌을 의미한다. 우리가 믿음으로 나아가기 전에 시작점인 그분을 믿는 것에서부터 그분이 하신 것보다 더 큰 일을 하는 것까지, 우리 모두의 내면에는 굴려져야 할 여러 가지 크기의 돌이 있다. 마태복음 17장 20절에서 그 돌은 산이 되었고, 그때 예수님도 우리가 그것을 제거하려면 오직 겨자씨만 한 믿음이 필요하다고 말씀하셨다.

예수님은 무덤에 있는 돌을 옮기라고 하셨다. 그러나 마리아는 논쟁하였다. 시신에서 풍기는 악취를 생각해보라. 시신이 나흘이나 그곳에 있었다. 지난 몇 년 동안 잘 대처하지 못했던 모든 문제, 상처, 절망, 분노, 두려움, 의심, 거절당함, 우월감, 증오를 생각해낼 수 있겠는가? 숨기고 묻혔다고 생각될 때까지 내면에 더 깊이 밀어 넣었지만, 그것이 곪아 터져서 오늘 당신의 삶을 망치고 있지는 않은가? 그런 것이 내가 말하는 악취다. 그런 것은 너무 두려워서 보는 것조차 할 수 없으니 옮기는 것은 아예 신경도 쓸 수 없다. 그러나 예수님은 우리가 낫기를 원하신다. 예수님은 진정한 우리, 즉 진정한 당신과 진정한 내가 살아나기를 원하신다. 그래서 우리는 그 돌들을 제거해야만 한다. 예수님이 마르다에게 그녀가 믿기만 하면 하나님의 영광을 볼 것이라고 하신 것을 생각해보라(요 11:40). 우리가 하나님의 영광을 보기 원한다면 '돌을 제거하는 것'이 유일한 방법이다. 우리는 제거하는 일을 해야 한다. 이제 마르다는 자신의 추론을 넘어서기 시작한다. 그녀는 과거의 생각을 제거한다. 과거의 의심을 제거한다. 믿음으로 나아가려면 회의적으로 훈련된 우리의 마음이 상상할 수 있는 것조차 제거해야 한다. 그것이 바로 바울이 에베소서 1장 18절에서 마음의 눈을 열어달라고 기도한 이유다. 그래야 돌은 제거된다. 이제 마르다는 예수님이 말씀하신 대로 다른 이유 없이 순종하는 단계로 넘어갔다. 당신이 그 정도까지 간다면 예수님의 치유 사역에 동참할 준비가 된 것이다.

그 후 예수님이 하나님 아버지께 기도하셨다. "돌을 옮겨 놓으니 예수께서 눈을 들어 우러러보시고 이르시되 아버지여 내 말을 들으신 것을 감사하나이다 항상 내 말을 들으시는 줄을 내가 알았나이다 그러나 이 말씀 하옵는 것은 둘러선 무리를 위함이니 곧 아버지께서 나를 보내신 것을 그들로 믿게 하려 함이니이다"(요 11:41-42).

예수님은 하나님이 그때만 들으신 것이 아니라 항상 들으신다는 것을 아셨다. 예수님은 하나님 아버지가 무조건 받아주신다는 것을 확신하셨고, 우리도 그런 자신감을 지니기를 원하셨다. 당신은 하나님이 항상 당신의 기도를 들으셨고, 여전히 당신이 기도하는 순간마다 들으신다는 것을 아는가? 하지만 우리는 그런 돌들을 제거해야 한다. 그러면 하나님이 우리를 위해 하실 수 있는 일이 훨씬 더 많다.

기도하신 후 예수님이 그 문제를 향하여 말씀하셨다. "나사로야 나오너라!" 큰소리로 이렇게 명령하셨다. 그것은 매우 적절했다. 이와 대조적으로, 나는 모든 사람이 들을 수 있는 문턱 바로 아래에서 중얼거리며 기도하고 다른 사람들이 '아멘'이라고 대답하기를 기대하는 일부 기도 모임이 떠올랐다. 내가 동의하는지 안 하는지도 모르는데 어떻게 내가 '아멘'이라고 할 수 있겠는가? 그리고 나는 당신도 듣지 못했거나 동의하지 않는 내용에 '아멘'이라고 답하지 않기를 간절히 바란다. 기도는 하나님 아버지께 상황에 대해 어떻게 말해야 할지 묻는 것이기 때문에 '당신의 뜻이 무엇이든'이라는 막연한 기도에도 동의해서는 안 된다. 치유에 있어서 우리는 예수님의 뜻이 무엇인지, 예수님이 무엇을 하러 오셨다고 말씀하셨는지 알아야 하며, 예수님이 십자가에서 하신 말씀이 무슨 의미인지 알아야 한다. 사람들 앞에 서는 것이 두려운 일이 될 수 있다. 예수님은 그 자리에 모인 모든 사람에게 자신이 '불가능한' 일이 일어나도록 명령하셨다는 사실을 알려주셨다.

나사로가 살아서 나왔다. 나사로가 어떻게 수의에 꽁꽁 묶인 상태에서 일어설 수 있었는지 그려보기로 하자. 그가 일어섰을 때 무덤에서 깡충깡충 뛰어서 나왔을까? 뒤뚱뒤뚱 걸어서 나왔을까? 두 다리가 묶인 상태로 나왔을까? 예수님은 나사로가 나오자 사람들에게 그를 풀어주라고 하셨다. 나사로는 손이 묶여 있었으므로 스스로 그렇게 할 수가 없었다. 다른 누군가가 악취와 감염, 앞으로 무엇을 보게 될지 모르는 위험을 감수해야만 했다. 이런 것이 바로 치유 사역이다. 의료계는 간호사나 의사라면 누구나 알 수 있듯이 깔끔하고 정돈된 위생적인 업무가 아니며, 영적인 영역도 마찬가지다. 그러나 예수님이 우리에게 요구하시는 것이 바로 이런 것이다. 묶인 것을 풀어주고 덮인 것을 벗겨주는 것이다. 그것이 우리가 이 사역의 현장에 있는 이유다. 안전한 환경에서 두 손이 자유롭고 마음이 편한 상태에서 돌을 다룰 수 있도록 긴장을 풀어주는 것이 바로 이 사역의 목적이다.

요한복음 11장 45절은 "마리아에게 와서 예수께서 하신 일을 본 많은 유대인이 그를 믿었으나"라고 말씀한다. 그들은 일어난 일을 보고 난 뒤에 믿었다. 이 치유 사역에는 예수님의 믿음 외에는 누구의 믿음도 관련되어 있지 않다. 제자들은 기대조차 하지 않았다. 마르다, 마리아 그리고 그들의 친구들도 믿거나 기대하지 않았다. 나사로도 믿음이나 기대감이 없었다. 그는 죽어 있었다! 과부의 아들과 야이로의 딸도 죽어 있었다.

베드로는 그 장면, 곧 소녀에게 일어난 일을 기억하고 있었던 것이 틀림없다. 사도행전 9장에는 예수님의 제자로서 높이 존경받으며, 사랑스럽고 다른 사람을 잘 도와주는 친절한 여성이 욥바에서 죽자 그들은 사람을 보내 룻다에 가까이 있는 베드로에게 도움을 구하는 이야기가 나온다. 그녀의 이름은 '다비다'(헬라어로 도르가)였다. 베드로가 제일 먼저 한 일은 다비다가 누워 있는 다락방으로 올라가 울고 있던 여자들을 나가게 한 것이다. 여인들은 그에게 다비다가 만들고 있던 속옷과 겉옷을 보여주었다. 다비다는 죽어 있었고 그들은 그 죽음에 갇혀 있었다. 예수님도 야이로의 딸을 애도하며 우는 사람들과 또 그녀가 살아날 것이라는 생각을 비웃는 사람들을 그곳에서 내보내셨다. 베드로도 똑같이 한 것이다. 예수님은 무덤의 상황을 말씀하시기 전에 아버지께 기도하셨고, 베드로도 다비다의 침대 옆에 무릎을 꿇고 기도할 때 똑같이 기도했다. 예수님은 죽어 있던 작은 소녀의 손을 잡고, "아이야 일어나라!"라고 하셨다. 베드로는 시신을 향해 "다비다야 일어나라!"라고 말했다. 그 후 베드로는 다비다가 일어나도록 손을 잡아주었다. 그래서 나는 몸이 아파서 믿음도 없고 기대도 없으며 내면이 죽은 것 같은 기분이 든다면 당신을 격려하고 싶다. 예수님 안에 생명과 치유가 있다. 그분은 길이요, 진리요, 생명이시다.

사람들이 목요일 저녁 베거즈 루스트 치유 예배에 오면, 우리는 예수님의 이름과 권위로 치유 사역을 하기 전에 그들에게 죄의 짐이나 정죄의 짐이나 믿음을 요구하는 짐을 지우지 않는다. 예수님이 그렇게 하지 않으셨기 때문이다. 죽은 자들이 다시 살아난 사례에서 보았듯이 그들의 믿음, 죄, 죄책감은 전혀 문제가 되지 않았다. 예수님도 믿으셨고 베드로도 믿었으며, 예수님과 베드로는 먼저 하나님 아버지께 말씀드리셨다. 우리 사역팀도 믿는다. 우리는 아픈 몸으로 센터를 찾아온 사람들에게 믿음을 강요하지 않는다. 찾아오는 사람 대부분은 자신의 병에 너무 몰두한 나머지 다른 것을 생각할 겨를이 없다. 사도행전 5장 16절을 보면 사람들이 데려온 모든 사람이 다 고침을 받았다. 그것은 고침을 받은 모든 사람이 다 믿음이 있고, 고침을 받은 모든 사람이 다 회개했다는 뜻은 아니다. 찾아온 모든 사람이 다 고침을 받았다. 이것이 베거즈 루스트가 희망하고 기대하는 것이다. 우리는 센터에 온 모든 사람이 치유되는 날이 속히 오기를 기도한다.

우리는 아픈 사람들을 위해 기도하지 않는다. 신약성경에는 예수님이 병자들을 위해 하나님께 간구하는 기도를 하셨다는 기록이 한 번도 없다. 우리는 성경에서 예수님이 다른 방법으로 사역하시는 것을 본다. 곧 환자들을 만지시고, 질병을 향해 명령하시며, 침을 뱉기도 하셨다. 우리 센터에서는 교육 과정의 한 부분으로 예수님의 '사역 모델'이라고 이름 붙인 내용을 깊이 있게 다룬다. 책 전체에 나오는 사례 연구에는 우리가 성경에서 발견한 여러 가지 다른 사역 방법들을 다룬다. 그러나 기도에 관해 꼭 언급해야 할 것은 하나님께 한다는 것이다. 그 다음에 무엇을 기도해야 하는지 꼭 하나님 아버지께 여쭈어보아야 한다는 것이다.

나는 죽은 사람이 일어나는 것을 본 적이 없지만, 고침받는 것이 병든 사람에게 새로운 삶을 약속한다는 것을 의미하는 사례를 많이 체험하였다. 앞에서 살펴본 것처럼 베드로가 죽은 도르가를 살릴 때도 예수님이 사용하신 방법을 그대로 따라 했다. 지난 세월 동안 내가 배운 것 중 하나는 치유 사역에는 정해진 틀이 없으며, 예수님이 그 시간에 하라고 지시하시는 것을 단순히 따라 해야 한다는 것이다.

크램링톤에 가다

/

이 이야기는 팻(Pat)이 '혈청 음성 다발성 관절염'에서 치유받은 이야기다. 혼자 걸을 수 없는 팻을 그의 친구들이 현관으로 데리고 온 것은 성경에 친구들이 지붕 밑으로 내려준 중풍병자 이야기를 생각나게 한다.

크램링톤은 노섬버랜드(Northumberland) 센터에서 약 32킬로미터 정도 떨어져 있는 소도시다. 우리는 새로 개척한 성공회 교회를 방문해 달라는 요청을 받았다. 날짜는 토요일이었는데, 오전에 내가 가르치고, 점심 식사 후 치유 예배를 드린 다음, 바로 안수 사역으로 들어가는 것이 그들이 세운 계획이었다. 우리가 크램링톤을 방문하기 전주에는 유명한 영국 전도자가 그 지역에서 말씀을 전했다.

내가 아침 강의를 시작하자 곧 문 앞에서 사람들이 한 여성을 데리고 들어오는 소란스러운 소리가 들렸다. 이 여성은 오전 시간 거의 대부분을 누워 있었고, 나는 가르치는 시간 내내 사역 시간에 먼저 그 여성을 위해 기도해주어야겠다는 생각이 들었다. 나는 가끔 사람들을 보면서 이런 생각을 한다. 사람은 왜 자신이 주님을 믿는다는 것을 알고, 이미 승리를 얻었다는 것도 알며, 자신이 치유자가 아니라는 것도 알고, 책임자는 하나님이시고 내가 아니라는 것을 아는데도, 여전히 '그러나'와 '만약에'라는 생각이 머릿속에 도사리고 있는가 하는 것이다. 강의와 점심 식사, 예배 시간이 끝나고 사역 시간이 되었다. 그 여성은 점심을 먹으려고 바닥에서 들어 올려져 의자로 옮겨졌다. 그 상황을 보며 나는 '이건 좀 낫네. 내가 그녀를 바닥에서부터 들어 올릴 필요는 없으니'라고 생각했다.

그 후 "랜디, 와서 패트리샤를 위해 사역해주실래요?"라고 팻이 직접 요청했다. 그녀는 1997년 2월 1일 나에게 편지를 보내왔다.

존경하는 랜디에게,

제 이름은 패트리샤 스코벨(Patricia Scovell)입니다. 나이는 55세며, 11년 전부터 혈청 음성 다발성 관절염을 앓고 있습니다.

1월 10일 금요일, 저는 선더랜드 기독교센터로 집회하러 온 제이 존(J. John)을 만나러 친구들과 함께 갔어요. 제 친구들은 매우 흥분되어 있었어요. 저는 왜 그런지 이해가 되지 않았어요. 저는 잘 걷지도 못했어요. 우리는 찬송을 많이 불렀어요. 조금 있다가 제이 존이 제게로 왔어요. 그가 저에게 주목하라고 한 후, 예수님이 저를 사랑하신다고 말했어요. 우리는 찬송을 더 많이 불렀는데 "나 같은 죄인 살리신"을 부르는 동안 저는 눈물이 나기 시작했어요. 멈출 수가 없었어요. 저는 저의 모든 죄로 인해 하나님께 죄송하다고 말씀드리고 싶었고, 용서해주시기를 간구했습니다. 제가 머릿속으로 외치면서 고개를 들자, 저는 눈을 감고 있었는데 커튼이 열리면서 어둠이 안개로, 안개는 더 옅은 안개로, 더 옅은 안개는 빛으로, 또 아름다운 빛으로 바뀌었어요! 저는 하나님께 그 영광스러운 빛 가운데 오시기를 구했습니다.

제이 존은 사람들에게 앞으로 나와서 예수 그리스도를 우리의 삶에 초대하라고 권유했어요. 저는 앞으로 나가고 싶었지만, 제 주위에 있는 모든 사람이 바닥에 누운 채 성령님의 임재 안에 있었기에 움직일 수가 없었어요. 제 친구들은 춤을 추느라 이런 상황을 알 수 없었어요. 조금 더 예배를 드린 다음, 친구들이 다시 돌아왔을 때 저는 친구들에게 누가 나에게 말 좀 해줄 수 있는지 물었어요. 한 친구가 제게 말했습니다. 친구는 예수님이 우리의 죗값을 대신 치러주셨고, 저를 사랑하신다는 것을 설명해주었습니다. 제가 로마서 10장 8-13절을 친구에게 말해준 다음, 우리는 서로 안아주었습니다.

우리 교회 성도들은 아주 이상하게 행동했는데, 웃고 소리 지르고 춤을 추었습니다. 저는 그들이 술에 취했거나 미친 것 같다고 생각했어요!

저는 그 주일에 교회에 갔는데, 캐롤린과 피터가 다음 토요일에 세인트 앤드루스 교회에 갈 것인지 물었습니다. 치유 예배가 열렸기 때문에 저는 그렇게 하겠다고 대답했습니다.

화요일에 제 왼쪽 무릎이 부었고, 수요일에는 양쪽 무릎이 모두 심하게 부었습니다. 걸을 수가 없어서 침대에 누워 있어야 했습니다. 금요일에 친구에게 전화를 걸어 제 상황을 설명했더니, 친구는 다른 친구들과 함께 저를 들어 나르겠다고 했습니다. 그들을 축복합니다!

랜디 비커스가 자신의 삶에 대해 말하고 있었습니다. 정말 흥미로운 치유에 관한 말씀이었지만, 저는 앉아 있는 것도 아프고 힘들었습니다. 일어설 수도 없었고, 사실 눕고만 싶었습니다. 잠깐 차 마시는 시간이 있었는데, 저는 조금씩 연습 삼아 걸어 다녔습니다.

치유 예배가 시작되었습니다. 교회 성도들이 제게 아주 편한 의자를 가져다주어서 편히 쉴 수 있었어요. 우리는 다시 "주의 임재 앞에 잠잠해, 주 여기 계시네" 찬송을 부르기 시작했습니다. 저는 다시 울기 시작했는데, 제 머리를 천장을 향해 들고 두 팔을 높이 들었어요. 제 팔에 어떤 전율이 느껴지기 시작했고, 전기가 제 몸 위아래로 흐르는 것 같았으며, 사랑과 기쁨이 저를 에워쌌습니다. 그 기쁨을 표현할 수가 없습니다! 예수님이 저를 사랑하십니다! 머리부터 발까지 흔들리기 시작하면서 저는 바닥으로 넘어졌는데, 여전히 성령에 취해 흔들리고 있었습니다. 하나님이 하늘에서부터 제게 영광스러운 빛줄기를 보내셨습니다. 그분이 저의 기도에 응답하셨습니다.

랜디가 제게 와서 일어나라고 했습니다. 저는 일어날 수가 없다고, 증기 롤러에 치인 것 같다고 했어요. 그러자 피터와 존이 저를 올려주었어요. 랜디는 저를 안아주면서 어린 시절에 제게 무슨 일이 있었는지 물었어요. 그래서 저는 아버지가 전쟁에서 총에 맞아 전사하셨고, 그래서 아버지를 알아갈 시간이 없었다고 했어요. 이후 엄마는 재혼하셨는데 곧 이혼하셨고, 또다시 결혼하셨지만, 다시 이혼하셨어요. 그리고 또 결혼하셨어요. 저의 의붓아버지는 백혈병으로 돌아가셨다고 했어요.

그러자 랜디는 아버지를 제게서 빼앗아간 하나님을 용서했냐고 물었습니다. 그러자 저는 "오, 네!"라고 당황하며 대답했어요. 그때 그는 다시 한번 자기를 따라 하라고 요청했어요. "사랑하는 주님, 저는 아버지를 제게서 빼앗아간 당신을 용서합니다." 그리고 그는 저의 손, 팔꿈치, 목을 만져주었어요. 그는 저의 목을 돌려보라고 했어요. 저는 할 수 있는 데까지 돌렸어요. 그는 제 목을 만지며 기도해주었습니다. 그는 "겨자색 점퍼를 입은 사람이 저기 있는데, 당신이 웃는 것을 보고 싶어

해요"라고 했습니다. 저는 목을 돌렸어요. 세상에, 제가 목을 돌릴 수 있었습니다! 그리고 그에게 미소를 지어주었어요. 그는 제게 미소로 응답하며 저를 격려해주었어요.

그 후 랜디는 제 척추 아래와 엉덩이에 손가락을 댔습니다. 저는 다시 떨리기 시작했습니다. 그는 저를 의자에 앉힌 다음, 무릎에 손을 댔습니다. 오! 저는 너무 아파서 깜짝 놀랐어요! "진정하세요. 걱정하지 마세요"라고 랜디가 말했어요. 그런데 제 무릎에 그의 손이 닿을 때는 아프지 않았습니다. 그때 저는 낫고 있었고, 저는 무릎관절에 남아 있는 열기를 느낄 수 있었습니다. 저는 여전히 떨고 있었는데, 그는 제 발목에 손을 대면서 "어리석은 사람아, 당신 엉덩이는 제대로 맞춰져 있지 않아요"라고 말했어요. "진짜요?"라고 저는 소리쳤어요. 몸이 조금 더 떨리고 난 후, 랜디는 이렇게 말했습니다. "훨씬 더 나아졌습니다. 이제 잘 맞춰졌습니다!"

그 후 랜디가 자리를 떠났고, 교회의 두 자매가 제게 왔어요. 한 사람이 그의 손을 제 무릎에 놓고, 다른 사람은 제 뒤에 서 있어서 제 손을 잡아주었어요. 저는 사랑의 화환으로 둘러싸인 것 같았습니다. 그들의 깊은 친절함에 저는 기쁨에 넘쳐 울고 말았어요. 아이린은 말했어요. "'좋아요! 그럼, 무릎을 좀 구부려봅시다." 저는 대답했어요. "제가 구부려볼게요." 저는 정말 그렇게 할 수 있었습니다. 저는 일어서서 제대로 걸었고, 구부리지 않고 똑바로 걸었습니다. "오, 고마워요, 랜디! 하나님 감사합니다!" 저는 기뻐 뛰며 소리를 질렀습니다. 사람들은 저에게 다가와 저를 안아주었습니다. 랜디는 제가 안과 밖으로 다른 사람으로 변화되자 사진을 찍었습니다.

랜디, 하나님의 기쁨과 사랑은 계속되고 있는데도, 저는 여전히 하나님이 저를 사랑하신다는 사실이 믿기지 않아요. 그래도 저는 여전히 잘 걷고 있어요! 저는 교회에서 간증했는데, 제게 일어난 기적에 대해 보는 사람마다 간증하니 성령님이 풍성한 사랑으로 계속 채워주십니다. 저는 전에는 대중 앞에서 말을 할 수가 없었습니다. 그러나 이제는 하나님과 함께라면 모든 것이 가능합니다. 랜디, 저는 이 간증이 누군가에게 도움이 되었으면 좋겠고, 당신을 통해 하나님의 치유가 계속되기를 기도합니다.

예수님 안에서, 패트리샤 스코벨

패트리샤는 주님 안에서 점점 더 강해졌다. 그녀는 예수님이 그녀에게 이미 그분의 사랑을 증명해주셨기에 만나는 모든 사람에게 예수님이 얼마나 그들을 사랑하시는지를 말해주려고 어디를 가든지 훌륭한 증인이 되고 있다.

그녀에게 일어난 일은 예수님의 지상명령과 가르침을 잘 따르고 있을 때 일어났다. 그날은 하나님 나라가 가까이 왔다는 것과 우리가 그 나라 안에서 어떻게 살아야 하는지에 관한 교훈과 함께, 예수님의 복음을 선포하는 것으로 시작되었다. 사역 시간이 되었을 때 패트리샤는 불가능한 일을 하도록 요청받았다. 예수님은 항상 이러한 일들을 하셨다. 예수님은 죽은 나사로에게 나오라고 하셨고, 죽은 소녀에게도 일어나라고 하셨다. 죽어서 관 속에 누워 있는 젊은이에게도 일어나라고 하셨다. 중풍병자에게 그의 침상을 들고 일어나라고 하셨다. 손 마른 자에게 그의 팔을 펴라고 하셨다. 베드로와 요한은 걷지 못하는 사람에게 일어나 걸으라고 하였다. 내가 한 일은 한 여성에게 일어나라고 요청한 것이다. 토요일에 그녀를 데리고 온 두 사람의 이름이 베드로(Peter, 피터)와 요한(John, 존)이었다!

예수님은 간질병에 걸린 소년의 아버지에게 그들의 과거에 대해 물어보셨다(참조. 막 9:21). 먼저 나는 하나님의 사랑의 깔때기 안에 있는 패트리샤를 잡고 있었다. 그래서 하나님의 사랑과 능력과 치유가 그녀에게 흘러 들어갈 수 있었고, 그녀는 하나님의 임재에 둘러싸여 있었다. 동시에 나는 하나님 아버지께 기도하면서, 다음에 어떻게 해야 하는지 여쭈었다. 하나님은 나에게 거절과 슬픔으로 고생하는 차갑고 외로운 어린 소녀의 모습을 내 마음속에 보여주셨다. 그래서 나는 어린 시절에 무슨 일이 있었는지 묻자, 그녀는 자신이 겪은 거절과 상처와 아픔과 불안에 관한 이야기를 쏟아냈다. 그녀는 아버지가 넷이나 있었다. 두 분은 비극적으로 죽었고, 다른 두 분은 그녀가 십대가 되기 전에 떠났다. 그래서 이 끔찍한 형태의 관절염이 그녀의 몸을 불구로 만들기 시작했다. 우리가 경험으로 안 것은, 관절염과 류머티즘 같은 질병은 흔히 거절과 상처 또는 그에 따르는 상황에 대한 분노와 화를 통해 몸에 들어온다. 그런 화와 분은 의도적으로 생기는 것도 아니고, 또 인지적 결정으로 생기는 것도 아니다. 우리는 그저 상처를 입고 고통당한다. 거절의 고통을 완화할 방법이 없다. 우리가 도와줄 수도 없고, 다시 바로잡기 위해 할 수 있는 일이 아무것도 없다. 우리는 무력해서 그런 것을 좋아하지도 않는다. 우리가 자초한 일이라고 확신하고, 그래서 우리 자신을 비난하고 원망한다. 그들은 우리를 떠났고, 그래서 분명히 우리를 좋아하지 않는다고 생각하면서 그 사실을 미워하고 분노한다. 이 모든 상황 속에서 하나님은 어디 계시는가? 우리는 하나님도 우리를 떠나셨다고 생각한다. 모든 종류의 생각, 느낌과 감정이 우리를 가득 채우고 우리를 비뚤어지게 한다. 우리의 영혼은 트라우마와 충격으로 타격을 받는다. 몸은 영혼에서 일어나고 있는 일을 반영한다.

내가 패트리샤를 안고 있을 때 예수님의 사랑이 그녀의 영으로 흘러가면서 그녀는 새로 태어났고, 성령님이 그녀의 영에 직접 사역하셨다는 것을 기억하라! 이제 그녀는 트라우마와 충격에서 해방되었다. 어린 패트리샤의 작은 조각들이 55세의 어른 패트리샤로 통합되었다. 나는 이제 그녀에게 관절염이 재발할 핑계가 없도록 깨끗이 치료해야 했다. 그래서 나는 패트리샤가 자신을 떠난 아버지들을 용서하고, 이런 일이 일어나도록 허락하신 하나님을 용서할 수 있도록 언어적으로나 정신적으로 도와주었다. 지금 내가 설명한 것이 어떤 의미지인지는 7장의 용서 부분에서 더 자세히 설명하기로 하자. 여기서 간단히 하나님은 불평할 수 있는 존재가 아니심을 일러둔다. 우리에게 혹은 우리가 사랑하는 사람들에게 일어난 끔찍한 일로 인해 하나님께 의식적으로 불평하지 않을지라도, 흔히 왜 이런 일이 일어났는지, 또한 "어떻게 이런 일이 일어나도록 허용하셨어요?"라고 물어본다는 것을 나는 깨달았다. 우리가 어떻게 말하고 생각하든 우리는 진심이다. 근본적으로 우리는 하나님을 원망한다. 그래서 우리의 상처와 상실, 고통 등과 연관

되어 느껴지는 모든 것을 용서해야 한다. 또한 하나님을 원망한 우리를 용서해주시기를 구해야 한다. 패트리샤는 하나님의 사랑과 능력으로 충만해져서 이미 마음 깊은 곳에서부터 용서할 수 있었다. 그 후 나는 그녀의 영이 해방되어 온전해진 것처럼 몸도 그렇게 되었다는 사실을 그녀의 마음과 몸이 깨닫도록 해야 했다. 이것이 바로 내가 말하는 '믿음이 역사하도록 하기' 중 한 부분이다. 이는 내가 이미 언급한 성경에서 예수님과 제자들이 병의 영향 아래 있었다면 불가능했을 일을 사람들에게 하라고 말씀하신 사건과 유사하다. 나는 패트리샤에게 '완벽하게 맞추기'를 시작하였다. 이것은 사람의 전체 뼈대와 골격이 맞춰지도록 하는 방법이다. 관절염으로 인해 그녀의 모든 관절이 붓고 절뚝거렸기 때문에, 나는 그녀의 손에서 팔과 팔꿈치까지, 그리고 목까지 관절을 따라 움직이게 하는 일을 시작하였다.

나는 다음의 단계를 취했다.

- 나는 그녀의 목에 손을 대면서, 겨자색 점퍼를 입은 남자가 그녀를 보고 미소 짓고 있다고 말했다. 그러자 그녀의 의지와 상관없이 돌아보게 되었고, 그녀의 목이 자유로워졌다는 것을 알게 되었다.
- 그 후 나는 모든 척추에 하나님이 계획하신 대로 정렬되도록 명령하면서 허리에 있는 뼈들을 향해 내려갔다.
- 나는 무엇이 손상되었든지 온전히 회복되라고 명령하였고, 퇴화한 어떤 것도 되돌려지도록 명령하였다. 그래서 뼈, 조직, 근육 그리고 '무엇이든지' 재생되도록 하였다.
- 나는 부활의 능력과 손상된 어떤 것도 재창조되는 역사를 믿고

(참조. 엡 1:19) 우리를 향한 그분 능력의 위대하심을 간구하였다.
- 염증과 통증은 떠나라고 나는 명령하였다.
- 나는 척추에 신경계가 달라붙지 않도록 개방되고 깨끗해지도록 명령하였다.
- 나는 동맥과 정맥이 열려서 피가 자유로이 흘러 온몸에 생명을 불러오도록, 또 모든 관절염의 마지막 흔적, 심지어 모든 모세혈관과 마지막 부분까지 깨끗이 씻어지도록 명령하였다.
- 그 후 나는 계속해서 골반 부분까지 내려가 다리로 가는 신경계가 붙지 못하도록 엉덩이는 제자리로 돌아가라고 명령하였다.
- 나는 성령님의 기름이 모든 근육과 섬유질에 스며들도록, 또 모든 신경계를 칠하고 덮어서 상호 충돌이 일어나지 않도록 성령님이 오시기를 간구하였다.
- 마지막으로 나는 패트리샤에게 의자에 똑바로 앉기를 부탁했고, 내가 그녀의 발목을 잡겠다고 하였다. 그때 나는 발목의 높이가 너무 다른 상태여서, 그녀의 다리와 엉덩이가 바르게 정렬되라고 명령하였다.
- 그녀의 무릎이 특별히 아팠기 때문에 나는 손을 그녀의 무릎에 부드럽게 얹었다.

이런 상황에서 특이한 점은, 나는 전혀 뜨거움을 느끼지 못하는데, 환자는 통증에서 해방되고 손상된 부분이 치유될 때 아픈 곳이나 그 안에서 열기를 느낄 수 있다는 것이다.

치유가 일어난 다음 내가 항상 하는 행동은 "당신이 할 수 없는 것은 무엇입니까?" 하고 묻는 것이다. 그것은 사역받기 이전에는 그들이 할 수 없었던 것을 하도록 격려하려는 것이다. 놀랍게도 그들은 팔을 높이 들면서 "나는 팔을 들 수 없습니다"라고 말한다. 혹은 구부릴 수 없다고 말하면서 구부리고 또 자신들의 발가락을 만진다.

패트리샤에게 가장 어려웠던 동작은 무릎을 구부리는 것과 걷는 것이었다. 그래서 내가 사역이 필요한 사람에게 움직이는 동안, 그녀의 친구들에게 특별히 어려운 부분을 다시 연습해보게 하였다. 그날 토요일에 패트리샤가 승리한 것을 보여주는 사진이 우리에게 있다. 그날부터 그녀는 간증하는 그리스도인이 되었다. 그녀는 어디를 가든지, 누구 앞에 서든지 하나님의 사랑이 어떻게 자신을 고쳐주셨는지 말하겠다고 한다. 몇 주 지나서 그녀는 베거즈 루스트 센터로 와서 간증했는데, 그녀가 정원에서 빨랫줄에 빨래를 널고 있는 동안 천사를 보았다고 말했다. 그녀는 천사들이 얼마나 대단했는지 설명하였다. 그녀가 아래를 내려다 보니 천사들이 발에 아무것도 신지 않은 것을 발견했다. 천사들은 그녀에게 또 그녀를 통해 엄청난 사랑을 쏟아부었다.

요크셔의 리폰에 가다

/

사람의 다리나 엉덩이가 맞춰지지 않은 것은 드문 일이 아니다. 그래서 허리가 아프다고 하는 사람이 있으면, 나는 뼈가 잘 맞춰져 있는지를 먼저 확인한다. 이런 일은 내가 예상하는 것보다 더 자주 일어난다. 어느 날 저녁 나는 리폰에 있는 순복음기업인친교회의 강사로 초빙되어 강의를 했다. 나는 다리가 맞춰지는 것에 대하여 언급하며 간증을 했다. 그랬더니 이 말에 힘을 얻은 군인으로 보이는 신사가 자신이 바로 그 문제 때문에 고생하고 있으니 사역해달라고 하였다. 나는 그에게 의자에 똑바로 앉도록 한 다음, 무릎을 꿇고 그의 발목을 잡았다. 그때 그는 허벅지의 뼈가 강철 핀으로 대체되어 있다고 알려주었다. 나의 믿음이 나의 무릎 사이로 빠져나가기 시작했다. 나는 하나님이 살과 뼈를 다루실 수 있다는 것은 알지만, 그 당시 내 기억으로는 강철에 대한 치유 경험이 없었다. 나는 계속 무릎을 꿇고 있었지만, 아무 일도 일어나지 않았다. 그의 다리에서 작은 떨림도 없었다. 코에서 콧물이 흐르기 시작했고, 나는 그것이 끝에서 방울이 되어 떨어지려는 것을 알게 되었다. 어떻게 해야 할까? 내 손에서 그의 다리를 놓고 코를 닦기 위해 수건을 가지러 간다는 변명으로 이것을 이용할까? 그렇게 한다고 누구도 나를 과소평가하지는 않겠지라고 생각하였다. 내가 어떻게 치유에서 나 자신에게로 관심을 돌렸는지 보았는가? 나는 모든 관심을 예수님께로 돌리고 하나님 나라를 찾아야 했다. 내가 이 생각을 하자 그의 다리가 움직이기 시작했고 사역이 완성되었다.

텍사스주 브라운스빌에 가다

/

남부 텍사스에 있는 브라운스빌을 여행하던 중 비슷한 일이 일어났다. 우리는 작은 성공회 교회에서 사역하고 있었다. 나는 바로 내 뒤에 앉아 있던 사람을 제일 먼저 사역하게 되었다. 그는 한쪽 다리가 다른 쪽보다 길었다. 도로시가 예배를 인도했고, 우리를 도울 팀은 없었다. 내가 교회 뒤쪽으로 걸어가자 회중이 돌아보았는데 그 사람을 마주 보고 무릎을 꿇자 내 등은 나머지 사람들을 향하게 되었다. 나는 그의 발목을 잡고 그의 다리와 엉덩이를 향하여 제대로 맞춰지라고 명령했다. 그러나 아무 일도 일어나지 않았다. 5분이 흐르고 10분이 흐르자 나는 절실해졌다. 나는 모든 사람이 점점 들썩이면서 이것은 말도 안 되는 일이라고 판단하고 언제 이 자리를 떠나 집으로 갈지를 생각하는 것을 상상했다. 도로시는 계속 찬양을 인도하였고 나는 그 사람 앞에 무릎 꿇고 앉아 있었다. 사실상 나는 속으로 주님 앞에 무릎 꿇고 앉아 있었다. 나는 20분이라는 긴 시간 동안 외로이 무릎을 꿇고 있었지만, 움직이는 사람은 아무도 없었다. 그때 그에게 갑자기 한 동작이 빠르게 나타나며, 한 다리가 다른 다리와 일직선으로 약 5센티미터 정도 움직였다. 회중이 함성을 질렀다. 그제야 그들이 아무런 저항 없이 앞으로 나왔고, 예수님은 그들을 모두 고치셨다.

베를린에 가다

/

베를린 여행을 갔을 때 우리 일행은 저녁 식사를 하고 있었는데, 손님 중 한 명이 가톨릭 여신자였다. 그날 교회에서 오전 예배를 드리고 사역 시간을 가졌는데, 한 사람의 다리를 맞추는 일이 있었다. 우리는 이 일에 대해 식사 도중 토론을 했다. 그런데 이것을 듣고 있던 그 여신자가 지난 금요일, 즉 바로 이틀 전에 의사가 그녀의 한쪽 다리가 다른 쪽보다 길다는 진단을 내렸다고 했다. 그런 다음 그녀는 자신의 생애에 있었던 가장 끔찍한 이야기를 들려주었다. 어렸을 때 테러범들이 유모와 함께 자고 있던 침실로 뛰어 들어와 유모를 성폭행하고 찔러 죽였다. 외국인이었던 아버지는 그녀를 데리고 고향으로 돌아갔는데 아버지의 가족들에게서 거절을 당했고 아주 끔찍한 대우를 받았다. 그녀는 하루라도 빨리 집을 떠나려고 결혼하였다. 사랑 때문이 아니라 도망치기 위해 결혼한 것이다. 그러나 결혼 생활은 잘못되었고 그녀의 남편도 그녀를 학대하였다. 그녀는 남편을 떠나 독일로 왔다.

나는 다음 날 설교하고 사역하기로 한 만찬에 그녀를 초대하였다. 나는 그녀 앞에 무릎을 꿇고 그녀의 발목을 잡았다. 그녀는 헌신적인 가톨릭 신자였는데, 그 테러범과 자신의 아버지와 가족, 자신의 남편을 용서할 용기가 없었다. 그러나 그녀는 잘못된 이유로 결혼한 것과 남편에게 상처를 준 것에 대해 용서를 구했고, 그렇게 결혼 파탄에 일조한 자신의 행동에 대해 용서를 구하였다.

그녀는 내가 하나님을 용서해드리자고 제안하자 주저하였다. 그녀는 "하나님은 하나님이신데 어떻게 그럴 수 있어요?"라고 말했다. 그런데 하나님이 어떻게 그녀에게 그렇게 하셨는가? 나는 그녀에게 그 모든 상처와 고통 속에서 하나님께 부르짖으며 그분이 무엇을 하고 계시는지, 혹은 그분이 어디에 계시는지, 그리고 왜 이런 일들이 그녀에게 일어나야 했는지 여쭤본 적이 없는지 물었다. 여전히 그녀는 머뭇거렸다. 다행히도 그녀는 그날 밤 친구인 본당 신부를 데리고 왔다. 그녀가 신부를 바라보자 그는 고개를 끄덕이며 순리대로 하라고 말했다. 그 순간 그녀는 자신이 인생에서 받은 모든 상처를 허락하신 하나님을 용서했고, 그것에 대해 많은 이의를 제기한 것에 대해 하나님께 용서를 구했다. 그렇게 하자 다리가 제대로 움직였고 그녀는 치유되었다.

4장

기름

부으심이

멍에를

끊는다

"[예수께서 손 마른 사람에게 말씀하시기를] 네 손을 내밀라 하시니 내밀매 그 손이 회복되었더라"(막 3:5).

텍사스의 브라운스빌에 가다
/

1984년 도로시와 나는 텍사스주 브라운스빌에 사는 둘째 아들 데이비드를 만나러 갔다. 리즈 대학(Leeds University)에서 신학 학위를 받은 데이비드는 1983년 여름, 신나게 여행하고 모험할 준비가 되어 있었다. 데이비드는 일을 시작하기 전 모험에 대한 열망과 일 년을 주님께 드리기 원했다. 데이비드는 선원 선교단에 지원했는데, 멕시코만에 있는 브라운스빌 항구로 배정되었다.

1975년, 데이비드는 열세 살의 나이에 부모님의 도움과 인도 없이 예수님께 자신의 인생에 주인이 되어달라고 초청하였다. 우리가 권유하지도 않았는데 우리 지역의 성공회 교회에서 하는 세례자 교육 과정에 들어갔다. 주일마다 불신자 부모인 우리가 침대에 누워 있는 동안 데이비드는 일어나서 교회로 갔다. 그 당시에는 아이가 우리를 위해 기도한다는 것은 전혀 생각도 하지 못했다. 우리는 아이가 하는 일이 위험하다고 생각하지 않았다. 우리는 그때 아이들의 기도가 얼마나 강한지 몰랐다. 데이비드가 기도를 시작한 지 3개월이 채 못 되어서, 나와 아내는 우리의 삶을 주님께 헌신하였고, 곧바로 우리는 성령 세례를 받았다. 데이비드는 곧바로 남동생 폴을 주님께 인도하였다.

데이비드는 텍사스 남부 깊숙이 살고 있었고, 아내는 자기 아이(데이비드가 스물한 살이었지만, 여전히 자기 아이였다)가 어떻게 살고 있는지 보고 싶었다. 나와 아내는 이번이 첫 미국 방문이었다.

데이비드는 브라운스빌에서 주일 아침에는 성공회 교회의 독자(reader, 직책 이름)로 섬겼다. 그리고 주일 저녁에는 선한목자교회의 교인으로 섬겼다. 이 교회는 셜리(Shirley)와 게일 가드너(Gayle Gardener)가 목회하는 독립 은사주의 교회였다. 우리는 부활절 한 주 전에 도착하였다.

성공회 교회의 담임 목사님이 부재중이었는데, 나는 성주간(Holy Week, 고난주간)을 기념하는 예배를 인도해달라는 초청을 받았다. 종려주일 찬양부터 겟세마네 동산의 슬픔과 십자가의 적막함을 지나 부활의 기쁨까지 인도하였다. 이것은 부활주일 밤에 선한목자교회에서 하나님이 보이신 기적, 이적과 기사를 위한 멋진 준비였다.

찬양 시간에 진정한 기름 부으심이 있었고, 내가 말씀을 전하러 섰을 때 하나님의 은혜가 넘쳐 믿음의 호수로 빠져들어 가고 있었다. 내가 설교하는 것을 들으며 나도 흥분되었던 순간 중 하나였다. 말씀이 마구 쏟아져 내렸기 때문에 내가 무슨 설교를 했는지 기억나지 않는다.

집회에 오기 전 주님은 두피가 가려운 사람, 귀가 들리지 않는 사람 일곱 명, 다리가 뻣뻣한 사람과 그 밖의 많은 사람에 대해 여러 가지 지식의 말씀을 주셨다. 이들은 게일 목사님이 양육한 성도들로서, 믿음이 깊어 지식의 말씀을 선포하자마자 반응하였고, 그 반응은 두피가 가려운 사람부터 시작되었다.

십대 아이가 앞으로 나왔는데 무릎을 다쳐서 구부릴 수가 없었다. 운동을 좋아하는 젊은이에게 엄청난 방해 요소였다. 그는 열린 마음으로 받아들여서 몇 분 안에 우리는 함께 복도를 뛰었고, 그의 무릎 연골은 고통 없이 움직이고 있었다.

그 후 나는 작고 늙어 보이는 여인이 앉아 있는 장의자 앞으로 인도되었다. 그녀의 팔을 들자 나는 그녀의 오른손이 완전히 마르고 뒤틀려 있다는 것을 알 수 있었다. 그녀의 손바닥이 단단히 접혀서, 손가락으로 손목을 만질 수 있었다. 나는 그녀에게 손을 펴보라고 하였다. 내가 그녀의 손을 잡자 마치 뭉친 꽃봉오리가 이른 아침 햇살에 열리는 것 같이 그녀의 손이 똑바로 펴졌다. 처음에는 손목 쪽으로 계속 뒤틀렸으나, 내 손 안에서 서서히 벌어지며 잠잠해졌다. 그때 나는 그녀의 다리가 말랐고 근육이 거의 없는 것을 알았다. 그녀는 정상적으로 걸을 수 없었고, 발을 질질 끌면서 겨우 걸을 수 있었다. 그녀는 태어나면서부터 그랬다. 나는 그녀의 팔을 잡고 일어서도록 도왔고, 예수님 이름의 권세로 그녀의 다리를 향해 힘을 얻고 걸으라며 명령하고 선포하였다. 아내는 그녀가 내게 기댈 수 있게 부축하면서 그녀와 함께 믿음의 산책을 해보라고 말하였다. 우리는 긴 복도를 함께 달팽이 속도로 걷기 시작했으나, 서서히 탄력이 붙기 시작했다. 우리가 복도 윗부분에서 돌아설 때 나는 아래로 건너뛰기 시작했고, 그녀도 나를 따라 했다. 곧 우리는 함께 조금씩 건너뛰기를 했다. 그녀는 걸을 수 있었다. 그녀의 모든 움직임이 회복되었지만, 그 당시에는 말라 있던 근육이 특별히 회복된 것은 보지 못하였다.

엄마 젖을 빨지도, 우유를 먹지도 못하는 아기를 나에게 데려왔다. 아기를 안고 있던 아버지는 자기 팔꿈치 위에 결핵으로 인해 생긴 몽우리가 있다고 보여주었다. 그런데 그것이 사라지고 없었다. 아기 엄마는 아기를 데리고 나갔다가 예배가 끝나기 전에 돌아와 아기에게 자연스럽게 젖을 먹일 수 있었다고 말했다.

많은 사람이 과거에는 귀가 안 들렸지만, 지금은 들을 수 있다고 고백했다. 우리가 숫자를 세어 보니 다섯 명이었다. 이때 한 여성이 보청기를 가지고 오는 것을 잊어버려서 지식의 말씀을 듣지 못했는데, 이제야 들을 수 있다는 것을 깨달았다고 말했다. 무리 중 한 사람이 여전히 심각한 청각장애를 겪고 있는 또 다른 여성에게 나의 관심을 집중시켰다. 그녀가 바로 일곱 번째다. 나는 그녀의 귀에 손을 얹고 안수했는데, 치유가 일어나지 않았다. 그래서 나는 다음에 어떻게 할지를 주님께 여쭈었다. 로마서 10장 17절 말씀이 떠올랐다. "그러므로 믿음은 들음에서 나며 들음은 그리스도의 말씀으로 말미암았느니라." 나는 이 상황에 맞는 적합한 말씀을 성령님보다 누구도 더 잘 알 수는 없다고 생각했다. 내가 방언으로 여성의 귀에 기도했더니, 그녀의 귀가 열려서 들을 수 있었다. 할렐루야! 고침을 받은 청각장애인 중 한 사람은 결핵으로 인해 생긴 몽우리가 사라진 바로 그 아기의 아버지였다.

나는 그날 밤 주님이 보이신 놀라운 치유와 이적과 기사를 다 기억할 수는 없다. 그러나 나에게 일어난 특별한 기적은 내가 교만해지지 않도록 구원해주셨다는 것과 그 어떤 기적적인 일도 나의 능력과는 무관하다는 것을 받아들인 것이었다. 내가 설교를 잘해 그들의 믿음을 움직여서 그들이 치유받을 수 있었다고 생각할 때는 주님이 빠르게 아니라고 지적해주셨다. 아내가 마른 팔과 다리를 고침받은 여성의 동생을 내게 데리고 왔다. 내가 설교를 마쳤을 때 이 동생이 언니에게 스페인어로 "저 사람이 뭐라고 말해?"라고 물었다고 아내가 말했다. 그러자 그녀의 언니는 강한 스페인 억양의 영어로 "그 사람이 네가 치유받고 싶으면 앞으로 나오라고 해"라고 했다고 아내에게 말했다. 그래서 그 동생은 그렇게 했다. 그때 나는 회중 대다수가 스페인어를 사용하고 영어를 전혀 이해하지 못한다는 것을 알게 되었다. 그리고 훌륭한 설교나 격려하는 지식의 말씀을 듣는 사람 중 80퍼센트는 그중 한 단어도 이해하지 못했지만, 놀라운 능력의 하나님은 그분을 섬기려는 사람들의 한계에 제한받지 않으셨다.

4년이 지나고 어느 날, 나와 아내는 선한목자교회를 다시 방문하였다. 40세 정도 되어 보이는 멕시코 여인이 우리를 위해 문을 열어주었다. 그녀는 유창한 영어로 우리를 반갑게 맞이하며 안으로 안내했다. 우리는 영국에서 왔고 게일 목사님을 만나고 싶다고 했다. 그녀가 우리를 목사님의 사무실로 인도하면서 그 교회에서 매 주일 예배드리던 데이비드라는 젊은 영국인이 있었는데, 그의 아버지가 와서 말씀을 전할 때 그녀의 손과 다리가 고침을 받았다고 말해주었다. 아내는 그녀에게 데이비드가 우리 아들이라고 말해주었다. 데이비드의 아버지로 보이기에는 내가 너무 젊다는 그녀의 반응에 나는 기뻤다. 나와 아내는 그녀를 믿을 수 없는 표정으로 바라보았다. 우리는 고침받은 이 여인이 그 당시에는 적어도 60대로 보여서, 지금처럼 활발하고 젊어 보일 수 있으리라고 생각하지 못했다. 그녀는 우리에게 손을 펴 보였다. 주먹을 쥐고 구부리려는 모습이 보이지 않는, 완전히 편 상태였다. 그러나 게일 목사님이 이 책에 자신의 이름을 사용하도록 허락하면서, 아직은 정상적이지 않다고 말했다. 그녀의 다리에 있는 근육은 완벽히 형성된 것처럼 보였고, 태어나서부터 생긴 마른 증상은 완전히 사라졌다. 고침을 받은 그녀의 소원은 교회에서 주님께로 들어가는 문지기로 섬기는 것이었다. 게일 목사님이 그 일을 허락했고, 교회를 청소하는 것도 그녀의 기쁨이었다.

그 첫 번째 주일 밤의 기적들을 다시 한번 확인하게 된 것은 두 번째 방문에서 게일 목사님이 설교해달라고 나를 다시 초청했을 때였다. 사역 시간이 되자 한 사람이 앞으로 나왔다. 고침을 받은 사람이 자신의 아기라고 나에게 말했다. 그 아기는 고침을 받은 뒤 예전 모습으로 다시 돌아가지 않았다. 아기는 계속 잘 먹을 수 있었고 건강하게 자랐다. 그는 자신의 결핵 몽우리도 재발하지 않았으며, 귀먹은 것도 완전히 사라졌다고 말했다. 그러면서 이렇게 물었다. "하지만 제가 듣게 된 순간부터 이명 증상이 나타났는데, 너무 고통스럽습니다. 주님이 그것도 고쳐주실 수 있을까요?" 주님은 그것도 고쳐주셨다.

기름 부으심이 멍에를 끊는다

일반적으로 치유 사역에서 사람의 영이 하는 역할과 위치가 대부분 간과되었다. 치유를 다룬 책 중 대부분은 생각, 몸, 혹은 혼의 치유에 관해 다룬다. '내적 치유'와 '감정의 온전함'을 다루는 많은 책조차도 사람의 영을 동일 선상에 놓지 않는다. 그렇지만 우리는 '영적인 경험을 추구하는 인간'이기보다는 '인간으로 살아가는 영'이라는 사실을 알아야 한다. 우리가 중생했든지 안 했든지, 모든 인간에게는 영이 있다. 하나님은 우리가 그분과 하나 되어 교제하도록 만드셨다. 그런데 인간이 타락한 뒤 하나님 아버지와 연합하고 소통하는 것이 단절되었다. 즉, 관계가 끊어진 것이다. 사람에게는 여전히 영이 있지만, 하나님과의 관계는 죽어 있었다. 그래서 예수님이 연합과 대화의 가능성을 회복하시려고 인간으로 오신 것이다.

나는 이 사실이 이 책의 가장 실질적인 부분이 되기를 원한다. 나는 우리가 모두 기름 부으심 가운데 살 수 있다는 것과 꼭 그렇게 해야 한다는 사실을 알고 경험하기를 원한다. 나는 모든 믿는 사람 안에서 그리고 모든 믿는 사람을 통해 역사하시는 예수 그리스도의 나타나심을 보고 싶다.

나와 아내가 휴스톤에 있는 성요한 성공회 교회에서 인도했던 첫 번째 집회에서 나는 기름 부으심에 대해 설교했다. 우리는 그 주말을 '자유의 외침'이라고 불렀고, 사람들이 자신들이 살아오던 황폐하고 황량한 곳에서 해방되는 모습을 보았다. 두 번째 방문 때 우리는 주제를

'하나님 나라 안에서 살기'로 정했다. 예수 그리스도 안에서 우리는 누구인지에 대해 이야기했다. 그리고 하나님 나라는 죽음을 경험한 후의 삶이 아니고, 앞으로 다가올 시대도 아니며, 예수님을 믿고 그 이름으로 부름받은 사람들에게는 지금이 하나님 나라라고 말했다. 우리는 그것을 예수님이 마리아에게서 나신 것을 통해 보았다. 그분은 완전한 인간이시다. 그리고 그분은 완전한 하나님이시다. 그러나 말씀에서 배웠듯이 그분은 자신을 완전히 비우셨다. 그분은 성령이 비둘기같이 그 위에 내리시는 세례를 받으신 후(참조. 눅 3:21), 우리는 치유하시는 그분의 능력을 보기 시작한다. 이제 그분의 신성하고 기적을 일으키시는 힘이 나타났다. 우리가 그분에게서 보는 치유의 능력은 그분이 우리에게 갖기를 바라시는 것과 동일한 능력이며, 우리가 성령 세례를 받을 때 받는 능력이다.

에베소서 1장 19절에서 바울은 하나님이 그의 편지를 읽는 사람의 마음 눈을 밝히셔서, 다른 놀라운 일 중에서 "믿는 우리에게 베푸신 지극히 크신 능력을" 알게 해달라고 기도했다. 당신은 이것이 당신 안에서 살아 있는 말씀이 되기를 원하는가? 그렇다면 그 말씀이 당신의 것이 되도록 기도를 시작하라. "하나님, 제 마음의 눈을 열어 믿는 우리를 위한 하나님의 지극히 크신 능력을 알게 해주세요." 그러면 바울이 기록한 그 능력을 우리가 매일의 삶에서 경험하게 될 것이다.

우리는 우리 생각대로 하고 싶어서 모든 것을 지성으로 통제하려고 하는데, 그것이 더 안전하게 느껴질 때가 있기 때문이다. 그러나 이제 그것을 포기하고, 예수님이 항상 당신을 통해 하나님께로 가는 사람들을 중보하신다는 사실을 기억하기를 나는 간절히 원한다(참조. 히 7:25).

예레미야는 이렇게 고백했다. "만군의 하나님 여호와시여 나는 주의 이름으로 일컬음을 받는 자라 내가 주의 말씀을 얻어 먹었사오니 주의 말씀은 내게 기쁨과 내 마음의 즐거움이오나"(렘 15:16). 그 생각은 우리가 진리, 곧 말씀의 실재를 매일 아침, 점심, 오후 티타임, 이른 저녁, 저녁 식사 등 우리의 주식으로 삼는다는 것이다. 주일 아침 간식 정도가 아닌 것이다! "믿는 우리를 향한 그의 지극히 크신 능력"이라고 했는데, 누가 '믿는' 사람인가? 중생한 사람이 믿는 자다. 예수님은 "…거듭나야 하겠다"(요 3:7)라고 하셨다. 새로 태어나는 것은 하나의 기적으로, 우리가 예수 그리스도를 유일한 구세주로 인정하고 죄를 회개하며, 예수님이 갈보리 십자가에서 우리를 구원하기 위해 죽으셨다는 것을 받아들이고, 우리 삶에 오셔서 우리 마음을 다스려달라고 예수님께 요청할 때 일어난다. 우리가 개인적으로 이렇게 행한다면 요한복음 1장 12절의 진리를 알게 된다. "영접하는 자 곧 그 이름을 믿는 자들에게는 하나님의 자녀가 되는 권세를 주셨으니." 그러면 무슨 일이 일어나는가? 우리 영이 다시 하나님과 연결된다. 우리 영은 하나님과 그분께 속한 것들과 소통하는 가운데 성령님의 능력으로 회복된다. 그러고 나면 예수님이 약속하신 것처럼 우리는 영생을 얻는다. 그것은 우리가 미래의 언젠가 영생을 얻는다는 것이 아니라 지금 그것을 가지고 있다는 것이다. 우리가 다시 태어나면 즉시 하나님 나라의 영생을 살기 시작하는 것이다. 이것이 믿는 사람과 다시 태어나지 못한 사람 사이의 첫 번째 가장 큰 차이다. 믿지 않는 사람조차도, 무신론자이든, 불가지론자이든,

비기독교인이든, 예수님을 주님으로 영접하지 않은 어떤 신앙인들이라도, 모든 사람에게는 영이 있다. 그러나 그들의 영은 하나님과 분리되어 있고, 하나님께 속한 것들과는 관계가 없다.

예수님이 그분의 말씀을 듣지 않는 자들에게 말씀하셨다. "어찌하여 내 말을 깨닫지 못하느냐 이는 내 말을 들을 줄 알지 못함이로다 너희는 너희 아비 마귀에게서 났으니 너희 아비의 욕심대로 너희도 행하고자 하느니라 그는 처음부터 살인한 자요 진리가 그 속에 없으므로 진리에 서지 못하고 거짓을 말할 때마다 제 것으로 말하나니 이는 그가 거짓말쟁이요 거짓의 아비가 되었음이라"(요 8:43-44, 참조. 행 13:10, 요일 3:10, 마 13:38).

당신은 의심할 여지 없이 확실하게 당신이 중생했다는 것을 확인해야 한다. 중생한 사람은 죽음이 두렵지 않다. 그것은 그가 죽으면 바로 천국으로 갈 것이 확실하기 때문이다. 나는 다른 사람에게 그리스도인인지 잘 묻지 않는다. 영국 사람들은 대부분 다른 확실한 신앙 집단에 속하지 않는 한, 자동으로 자신을 그리스도인으로 분류한다. 그래서 나는 사람들에게 그들이 죽으면 천국에 가는 것을 아는지 모르는지 물어본다. 흔히 자주 듣는 대답은 다음과 같다. "글쎄, 그렇게 되기를 바랍니다." 혹은 "그러려고 노력하고 있어요." 그들은 중생한 사람이 영생을 누리고 정죄받지 않는다는 성경의 약속을 잘 이해하지 못하고 있다. 마지막 시대를 사는 성도들에게 바울은 다음과 같이 말한다. "나팔소리가 나매…우리도 변화되리라"(고전 15:52). 훌륭한 생각이 아닌가? 요한계시록 3장 21절에서 부활하신 예수님은 이렇게 말씀하신다. "이기는 그에게는 내가 내 보좌에 함께 앉게 하여 주기를 내가 이기고 아버지 보좌에 함께 앉은 것과 같이 하리라."

만약 당신의 장래가 불확실하게 생각된다면, 바로 지금 그것을 확실하게 할 수 있는 기회로 삼지 않겠는가? 이제 잠시 쉬면서, 당신을 하나님에게서 분리시킨 모든 것에 대해 용서를 구하라. 그것은 많은 것을 내포한다. 내가 설명했듯이, 예수님을 제외하고 이 세상에 살아온 모든 사람에게 적용되는 하나님과의 기본적인 분리다. 그리고 우리가 꼭 회개해야 할 특정한 죄가 있다. 지금 생각나는 많은 장애물 중 당신이 비밀 단체에 참여한 것이나 비술과 관련된 어떤 것일 수 있다. 비술에는 별점을 읽거나 운세를 보는 것과 같이 당신에게 하찮게 보일 수 있는 일도 해당한다. 무슨 죄가 떠오르든지 (물론 의식적으로 모든 것을 기억해내기는 불가능하다), 그분의 아들 예수님을 보내사 십자가에 죽게 하셔서 당신을 위해 흘린 피로 당신의 죄를 깨끗이 씻겨주신 하나님께 감사하라. 당신을 위해 기꺼이 생명을 포기할 정도로 당신을 사랑하시고 당신을 원하신다는 사실에 감사하라. 그러고 나서 다시 당신의 언어로 이렇게 말씀드리라. "예수님, 저의 삶을 주님께 드립니다. 제 마음에 들어오셔서 제 삶의 주인이 되어주세요. 예수님, 감사합니다. 저는 당신을 저의 주님으로, 구세주로 영접합니다. 이제 제가 다시 태어났음을 압니다. 저는 하나님의 아들입니다 (남성이든지 여성이든지, 우리가 '아들'이라고 해야 하는 이유는 유산 상속에 관련되어 있기 때문이다). 나는 너, 사탄에게 말한다. 너는 더는 나의 삶에 어떤 권한도 없고, 나는 너의 누르는 멍에를 끊는다."

놀라운 것은 그것이 단지 시작이라는 것이다. 이제 기름 부으심에 관해 알아보자. 우리는 예수님이 사역을 시작하시기 전에 30년 정도를 사셨다고 말한다. 우리가 이미 주목한 것은 예수님이 요단강에서 물세례를 받으신 후 성령님이 그분에게 오시기까지는, 그분의 손으로 기적을 일으키시거나 치유를 베푸셨다고 알려진 사실이 없다는 것이다. 많은 사람은 성령 세례가 은사주의나 순복음주의에서 상상한 산물이라고 여기는 것 듯하지만, 누가복음 3장 16절에서 세례 요한은 예수님이 우리에게 성령과 불로 세례를 주시리라고 선포한다. 누가복음 4장 1절에서 예수님은 요단강에서 성령으로 충만하여 돌아오셨고, 성령에 이끌리어 광야로 가셨으며, 거기서 40일 동안 시험과 유혹을 받으셨고, 그 후 성령의 능력으로 갈릴리로 돌아오셨다(14절 참고). 예수님은 바로 그분이 성장하신 나사렛의 회당으로 가셔서 이사야의 말씀을 인용하셔서 이렇게 말씀하셨다. "주의 성령이 내게 임하셨으니 이는 가난한 자에게 복음을 전하게 하시려고 내게 기름을 부으시고 나를 보내사 포로 된 자에게 자유를, 눈 먼 자에게 다시 보게 함을 전파하며 눌린 자를 자유롭게 하고 주의 은혜의 해를 전파하게 하려 하심이라"(눅 4:18-19).

성경에서 처음으로 우리에게 중요한 연결 고리를 보여준다. 계시된 것은 성령의 사역으로 성령이 예수님에게 임하셨다는 것이고(3:22), 예수님이 지금 성령으로 충만하시다는 것이며(4:1), 그 능력으로 갈릴리로 돌아오셨고(4:14), 이제 예수님이 선포하시고 치유하시도록 기름 부으심을 받으셨다는 사실을 확인해주는 이사야 말씀을 인용하시며 선포하시는 것이다. 앞에서 우리가 본 것처럼 우리에게는 성령 세례가 필요하고, 성령의 기름 부으심 아래서 치유 사역을 해야 한다.

예수님이 그분을 영접하지 않은 나사렛에서 떠나 가버나움으로 가셔서, 그곳에서 권위로 가르치시고 병든 자를 고치시며 더러운 귀신을 쫓아내셨다. 예수님은 우리도 그렇게 행하기를 원신다는 것을 다른 복음서에서 나오는 '지상명령'의 구절뿐만 아니라, 마가복음 16장 15절 이하("또 이르시되 너희는 온 천하에 다니며 만민에게 복음을 전파하라") 말씀에서도 되새기게 된다.

사도행전 1장에서 예수님은 제자들에게 예루살렘을 떠나지 말고 아버지가 약속하신 것을 기다리라고 명령하셨다. 하나님 아버지의 약속은 성령 세례였다. 예수님은 성령이 그들 위에 오시면 능력을 받을 것이라고 말씀하셨다. 예수님은 그 전에는 성령을 그들에게 주실 수 없었다. 그분은 먼저 승천하셔서 아버지의 우편에 앉으셔야 했다. 요한복음 7장 39절은 이렇게 말씀한다. "이는 그를 믿는 자들이 받을 성령을 가리켜 말씀하신 것이라(예수님께서 아직 영광을 받지 않으셨으므로 성령이 아직 그들에게 계시지 아니하시더라)."

스미스 위글스워스(Smith Wigglesworth)의 사역을 통해 주님은 대서양 양쪽에서 많은 기적을 행하셨다. 그중에는 죽은 자 가운데서 살아난 약 28건의 기록된 사건도 포함된다. 그는 예수님이 구원받은 모든 사람이 위로부터 오는 능력, 즉 증거하는 능력, 행동하는 능력, 살아갈 능력, 하나님의 현현을 나타내는 능력을 받기를 원하신다고 믿었다. 나는 그의 말에 동의한다. 예수님은 그분을 믿는 자들은 더 큰 일을(그가 행하신 기적 보다) 행할 것이라고 하셨다(참조. 요 14:12).

만약 당신이 성령 세례를 받았는지 확실하지 않다면, 이 기회에 위로부터 오는 성령님의 기름 부으심을 받기를 제안한다. 사도행전의 사도들처럼 당신도 하나님이 약속하신 성령의 능력을 입을 수 있다. 예수님은 성령과 그분이 주시는 능력으로 충만하셨고, 그것이 바로 우리에게 필요한 것이다. 만약 당신의 삶에 기름 부으심이 있다는 것을 이미 알고 있다면, 우리가 배워서 알듯이 계속해서 성령의 충만함을 받으라! 나는 성령님이 당신 안에 역사하시지 않는다고 말하는 것이 아니다. 우리는 자신 안에 존재하시는 성령님 없이 신자가 될 수 없다. 성령님이 이미 역사하고 계신다. 예수님이 세례를 받으실 때 성령이 비둘기처럼 예수님 위에 내려오신 것은 다른 신성한 '임재'와 마찬가지로 그전에 성령이 계시지 않았다는 것을 의미하지 않는다. 새로운 형태로 오셨다는 것이다. 사도행전 8장에서 성령 세례는 예수님의 이름으로 물로 세례받는 것 그 이상이라고 분명히 말씀한다. "그들이 내려가서 그들을 위하여 성령 받기를 기도하니 이는 아직 한 사람에게도 성령 내리신 일이 없고 오직 주 예수의 이름으로 세례만 받을 뿐이더라"(15-16절). 관련된 사람들은 세례받은 성도들이었으나, 베드로와 요한은 그들이 아직 성령은 받지 못했다고 생각했다.

우리 안에서 성령님이 역사하신다는 흔적 중 하나는 우리가 그리스도 예수 안에서 받은 유산인 부와 능력에 대한 소망에 열려 있는 것이다. 또한 그분이 우리를 위해 무엇을 하실 수 있는지에 대해 열려 있다. 교회에 계시된 성령님의 능력은 예수님을 죽음에서 일으키신 그 능력과 같은 것이다.

나는 몇 년이 지나서야 왜 우리에게 성령의 기름 부으심이 필요한지 온전히 이해하게 되었다. 1980년쯤부터 나는 일 년에 성경을 일독하도록 돕는 어떤 프로그램을 사용해왔다. 이사야서의 한 구절이 있었는데, 이 구절의 중요성을 한 번도 깨닫지 못한 채 최소 21번은 읽었다. 그전에 그 의미를 제대로 깨닫지 못했던 이유 중 하나는 평소에 읽는 번역본이 공인된 번역본과 같은 언어를 사용하지 않아서 그 구절이 실제로 사람들의 삶에 미치는 영향이 제대로 전달되지 않았기 때문이었다. 21번째 읽을 때, 나는 그것이 오늘날 우리를 위한 말씀이라는 것을 알게 되었다. 이사야 10장 27절은 기름 부으심으로 인해 멍에가 부러질 것이라고 말씀한다. '쉐멘'(*shemen*)이라는 단어는 성경에서 190번 사용되는데, 그것은 끈적한 기름, 액체, 감람유, 기름을 부을 때 쓰는 기름을 의미한다. '뚱뚱한'이라는 단어를 사용한 번역에서 그것은 아주 강하게 자라서 그 멍에를 부러뜨린 뚱뚱한 황소를 은유적으로 가리킨다. 더는 연자방아에 묶여 빙글빙글 돌 필요가 없고 그것을 자유롭게 끊어버린 것이다. 이제 그 멍에를 끊을 힘이 있다. 그 기름 부으심은 위로부터 오는 힘이다.

오늘날 우리는 우리를 묶고 있는 모든 멍에를 부러뜨리고 자유로워질 수 있다. 당신의 멍에는 무엇인가? 병, 우울증, 가난, 영적 소경, 쓴 뿌리, 거절, 외로움, 슬픔일 수 있다. 하나님의 말씀은 기름 부으심으로 인하여 멍에가 부러질 수 있다고 한다.

나는 한 사람보다는 여러 사람과 함께 기도하고, 가능한 한 더 많은 성도가 모인 모임이나 예배 때 여러 사람에게 사역하는 것을 더 좋아한다. 사람들은 베거즈 루스트 센터로 전화해 그들이 우리를 찾아와 개인적으로 만나는 것이 좋은지, 아니면 우리가 자신들의 집으로 방문하는 것이 좋은지 문의한다. 우리는 보통 그들이 목요일 밤 예배에 먼저 나올 것을 제안한다. 그것은 몇 주나 몇 달이 걸릴 수 있는 개인 상담도 하나님이 성도들의 모임에서 단 몇 분 만에 하실 수도 있기 때문이다. 교회가 마리아의 집에 모여 베드로의 석방을 위해 기도했을 때 상상을 초월하는 일이 일어난 것을 기억하라. 천사가 와서 베드로를 풀어주었다.

그리스도인들이 예수 그리스도의 복음에 초점을 맞춘 콘퍼런스나 집회, 행사에 모일 때 놀라운 일이 종종 일어난다. 그곳은 성령의 사역에 열려 있다. 바로 이것이 오늘날 세계 전역에서 행해지는 수많은 사역에서, 특별히 많은 대형 행사에서 놀라운 일들이 계속해서 일어나는 이유다. 우리는 특별한 이유가 없다면, 개인의 집을 방문하는 것은 거절한다. 내가 어느 개인의 집을 방문해서 일어난 치유보다 많은 사람이 모임에 참석했을 때 일어난 치유가 훨씬 많았다. 사람들이 예배에 참석할 때 연합된 기름 부음이 있을 뿐만 아니라, 집회에 참석하는 그 행동 자체로 이미 그들에게 치유가 진행된다. 그래서 우리가 자리에 앉아 있는 사람들에게 다가가기보다는 그들이 사역을 받으러 앞으로 나오기를 권한다. 그들이 의자에서 일어나 나올 때, 어떤 때는 아주 마지못해 나오더라도 그들은 자신들이 가지고 있는 것 중 일부를 포기하고 예수님이 그들을 위해 예비하신 치유의 과정으로 움직이는 것이다.

빌리 그레이엄(Billy Graham) 목사님은 집회 때마다 예수님께 자신의 삶을 드리고 싶은 사람은 모두 앞으로 나오라고 초대한다. 나는 그들이

테라스에 서 있더라도 예수님을 영접할 수 있다고 확신하지만, 빌리 그레이엄 목사님도 그들의 목을 묶고 있는 사탄의 멍에를 끊어내는 기름 부으심 사역에서 성도가 앞으로 나오는 것의 중요성을 알고 있었던 것 같다. 앞으로 나오는 것은 단지 자신의 자리에서 벗어나 앞으로 나오는 것이 아니라, 사실상 그전의 세속적인 사고방식에서 벗어나 앞으로 나오는 것이다. 사람들은 센터로 오거나 혹은 자신들의 자리에서 앞으로 나오는 것이 너무 부끄러워 여러 가지 변명을 나열한다. 그래서 나는 사역 초기에는 그들을 불쌍히 여기고 그들을 받아들이려고 노력하며 그들이 당황하지 않도록 하려고 애를 썼다. 그러나 내 경험으로는 그렇게 했을 때 치유가 바로 일어난다든지, 혹은 자유를 얻는다든지, 혹은 구원의 역사가 나타나는 일이 치유 예배 때와 비교하면 매우 적게 나타났다. 이런 맥락에서 부끄러움도 죄가 될 수 있다는 것을 깨닫게 되었다. 가혹하게 들릴 수 있겠지만, 나는 그렇게 조언한다.

생각해보라! 성경은 우리에게 하나님 나라를 먼저 구하라고 권한다. 그리고 우리의 눈을 예수님께 집중하라고 한다. 광야에서 독사 재앙이 진행되는 동안, 이스라엘 백성은 장대에 매달린 놋뱀을 바라보아야 했다. 그들은 주위 환경을 바라보지 말고 하나님을 바라보아야 했다. 그들은 하나님을 바라보면서 상황을 처리하실 하나님을 신뢰해야 했다. 이 점에서 부끄러워하는 것은 겸손한 것도, 자신을 내세우지 않는 것도 아니다. 그렇게 하는 것은 자신의 눈을 오직 예수님께만 고정하지 않고 자기 자신과 자신의 감정에 단단히 묶어놓는 것이다. 이런 형태의 수줍음은 사람들이 있는 공간으로 갈 때 두려워하는 것으로 나타난다. 모든 사람이 자기를 보는 것을 두려워하기 때문에, 자신의 자리에서 일어나 앞으로 나가지 않는다. 그것은 자기 자신과 관련된다. 이런 종류의 수줍음은 비뚤어진 교만이다. 왜 우리는 모든 사람이 우리를 보고 있다고 생각하는가? 다른 사람들은 그들이 싸워야 할 그들만의 문제가 다 있다. 예수님은 두려움 그 자체가 죄라고 가르치신다. 그 가르침은 우리가 그분을 신뢰하지 못하는 우리 안의 모든 영역을 드러낸다. "두려워하지 말라"(마 10:31). "하나님이 우리에게 주신 것은 두려워하는 마음이 아니요"(딤후 1:7). 사람을 두려워하는 것은 환경이 우리를 지배하도록 허락하는 것이다.

국제순복음 기업인 친교회의 강사는 중국인이었다. 그는 중국 기독교인들에게 체면을 지키는 것이 얼마나 큰 문제인지에 대해 이야기했다. 나는 개인적으로 중국인에게 '체면'이 중요하다는 것을 알고 있다. 오랫동안 중국 공급업체와 많은 비즈니스 거래를 해왔기 때문이다. 사업 초기에 알게 된 것이 있는데, 만약 상대 업체 제품의 질이 내가 계약한 기준에 미치지 못한다고 말하고 싶으면, 나는 그들이 체면을 잃지 않으면서 동시에 실적을 잃지 않도록 조심스럽게 불평을 표현해야 했다. 내가 아는 중국 형제가 말하기를, 중국 그리스도인들은 동료가 불교 신자일지도 모르기 때문에 예수님에 대해 말하기를 꺼린다고 했다. 어떤 사람은 자신이 그리스도인이라는 것을 일터에서 알리는 것도 두려워한다. 왜냐하면 동료와 가족에게서 체면을 잃을 수 있기 때문이다. 그러나 연단에 선 중국인 형제는 만약 우리가 예수님과 함께 십자가에 못 박혀 죽었다면, 체면을 잃을 것이 없다고 말했다. 우리는 그리스도 안에 있고 그분은 우리 안에 있으므로, 우리는 우리의 체면에 집중할 것이 아니라 예수님의 얼굴을 보여주어야 한다. 그리고 다른 사람들이 뭐라고 생각하는지를 두려워할 필요가 없다.

하나님 나라의 문은 열려 있다. 위로부터 오시는 능력의 기름 부으심 안으로 들어오라! 만약 당신이 예수님을 삶의 주님으로 들어오시도록 이미 영접 기도를 했다면, 성령님으로 가득 채워주시길 간구하라고 말하고 싶다. 이 기도문을 사용할 수 있다.

하나님 아버지, 당신의 아들이자 저의 주님이신 예수님을 보내주셔서 십자가 위에서 죽으심으로 저의 죄를 깨끗이 씻어주시고 새로 태어나게 해주셔서 감사합니다. 주 예수님, 당신이 저를 너무 사랑하셔서 저를 위해 기꺼이 죽으심에 감사드립니다. 아버지, 예수님이 죽음에서 다시 살아나 하늘로 올라가셨고 당신의 백성에게 약속하신 성령님을 부어주셔서 감사합니다. 주 예수님, 제가 지금 간구하오니 당신의 성령으로 세례를 받게 하옵소서! 당신의 영으로 옷 입히시고, 성령의 능력을 더하소서. 성령님, 제가 이제 간구하오니, 예수님이 약속하신 대로 내려오셔서 제게 임하소서! 그래서 복음을 전파하고, 하나님의 나라가 가까이 온 것을 선포하며, 병든 자를 고치게 하소서. 제가 이 시간 성령님을 영접합니다.

어떤 멍에가 당신을 누르고 있고 계속해서 병들게 하는지 이제 성령님께 여쭈어보라. 성령님이 당신 안에 있는 그것들을 밝히실 때 당신은 기름 부으심의 능력을 사용해 그것들이 당신에게서 끊어지도록 명령해야 한다. 예수님의 보혈로 보호해주시기를 구하고, 당신의 삶에 역사하는 사탄의 능력이 이미 깨어졌음을 선포하라. 사탄은 당신의 것을 강도질하는 도적이요, 거짓말쟁이다. 사탄이 당신에게 씌운 어떤 멍에도 깨뜨려라. 그렇게 할 때, 당신은 주 예수 그리스도와 완전히 연합되어 일하게 된다. 하나님의 아들은 마귀의 일을 파괴하려고 이 땅에 오셨다(참조. 요일 3:8 이하).

텍사주스 브라운스빌을 방문하고 라레도에 가다

우리가 처음 브라운스빌에 가서 로안(Roanne)과 그녀의 남편 마티(Marty)의 집에 묵고 있을 때, 츄츠(Chooch)의 자매 로안의 주선으로 츄츠를 만나게 되었다. 그녀의 세례명은 엘리자베스인데도, 모두가 그녀를 츄츠라고 불렀다. 츄츠는 라레도에 사는 빈스(Vince)와 결혼하였다. 츄츠는 그녀가 다니는 성공회 교회 목사에게 나와 아내를 강사로 초대하도록 설득하였다. 우리는 사순절 기간이 끝날 무렵, 수요 저녁 집회 때 단 10분의 설교를 해달라는 요청을 받았지만, 가기로 결정했다. 우리는 이 일을 두고 하나님과 계속 논쟁했는데, 그것은 단 10분 설교를 위해 너무 비싼 비용을 치러야 하는 터무니없는 일이었기 때문이다. 하지만 하나님 아버지는 단호하셨다.

츄츠는 동료 교사에게 집회의 찬양을 인도하도록 붙잡아놓았다.

집회 중에 성령님이 그분의 임재하심을 느끼게 해주셨는데, 그 교회 성도들에게는 아주 생소한 일이었다. 몇몇 사람이 너무 열정적으로 요청하는 바람에 우리는 빈스와 츄츠의 집에서 며칠 더 집회를 열기로 하였다. 음악을 담당하였던 츄츠의 학교 동료는 집에 가서 그녀가 다니는 장로교 목사인 데일 영스(Dale Youngs)를 만나 자신이 목격한 일들을 말하고, 직접 와서 보기를 요청하였다. 그는 목요일 모임에 늦게 왔는데, 우리 모임에 대해서 모두 다 믿지 않았다. 그는 기도를 받기 원했지만, 성령님의 능력으로 넘어지는 것은 원치 않았다. 우리는 금요일 밤에 로데오 경기를 보러 가기로 했었다. 그러나 데일 목사는 금요일 아침에 전화해서 바로 그날 밤 자신의 교회에서 예배를 인도해줄 수 있는지 물었다. 우리는 로데오 관람을 포기하고 그 교회로 갔다. 그날 밤 예배는 성령님이 인도하셨고 그분의 영으로 충만하였다. 기름 부으심이 강한 때에는 예수님에 관해, 성령님의 은사에 관해, 당신의 백성에게 주시는 하나님 아버지의 약속에 관해 말하는 것이 어렵지 않다. 내가 성령님께 능력으로 임하시기를 구했을 때, 데일은 넘어지지 않겠다는 생각을 다 잊었다. 그는 자신이 상상할 수 없던 방법으로 예수님과 함께 요란스럽게 넘어졌다. 그는 성령으로 충만해졌고, 나중에 그가 말한 것처럼 그 교회는 변화되었다. 그날 많은 치유가 일어났는데, 그 이후 우리가 방문하면서 계속해서 여러 가지 치유가 일어났다.

카우보이들이 치유되다

/

내게 특별히 기억에 남는 치유의 사례 중 하나는 매우 의심 많은 카우보이에 대한 것이다. 몇 년 전에 다리를 다친 그는 가시지 않는 통증으로 고통을 겪고 있었다. 그는 누군가 설득해서 억지로 앞에 있는 의자에 앉아 마지못해 자기 다리를 안수하도록 허락하였다. 그가 불가능하다고 생각했던 것이 가능해졌음을 받아들였을 때, 어리둥절하고 당혹스러워하는 그의 얼굴을 보는 것은 참으로 아름다웠다. 그의 다리는 나았고 통증은 사라졌다. 나는 성령님의 은사에 대한 경험이 전혀 없거나 조금 있는 교회에 처음 방문했을 때 하나님이 자주 행하시는 방법을 좋아한다. 하나님은 회의적이지만 영향력 있는 성도들을 택하셔서 그들만을 위한 특별한 방법으로 그들을 만지신다. 이런 일은 교회가 변화될 때 목사가 직면할 수 있는 반발의 상당 부분을 단번에 해결해준다.

황소와 씨름한 또 다른 로데오 카우보이가 고침을 받았다. 그는 어깨를 다쳤는데, 쉽게 탈골이 되어 자신의 장래에 대해 걱정하고 있었다. 그에게 안수한 후 그의 어깨가 탈골되던 모든 행동을 시도했지만, 그의 어깨는 제자리에 제대로 맞춰져 있었다.

내가 가장 많이 언급하는 치유의 사례 중 하나는 빈스에 관한 것이다. 왜냐하면 그의 이야기는 치유가 예수님과 깊고 지속적인 관계를 맺는 주요 사건에 비해 얼마나 지엽적인 것인지를 보여주기 때문이다. 나는 그에게 편지를 써서 우리의 방문이 그에게 얼마나 중요했는지 말해달라고 요청하였다. 곧 알게 되겠지만, 그는 우리의 방문을 두려움과 떨림으로 기다렸다. 그는 이렇게 썼다.

저는 저와 츄츠 그리고 나머지 우리 가족 이야기를 당신의 책에 실어도 좋다고 허락해드렸습니다.

저의 인생 이야기는 무지, 의심 그리고 방탕함의 이야기인데, 예수님은 치유의 능력과 사랑이 넘치는 은혜를 통하여 진리, 확신 그리고 기쁨으로 변화시켜주셨습니다. 과거의 저와 같은 처지에 빠져 있던 사람들이 오로지 이와 동일한 능력으로 변화되는 것을 제가 여러 번 보았기 때문에, 이제는 익숙한 이야기가 되었습니다. 랜디, 당신과 도로시는 라레도로 오기 3년 전 우리 결혼식에 참석했었습니다. 그때 우리는 처음 만났기 때문에 서로에 대해 잘 알 수 없었어요. 보통 결혼식에는 외부인의 구경을 허용하지 않습니다.

라레도에 있는 성공회 교회 초청으로 사순절 기간 동안 당신이 왔을 때, 나는 기대하는 바가 없었습니다. 교회를 위해 헌신해야 하는 것은 알았지만, '안수'나 '방언 기도'에 대해서는 아무것도 몰랐습니다. 그래서 츄츠가 당신과 도로시를 라레도로 모셔 오기 위해 이런저런 어려움을 극복하기 위해 애쓰는 동안 저도 열심히 도왔습니다. 그러나 실제로 일이 성사되었을 때, 저는 이 '이상한' 사람들이 와서 우리 교회에서 설교하는 동안 우리 집에 머무는 것이 조금 무서웠어요! '내 주위에서 방언을 할 거라고? 차라리 유서 깊은 라 파사다 호텔에 머무는 것이 어떻겠어요?'

물론 당신 부부는 이상한 사람들이 아닙니다. 매우 평범하고 정상이지요. 당신과 골프 라운딩을 한 후, 당신은 개인적으로 마법의 힘이 없다는 것을 금방 (그리고 자주) 증명해주었어요. 따라서 당신이 가르치던 날 밤 교회에서 우리와 함께하신 성령은 우리가 억지로 조작할 수 없고, 오직 하나님의 참된 영만이 우리 앞에 계실 수 있었습니다. 나중에 그 자리에 참석했던 거리 아래쪽에서 온 장로교인들은 어떻게 그런 일이 일어났는지는 몰랐고, 다만 누가 일어나게 했는지는 정확히 알게 되었습니다. 그들은 다음 날 밤 그들의 교회에서 당신이 인도하는 집회를 열고 싶어했습니다(우리가 가기로 했던 로데오 계획을 취소했던 것, 기억하지요?). 우리 집에서 밤에 열린 집회에서는 두 교회에서 온 사람들이 더 많이 안수를 받고, 방언을 말하며(노래하고), 바로 저희 집 거실에서 성령에 취하여 죽은 것과 같이(처음에는 두려워했지만, 이제는 다 받아들였습니다) 누워 있었습니다. 하나님이 분명히 책임지셨기 때문에 모든 것이 지극히 정상으로 보였습니다.

성공회 교회와 장로교 성도들의 집에서 했던 세 번의 모임 중 마지막 모임에서, 랜디가 저에게 하나님의 영을 받으라고 초청했어요. 먼저 개인적으로 하나님의 '선물'을 구하라고 했는데, 저는 딸을 고쳐주시기를 구하며 즉시 순종했습니다. 랜디는 저를 일깨워주면서 저를 위해 기도하라고 강권했습니다. 솔직히 말해서, 제가 여태까지 정직하게 기도하지 않은 것이었습니다. 저는 그저께 랜디와 골프를 못 칠 정도로 허리가 아팠던 것이 생각났습니다. 저는 조용히 이렇게 기도했습니다. "하나님, 저는 당신이 움직이시는 것도 다른 사람들을 만지시는 것도 보았습니다. 하지만 지난 이틀간 일어난 일들에 대한 의심이 제 마음속에 계속 스며들고 있습니다. 하나님, 당신이 만약 여기 계시고 실존하신다면, 제가 지난 몇 년 동안 만성적으로 고통을 겪고 있는 허리부터 등까지의 통증을 고쳐주십시오. 만약 당신이 고칠 수 있다면, 저는 당신이 살아계시고 저와 관계를 맺기 원하신다는 것을 믿겠습니다." 그 후 저는 성령께 온전히 항복하고 그분의 임재 안에서 '죽은' 것 같이 거실에 누워 있었습니다.

하루 뒤에 더 나아진 것을 느꼈고, 이틀 후에는 몇 년 동안 처음으로 등이 아프지 않았기 때문에, 하나님은 당신이 실존하신다는 사실과 저와 관계를 맺기 원하신다는 것을 저에게 보여주셨습니다. 이제 제가 제 몫을 할 차례였습니다. 만약 하나님이 저에게 '그래'라고 대답하셨다면, 그분은 지금 실존(그분이 과거에 실존하셨던 것으로 믿는 저의 믿음 대신)하십니다. 그렇다면 저는 그분을 더 많이 알아가야 합니다. 이 초자연적 존재는 누구시며, 왜 그분은 제가 당신을 알기를 원하실까요? 하나님은 분명히 당신의 진실에 대해 제가 반응하기를 바라셨습니다. 저는 그분에게 드린 저의 약속에 신실할 수도 있었고, 아니면 우연의 일치라고 계속 말하는 사탄의 거짓말을 들을 수도 있었습니다.

저는 예수님을 선택했습니다. 그리고 그 여정이 시작되었습니다. 저는 그분의 사랑으로 하나님을 찬양하고 계속해서 비커스 부부의 하나님을 경청하는 사역과 저와 라레도에 나타난 효과로 인해 하나님께 감사드렸습니다. 이 모든 것은 당신이 성공회 교회에서 하룻밤 동안 말씀을 전하기 위해, 또 당신이 관람하지 못한 로데오를 위해, 텍사스 라레도까지 가라는 하나님의 부르심에 순종했기 때문입니다.

다음은 우리가 그 도시에 방문했을 때 멍에가 끊어진 몇몇 사건에 대한 이야기다.

성도 중 한 명이 우리가 방문한다는 소리를 듣고 자신의 남동생을 데리고 서부 해안에서 라레도로 비행기를 타고 왔다. 그녀는 남동생과 그의 삶에 대해 걱정이 많았다. 예수님이 그 주간에 능력으로 남동생을 만나주었고, 그는 자신의 삶을 주님께 드렸다. 주일 아침 그가 세례를 받았을 때, 수영장 주변에 함께 모인 우리는 크게 기뻐하였다.

어느 날 저녁, 매우 초라한 옷을 입은 한 남자가 교회 안으로 발을 끌며 들어왔다. 그는 통증이 심해서 걷는 것이 매우 어려웠다. 그런데 그에게서 억압의 멍에가 벗어졌다. 그는 그날 밤 자신 있게 교회에서 걸어 나갔다. 그는 다음 날 저녁에 다시 왔는데, 10킬로미터나 되는 먼 길을 걸어서 왔다고 말하는 그 멋진 사람을 우리는 알아보기가 어려웠다.

분노는 묶는 멍에다

최근에 한 부부가 수천 킬로미터나 되는 다른 도시에서 라레도로 이사를 왔다. 그 부인은 손과 엉덩이에 관절염이 있었고, 그로 인해 통증을 느끼고 있었다. 주님은 나에게 그녀가 라레도에서 살기를 원하지 않았다는 것을 보여주셨다. 그녀의 남편이 원해서 온 것이었다. 그녀는 주님을 위해 일하고 싶었지만, 과거에 붙잡혀 있었고 거기서 나오기를 원하지 않았다. 그 자리에 서 있는 동안 그녀는 자신의 깊은 감정을 전혀 모르던 남편에게 그 사실을 고백했다. 그녀가 라레도에서 주님을 위해 일하고 과거를 뒤로하기로 결심하자, 그녀의 손과 엉덩이가 치유되었다.

또 다른 부인은 내가 주님이 알려주신 내용을 전했을 때 처음에는 자신 안에 분노나 원한이 없다고 생각했다. 그때 주님이 그녀의 아들과 며느리의 이야기로 우리를 인도하셨다. 그녀의 아들은 재혼했는데, 아들이 이혼한 며느리와 손녀와 아주 좋은 관계를 맺고 있었기 때문에, 그녀는 새 며느리에게 분노하고 있었다. 그 부인은 사실 며느리의 모든 고통과 슬픔을 공감하고 받아들이고 있었다. 그녀가 이 모든 것을 풀어내고 그것을 헤쳐나갈 수 있게 되자, 통증과 경직이 사라지기 시작했다.

교파적인 멍에도 우리를 묶을 수 있다

우리가 라레도에 가기 전에 꿈을 꾸었다는 한 남자를 만났다. 그는 성령 세례를 인정하지 않는 교파의 교인이었다. 그는 백발의 남자가 자신에게 성령 세례를 받아야 한다고 말하는 꿈을 꾸었다. 그가 사역을 받으러 왔다. 그는 1미터 95센티미터에서 2미터 정도 돼 보이는 키가 아주 큰 사람이었다. 나는 성령의 기름 부으심을 받을 수 있도록 그를 위해 기도했다. 우리는 그가 기름 부으심으로 뒤로 넘어질 것이라 예상했는데, 그는 너무 놀랍게도 갑자기 얼굴 쪽으로 납작 넘어졌다. 우리도 그와 함께 바닥으로 넘어질 뻔하였다. 그가 바닥에 눕자 그를 위해 기도하도록 성령님이 나를 인도하셨다. 그래서 나는 그를 위해 기도하려고 한 여자 동료를 불렀다. 그녀가 옆에서 무릎을 꿇고 방언으로 기도했다. 사역을 다 마친 뒤 우리는 그의 나머지 꿈 이야기를 알게 되었다. 그의 꿈속에 나온 백발이 성성한 남자가 하나님을 의미한다고 생각했었는데, 이제 나였을 수도 있을 것 같았다. 또한 그의 꿈에서 한 여자가 그의 옆에 무릎을 꿇고 방언으로 기도했는데 이제 그는 그것을 이해했다.

죽음의 멍에는 결박하고 눈을 멀게 한다

/

내가 스콧 에드가(Scott Edgar)와 함께 일하고 있을 때, 세 명의 숙녀가 서로 팔짱을 끼고 우리 앞에 나타났다. 양옆의 두 여인은 눈이 먼 친구를 치료해달라고 기도를 요청했다. 그들은 셋 다 아주 명랑하고 즐거운 여인들이었고, 친구가 시력을 회복해서 자기들을 괴롭히지 말고 혼자서 운전할 수 있기를 원한다고 말했다. 그들은 그 이야기를 너무 재미있고 사랑스럽게 말해서 그 친구가 그들을 전혀 괴롭히지 않은 것이 분명했다. 나는 그 시각 장애인 친구에게 원하는 것이 무엇인지를 물었다. 그녀는 지난 2년 동안 시력이 더 나빠졌다고 말했다. 2년 전에 무슨 일이 있었는지 물었더니, 그녀는 자기 남편의 죽음에 대해 말했다. 그녀는 남편을 깊이 사랑했고, 남편이 그녀의 삶에 빛이었기 때문에 그를 몹시 그리워했다. 그녀의 친구들은 모두 사랑스럽고 성령 충만한 그리스도인이어서 내가 예수님이 세상의 빛이시라는 것에 대해, 그리고 예수님이 빛이시기 때문에 우리 인생에 다른 사람을 빛으로 만들지 말아야 한다고 할 때 모두 경청하였다. 그 자리는 예수님을 위해 남겨둔 자리였다. 그러나 그녀가 아무리 사랑스럽게 생각했더라도, 그녀는 무의식적으로 남편을 우상으로 만들었다. 그리고 하나님 아버지는 "너를 위하여 새긴 우상을 만들지 말고"(출 20:4)라고 말씀하셨다.

나는 그녀에게 하나님께 죄송하다고 말씀드리고 용서해주시기를 요청할 수 있는지 물었다. 이상하게 들릴 수 있지만, 사랑하는 사람이 스스로 죽기로 정해서 우리를 홀로 남겨둔 것이 아님을 알지만, 우리는 그들이 떠난 것에 대한 분노를 마음에 품고 있다. 또한 우리가 사랑하는 사람들의 죽음을 생각하기 전에 그들이 죽도록 내버려두셨다는 이유로 하나님을 원망한다. 그래서 우리는 이 모든 일에 대해 하나님께 죄송하다고 말씀드리고 용서를 구해야 한다.

그녀는 눈물을 흘리며 이 모든 것을 받아들일 수 있다고 하면서, 내가 기도를 인도해주면 따라서 기도할 준비가 되었다고 말했다. 그래서 내가 항상 그렇게 했듯이, 나는 그녀가 기도 내용에 동의할 수 있도록, 기도할 때 무엇을 말할 것인지 미리 알려주었다. 사람들을 인도하여 기도할 때, 특히 그들이 곤경에 처해 있어 가장 연약할 때, 우리는 그들이 진정으로 동의하지 않는 것을 말하게 함으로써 우리의 위치를 남용하지 말아야 한다. 그래서 나는 항상 그들에게 내가 무슨 말을 할 것인지 먼저 말하고, 그들이 이해하고 동의하는지 확인한다. 나는 스콧에게 우리가 기도하는 동안 그녀의 눈에 손을 얹어달라고 했다. 스콧은 아주 큰 손을 그녀의 눈에 얹었고, 나는 그녀가 우상숭배의 죄에 대한 용서를 구하는 것과 남편을 용서하는 기도를 하도록 인도하였다. 그런 다음 그녀의 눈을 향하여 회복되라고 말하기 전에 먼저 그녀가 용서받았음을 선포하였다. 나는 지금 무엇을 볼 수 있는지 그녀에게 물었으나, 스콧의 손이 시야를 다 가리고 있었다. 나는 그가 손을 떼기 전까지는 그녀가 아무것도 볼 수 없을 것이라고 스콧에게 알려주었다. 스콧이 가렸던 손을 치우자, 그녀가 내 뒤쪽 벽의 배너 위에 쓰여 있는 글씨를 읽을 수 있다고 말했을 때 우리가 느낀 환희를 당신은 상상할 수 있을 것이다. 배너 위의 글자들이 점점 더 분명하게 보인다고 해서 내가 성경책을 건네주었는데 그녀는 그것을 읽을 수 있었다. 두 친구는 기뻐서 함성을 질렀고, 이어 셋이서 춤을 추었다. 다른 두 친구들도 기도를 받기 원했고, 그중 한 친구는 데리고 올 수 있는 가족 모두를 나에게 데리고 와 기도를 받았다.

또 다른 시각 장애인의 멍에가 끊어지다

/

이번에는 한 여성이 베거즈 루스트를 찾아왔고, 나중에 이렇게 편지를 보내왔다.

제가 센터에서 받은 치유에 관해 글을 써주기를 요청하셔서 이렇게 글을 남깁니다. 저는 일 년 전에 시신경염(시신경의 염증)을 치유받고 싶어 센터에 왔어요. 왼쪽 눈은 움직이기 힘들고 시력이 좋지 않았습니다. 염증이 제 '좋은' 눈에 영향을 미치고 있었기 때문에 특히 문제가 되었습니다. 오른쪽 눈은 항상 가늘게 떴고 거의 보이지 않았습니다.

안과 전문의에게 마지막 진료를 받고 센터로 왔습니다. 의사는 더는 시력이 개선되지 않을 거라고 말했어요. 제 망막에 상처가 있어서 아무것도 할 수가 없다고 했습니다. 그 상태로 살아가야 한다고 했습니다. 그러나 센터를 세 번 방문하고 나서 시력이 개선되는 것이 느껴졌습니다. 그뿐만 아니라, 내적으로 영혼의 치유가 일어나고 있음을 깨닫게 되었습니다. 몇 달 전에 안경사가 시력 테스트를 했습니다. 더는 망막의 상처가 없다는 말을 듣고 그렇게 놀라지 않았어요. 저는 시력이 좋아졌기 때문이라고 생각했습니다.

주님께 감사드리고, 저를 위해 기도해주신 것에 정말 감사드립니다. 하나님을 섬기는 도구로 사용되도록 순종한 랜디와 도로시에게 감사드립니다. 주님 안에서 사랑합니다.

청각 장애인의 멍에가 부서지다

/

우리는 서포크에 있는 교회에서 주말 집회를 인도해달라는 요청을 받았다. 그 주말에 매우 많은 일이 일어났는데, 주님이 사람들에게 놀라운 일들을 행하셨다. 주일 아침에 노년 세대를 포함하여 놀랄 만큼 많은 수의 회중이 바다에서 세례를 받기로 하였다. 다행스럽게도 그들의 교구 목사가 주일에 참석하였고 세례를 인도하였다.

주말 집회에서 모든 묶임이 끊어졌는데, 그중 특별히 훌륭한 음악가인 귀여운 대학생이 기억난다. 그녀는 나면서부터 큰 문제를 안고 있었는데, 바로 한쪽 귀가 들리지 않았다. 주님은 그 아침에 그녀의 귀를 고쳐주셔서 그녀가 완벽하게 들을 수 있게 해주셨다.

참전 용사가 베거즈 루스트에 오자, 전쟁이 씌운 멍에가 부서지다

그 참전 용사는 70대였는데, 나와 아내가 휴가를 가서 없을 때 그의 친구들이 그를 센터로 데리고 왔다. 그의 몸은 관절염으로 가득 차 있었다. 팀원들이 우리가 자리를 비운 몇 주 동안 그를 위해 기도했다. 그들은 그 용사가 전쟁에서 기관총 사수로서 겪은 두려움, 죄책감 그리고 용서 등을 위해 기도하면서 우리를 기다렸다. 우리가 센터로 돌아오고 첫날 밤, 나는 그에게 함께 기도할 수 있는지 물었다. 그리고 그를 의자에서 내려 기도하기 적당한 자리로 가기 위해 두 사람의 도움이 필요했다. 나는 그가 가장 심하게 아픈 곳인 골반에 손을 얹고, 그 상태에 입을 열어 명령하였다. 짧은 시간 안에 그는 성령의 힘으로 바닥에 눕게 되었다. 그는 10분 이상 주님과 함께 누워 있었다. 마고와 나는 그가 일어서도록 도왔고, 그가 여태까지 할 수 없었던 구부리기, 스트레칭, 무릎 올리기와 같은 동작을 해보도록 격려하였다. 곧 그의 뇌는 그가 이런 동작을 통증 없이 하고 있다는 것을 깨닫기 시작하였다. 그래서 나는 제복을 입은 사람처럼 왼쪽, 오른쪽, 왼쪽, 오른쪽으로 방을 동그랗게 행진하기 시작했다. 그러자 그는 웃으며 나를 따라하였다. 애니와 엘케가 찬양을 인도하자, 우리는 음악에 맞추어 춤을 추었다. 그 노년의 용사를 센터로 데리고 온 여성들도 그와 함께 춤을 추었다. 그는 기뻐하였고 집에 갈 때 누구의 도움도 없이 걸어갔다. 다음 날 그의 생각이 그렇게 할 수 없었다고 속삭이기 전에, 침대에서 발을 휙 하고 움직이겠다고 그는 약속하였다.

5장

오소서,
성령님!

"네가 눈먼 자들의 눈을 밝히며 갇힌 자를 감옥에서 이끌어 내며 흑암에 앉은 자를 감방에서 나오게 하리라"(사 42:7).

악한 영들을 능가하는 능력
우리는 잠비아로 갔고, 알렉스에게 믿음이 생겼다
/

1994년 6월, 잠비아에서 해외사역나눔(SOMA)을 하는 동안 우리는 청년들을 어둠에서 빛과 생명으로 이끄시는 하나님의 강력한 사랑의 역사를 목격했다. 우리는 친구들의 초대를 받아 그들의 교구인 바스앤웰스(Bath and Wells)에서 잠비아로 떠나는 선교 활동에 참여했다. 우리 그룹의 리더는 존 울머(John Woolmer) 목사였다.

이 사역에 착수하기 전에, 나와 아내는 앤 왓슨(Anne Watson)이 인도하는 일일 교육과 사역에 참석했었다. 앤은 아내를 위해 기도해주었는데, 그 당시에 우리가 이해할 수 없던 새로운 방식으로 성령님의 깊은 영감을 받았다. 우리는 그때 '토론토 축복'으로 알려진 성령님의 역사에 대해 알지 못했었다. 잠비아로 가기 전에, 아내는 자신이 받은 것은 무엇이든 내가 받을 수 있도록 기도했다. 잠비아 집회에서 우리는 사람들에게 역사하는 크고 부드러운 능력을 보면서 경외심을 갖게 되었다. 우리는 그들이 성령님 안에서 구원받고, 치유되고, 해방되고, 능력을 받는 것을 보았다.

존 울머는 자신의 책 『치유와 축사』(Healing and Deliverance)에서 큰 규모의 집회에 대해 언급하면서 나와 아내의 사역을 '오소서, 성령님' 접근법이라고 했다. 존이 관찰한 결과 이렇게 사역했을 때, 평소보다 악령으로 인한 문제가 훨씬 적었다고 하였다. 이것은 사실로 드러났다. 잠비아로 가기 전에 우리가 받은 모든 정보와 비디오는 두 가지를 시사하였다. 우리가 가르치고 예배하는 동안 엄청나게 혼란스러울 것이고 악령이 나타날 것이다. 그래서 우리가 힘써 가르치는 동안 치유와 축사에 대한 관심과 기도만을 원하는 사람들의 분위기와 싸워야 한다는 것이다. 집회 초기에 성령님을 초대함으로써, 우리는 약간의 소동을 겪는 것으로 하루를 보낼 수 있음을 알게 되었다. 나중에 읽게 되겠지만, 이는 매우 이상한 방해가 될 수 있다. 또한 이런 식으로 사람들을 초대하여 사역할 때 뒤쪽의 비교적 적은 몇 줄을 빼고는 온 회중에게 함께 치유와 안수 사역을 할 수 있었다. 그래서 우리는 모든 사역을 스스로 하기보다는 모든 목회자와 지역의 치유 사역 팀과 연합해 사역할 수 있었다.

우리가 이런 방법으로 성령님을 오시도록 초대하면 하나님은 우리가 개입하지 않아도 더 빠르게 일하신다. 예를 들면, 잠비아 선교 때 작은 도시에 있는 어머니 연합회에서 가르치고 사역하는 일정이 있었다.

어머니 연합회 현관에서 9시에 만나기로 했다. 아프리카에서 자주 경험했듯이, 시간의 의미는 사람마다 다 달랐다. 이 특별한 날, 우리는 두 시간 반이나 늦었고, 11시 30분이 넘어서야 모임 장소에 도착했다. 우리가 도착하자, 그 지역에서 아주 중요한 사람과 12시 15분에 점심식사를 하기로 초대받았다고 알려주었다. 그는 매우 중요한 사람이라 그 약속은 시간을 꼭 지켜야 한다고 했다.

나는 끔찍한 기분이 들었다. 왜냐하면 이 여성 중 일부는 아침 9시에 우리를 만나기 위해 한밤중에 출발해 수십 킬로미터나 되는 마을까지 걸어왔기 때문이다. 잠비아의 어머니 연합회에서 경험한 놀라운 점은 그들이 찬양과 예배의 기회를 절대 놓치지 않는다는 것이다. 잠비아에서 가장 인기 있는 예배 형식은 교회 안에 성가대로 서 있거나 줄을 지어 앉아서 예배하지 않는 경우, 원을 그리면서 서서히 둥그렇게 춤추며 노래의 박자에 맞추어 '몸을 흔드는' 것이었다. 우리가 도착했을 때, 그들은 평소처럼 동그랗게 원을 그리며 움직이면서 주님께 노래하고 있었다. 우리가 그들에게 인사하고 사역할 시간이 단 10분에서 15분밖에 없었기 때문에, 나는 하나님께 무언가 특별한 것을 주시기를 기도하였다. 앞에서 말했듯이, 많은 사람이 그들 자신과 가족과 친구들의 필요를 채우고 치유받기 위해 수십 킬로미터를 걸어왔다. 그래서 나는 그들이 우리에게 듣는 것보다 주님께 직접 듣는 것이 더 필요하다고 생각했다. 나는 주님이 그들 각자에게 필요한 것을 주실 것이라고 약속하면서, 모두 중앙으로 얼굴을 향하여 원 모양으로 있으라고 하였다. 나는 그들에게 선물을 받고 싶은 것처럼 눈을 감고 손을 앞으로 펴라고 요청하였다. 그 후 나는 성령님이 오시도록 요청하였다. 성령님이 엄청나게 달콤하고 능력 있게 임하셨다. 그들은 자신들이 찾고 있던 치유와 구원을 분명하게 받기 시작했다. 나와 아내는 역사하시는 모든 일로 인하여 주님께 감사드리고 찬양하면서, 원 안에서 동그랗게 걸었다. 다음 약속 장소에 가기 위해 15분 후에 조용히 빠져나왔을 때, 그들은 여전히 성령님께 사로잡혀 자기 주변에서 일어나는 일들을 잊고 있었다. 나는 그들이 이곳으로 오는 동안 찾고 기도하던 것을 정확히 받을 것이라고 확신하며 그 자리를 떠났다.

일반적으로 잠비아에서는 그리고 대부분 아프리카에서는 영들 때문에, 그리고 그 영들을 향해 소리 지르는 기도팀이나 사역자들 때문에, 치유와 축사를 받을 때 아주 시끄럽다. 나는 아프리카에서뿐 아니라 영국에서도 사역자들이 축사와 관련될 때 소리를 지르거나 혹은 아주 크게 말한다는 것을 알게 되었고, 그리고 어떤 경우에는 구원에 관여할 때, 나타난 것으로 추정되는 실체와 논쟁을 벌이기도 한다. 몇 년 전 나와 아내는 예수님 안에서 믿는 자에게 권세가 있다는 것을 깨달았다. 또한 성경에는 예수님이 축사하실 때 외치셨다는 기록이 없다. 겉으로 드러난 징후처럼 보이는 모든 것을 악령이 그 자리에 나타난 것으로 받아들여서는 안 된다. 그런 사역은 지혜와 분별력의 은사를 사용하여 성령님의 능력으로 일해야 한다. 만약 성령님이 어떤 영의 존재가 드러나도록 인도하지 않으신다면, 그것을 꾸짖지 말라! 사역 초기에 우리는 우리의 역할이 그들과 논쟁하거나 대화하는 것이 아니라, 우리가 발견한 모든 것을 꾸짖거나 떠나라고 명령하는 것임을 깨달았다.

베를린에서

/

독일에서 있었던 일이다. 도로시는 우리가 이런 일을 조용히 효과적으로 완수할 수 있는 한 가지 방법을 발견하였다. 우리는 생일을 축하하기 위해 여러 사람과 함께 한 성도의 집에 있었다. 덩치가 큰 한 미국인이 갑자기 미쳐가는 것처럼 보였다. 컵들이 날아갔고, 아이들은 허둥지둥 나갔고, 그래서 그의 친구들은 모두 뛰어가 그를 붙잡아 앉혔다. 그들은 이런 일이 특이한 사건이 아니라고 했다. 우리는 그를 A1(가명)이라고 부르기로 하자. A1이 아주 크게 소리 질렀다. 친구들은 그의 안에 악령이 있어서 그렇다고 말했고, 그들은 뒤에서 온갖 소리를 질렀다. 그들이 바닥에 있는 A1을 잡고 있자, 도로시는 그에게로 가서 조용히, 그러나 권위 있게 눈을 뜨라고 말했다. 도로시는 A1 외에는 누구에게도 말하지 않겠다고 그에게 말했다. 도로시가 단지 A1만 듣게 말하자, 그는 눈을 떴다. 도로시는 A1이 집중하고 있는 것을 명백히 볼 수 있도록 그에게 자기를 쳐다보라고 명령하였다. 성경에서 예수님은 이런 환경에서 영들이 말하기를 허락하지 않으셨다. "여러 사람에게서 귀신들이 나가며 소리 질러 이르되 당신은 하나님의 아들이니이다 예수께서 꾸짖으사 그들이 말함을 허락하지 아니하시니 이는 자기를 그리스도인 줄 앎이니라"(눅 4:41). 도로시는 그때 A1에게 밖으로 드러나라, 침착하게 행동하라고 말했고, 도로시는 그를 꼼짝도 못 하게 한 다음, 성령님이 안전하게 잡아주시기를 구하였다. 그는 바로 조용해졌다. 자녀와 가족이 함께 있는 생일 파티는 이런 형태의 방해가 일어나기에 적절한 시간과 장소가 아니었다. 그의 친구들은 이렇게 덩치가 큰 미국인을(그 상황을) 이렇게 조용하고 권위적인 방법으로 다루는 도로시에게 아주 큰 감동을 받았다.

다시 잠비아로 가다

이제 다시 잠비아로 돌아가보자. 성공회 목사인 카풍웨(Kapungwe)는 내가 여태까지 함께 일하는 기쁨을 느끼게 해준 사람 중 가장 신령한 하나님의 사람으로, 북부 교구에서 우리를 맞이해주었다. 그는 또한 그 지역의 부주교였다. 그는 규칙적으로 그리고 자주 자기 교구 안에 있는 모든 교회를 자전거를 타고 방문하였다. 키가 작고 마른 그는 먼지 날리는 길가에 있는 작은 숲이나 큰 숲을 지나 강을 건너 뜨거운 태양이나 몬순 비를 뚫고 자전거를 타고 다니면서, 그의 돌봄 아래 있는 목회자들에게 큰 결의를 보여주었다. 그런데도 그는 하나님의 축복을 함께 나누는 것 외에는 우리에게 아무것도 요구하지 않았다. 그는 맨사 시내에 있는 사택에서 자기보다 약간 어리고 사랑스러운 아내 매리(Mary)와 두 자녀와 함께 살고 있었다.

어느 날 아침 나는 그들의 집에서 아침을 먹고 있었다. 그런데 우리가 그 전주에 방문했던 마을에서 약 25킬로미터나 떨어진 곳에서부터 어떤 사람이 자전거를 타고 왔기 때문에 나는 밥을 먹다 말고 그를 만나러 갔다. 메리가 따라 나와서 통역을 했다. 그는 자신이 무언가 더 알고 경험해야 할 것이 있다고 생각했다. 그래서 새벽이 되기 전에 떠나서 그 먼 길을 자전거를 타고 온 것이다. 그는 '그것이' 무엇인지는 몰랐으나 그것을 알아야 한다고 믿었다. 나는 흙먼지 이는 땅에 서 있는 그의 손을 잡고 성령님이 오셔서 그를 채워주시기를 기도하였다. 그는 눈을 뜨고 있었지만, 우리가 있는 것조차 전혀 모르고 있었고 그의 눈과 얼굴은 빛이 났다. 그의 얼굴에 만족함과 기쁨이 있다고 쓰여 있었다. 메리와 나는 그가 정신적으로 그리고 영적으로 무엇을 보는지, 혹은 어디에 있는지도 모르고 그를 쳐다보고 있었다. 그의 몸은 이른 아침 햇살 아래 있었으나, 그의 영은 그곳에 없었다. 우리가 할 수 있는 것이라고는 그가 성령님 안에서 무엇을 보고 있는지 신기해하는 것밖에는 없었다. 그는 거의 15분 이상을 이 상태로 아주 조용히 서 있었다. 그가 점차 자기 주위를 알아보고 우리를 알아보게 되자 그는 미소를 지으며 아무 말도 없이 자전거를 타고 떠났다. 그가 무엇을 위해 왔든 기대한 것이 무엇이었든 간에 그는 그것보다 더 많은 것을 받았고, 만족하며 떠나갔다.

메리는 나를 보고 그 남자가 알게 된 것을 알고 싶다고 말했다. 그래서 우리는 함께 기도했다. 그러자 주님이 메리의 영을 내가 가보지 못한 곳으로 데리고 가셨다. 그녀가 다시 주변 환경과 그녀와 함께 있는 나의 존재를 인식하자, 그녀의 눈은 불타오르는 것 같았고 얼굴은 빛이 났다. 그녀는 그때 겪은 것을 말로 설명할 수가 없었다. 주님이 삼층천에 갔던 바울의 눈처럼 그녀의 영적 눈도 열어주셨는지 의아해할 수밖에 없었다. 그녀는 성령님의 충만함을 경험하게 되자, 그의 아들들도 우리와 함께 있도록 시간을 정해주어서 그들도 성령세례를 받고 함께 방언을 말할 능력도 받게 되었다. 이 사건으로 우리와 함께 여행하고 있던 바스앤웰스에서 온 청년 리처드(Richard)는 강한 호기심을 품게 되었고, 그 역시 성령님으로 채워주시기를 간구하였다.

다음 날 우리는 맨사에 있는 교회에서 가르치고 있었는데, 집회를 시작하기도 전에 관절염으로 심한 통증을 앓고 있던 한 노 목사님이 기도를 요청했고 통증에서 해방되었다. 그래서 그는 온종일 편안하게 앉아 있을 수 있었다. 오후 예배 시간에는 특별히 회개 시간에 성도들이 악에서 구원받도록 기도를 인도하고 있었다. 그런데 신도석 장의자 끝에 앉아 있던 한 여인의 몸이 공중으로 수직으로 올라가, 위에서 빙빙 돌다가 몸이 수평으로 틀어지더니, 땅으로 내려왔다. 그리고 그녀의 몸이 복도 위로 뱀처럼 미끄러지듯 빠져나갔다. 눈이 휘둥그레진 리처드가 도로시에게 다가와 우리가 어떻게 해야 하는지 물었다. 도로시는 "가만히 앉아서 기도를 시작하고, 랜디에게 맡기세요"라고 대답하였다. 그 후 예수님의 권세로 여인은 묶임에서 풀려나 곧 그녀의 자리로 돌아와 앉았고, 예배가 계속될 수 있었다.

우리가 카풍웨 목사와 함께 방문했던 그 교구 소속의 어느 목사가 많은 사람에게서 공격을 받고 있었다. 그것은 그가 그 지역에서 활동하는 영령술사 치료사와 점술사들에게 대항하는 목소리를 내고 있었기 때문이다. 아플 때 정상적인 치료를 받을 여유가 있는 사람이 거의 없고, 따라서 근본이 무엇이든지 간에 가능한 것에 의지할 수밖에 없는 상황이었으므로 그런 목소리를 내는 것은 정말 용기 있는 일이었다.

교육 시간에 나는 성경을 가지고, 그런 행동이 하나님이 얼마나 혐오하시는 것인지 보여주었다. 사역 시간이 되자, 앞으로 나온 사람 중 한 여성에게 성령님이 임하자, 그녀는 소리 지르고 저주하고 몸부림치며 뒹굴었다. 그녀를 붙잡는데 목사님과 다른 몇 사람이 필요했다. 그녀는 원숭이처럼 큰 소리로 재잘거리고 팔꿈치를 펄럭였다. 그녀의 친구에게서 그녀의 이름이 뷰티(Beauty)라는 것을 알게 되었다. 앞에서 아내와 A1의 상황에서 설명했듯이, 나는 우리 주님 예수 그리스도의 이름과 권위로 조용히 오직 뷰티에게만 말할 것을 주장했다. 그녀가 조용해지자 그녀가 겪고 있는 근본 문제를 다룰 수 있었다. 그후 그녀가 그 지역에서 활동하는 마술사이며 영령술사 치유자라는 것을 알게 되었다. 이를 위해서는 정령숭배자의 영에서 해방되기 전에 회개와 용서가 필요했다. 그녀가 계속 소리를 지르고 난동을 부렸다면 이런 일은 불가능했을 것이다.

영국으로 돌아온 뒤 그녀가 그날 완전히 놓임을 받았고, 결국 그녀는 관련되어 있던 모든 관행을 버리고 교회에서 복음을 전하는 설교자가 되었음을 나중에 확인하였다.

우리가 방문한 코퍼 벨트의 한 마을에서는 일일 교육과 사역 집회에 참석한 사람들로 교회가 가득 찼다. 한 여인이 나에게 오더니 "성공회 교인도 성령을 받을 수 있나요? 제 친구가 오순절 교회 성도인데, 오순절 교인들에게는 성령이 있지만, 성공회 교인들에게는 없다고 했어요"라고 물었다. 리처드는 바스앤웰스에서 온 다른 청년인 앨버트(Albert)와 자리를 바꿨다. 앨버트는 수줍고 자신감 없이 하루를 시작했지만, 그날 교회에 성령의 능력이 너무 강하게 임해서 두려움 없이 사람들을 위해 기도하고, 방언을 사용하며, 성령의 역사가 일어나는 것을 보고 놀랐다. 이것은 그의 경험에서 완전히 새로운 일이었다. 성령님의 기름 부으심이 그날 오후 설교 시간 동안 너무 강력하게 일어나 대다수의 성도는 문자 그대로 성령님 안에 있었다.

그날 집회가 끝날 때쯤, 모임 시작 전에 성령님에 관해 질문하였던 그 여성이 오순절 교인인 친구와 함께 나에게 왔다. 그녀의 친구는 말로 표현할 수 없을 정도로 감동을 받았다고 하면서, 우리를 저녁 식사에 초대해도 되는지 물었다. 왜냐하면 성공회 교회에도 성령님이 강력하게 역사하시는 방법을 그녀의 담임 목사도 알았으면 좋겠다고 생각했기 때문이다. 나와 아내, 앨버트는 그 초대에 응하여 저녁 식사를 하러 갔다. 그녀의 담임 목사는 우리를 보았으나 아무 말이 없었다. 오후에 있었던 일들에 대한 소문이 신속하게 퍼졌다. 우리는 방문객이 찾아와 문을 두드리고 들어오기 전까지 식사를 시작하지도 못하였다. 어떤 사람은 치유를 원했고, 어떤 사람은 오후 집회 때 있었던 것과 같은 능력의 성령님을 더 원했다. 우리 셋은 차례로 각자의 접시를 내려놓고 손님들에게 손을 얹었는데, 성령님의 임재가 그들에게 흘러넘쳤다. 앨버트는 우리에게 돌아서서 "그래서 리처드가 가장 흥분되는 일은 이른 저녁 식사 시간 후에 일어난다고 말했군요"라고 하였다. 그 여성과 담임 목사는 성령님이 교파를 구분하여 편애하지 않으신다는 것을 의심하지 않게 되었다.

우리는 북쪽 교구에 며칠 머문 다음, 남쪽에 있는 중앙 교구로 이

동했다. 우리가 주차장에 도착했을 때 유명 정치인과 그의 아내가 포함된 대표단의 환영을 받았다. 그들은 성공회 교인은 아니었지만, 그들의 친한 친구가 코퍼 벨트에 있는 오순절교회에 다니는 여성도의 딸이었다. 그 여성도는 자신의 딸과 친구들을 전화로 설득해 우리를 만나 하나님이 그들을 위해 준비하신 것이 무엇이든지 꼭 받으라고 한 것이다. 주교의 허락을 받고 우리는 즉시 그들의 집에서 열리는 모임으로 갔다. 나는 그 집의 바깥 그늘에서 가르쳤으나, 사역 시간에는 집 안으로 들어가는 것이 안전할 것 같다는 느낌이 들었다. 이것은 현명한 판단이었다. 왜냐하면 내가 성령님께 임하시도록 간구하자마자, 스무 명 가까운 모든 사람이 성령님의 기름 부으심으로 카펫에 넘어졌기 때문이다. 그들은 그전에 이런 일을 한 번도 겪어본 적이 없었음을 나중에 그들에게서 듣게 되었다. 저녁 식사 후 집회에는 코퍼 벨트 마을에서처럼 방문객들이 꾸준히 찾아왔다. 나와 아내, 앨버트는 그날 저녁에 아주 피곤했는데, 마침 존 울머가 갑자기 도착하는 바람에 우리는 그에게 모든 사람에 대한 사역의 임무를 맡길 수 있었다.

주교는 나와 아내, 존 울머를 루안샤(잠비아 중북부에 있는 도시)에서 사역할 수 있도록 그곳 목사인 사이먼 패러(Simon Farrer)와 같이 머물도록 배정하였다. 사이먼은 교육과 치유 사역, 성례식을 인도해야 할 첫 번째 장소로 우리를 데리고 갔다. 그날 첫 시간은 존이 담당했기 때문에 남은 우리는 회중과 함께 장의자에 앉았다. 어떤 사람이 교회로 조용히 들어와서 교구 목사에게 말하기까지 우리는 오래 앉아 있었다. 그 교구 목사는 우리에게 금방 들어온 사람을 따라가라고 표시를 했다. 나와 아내, 사이먼 목사는 교회를 나와 교회 땅과 접해 있는 한 공동 주택으로 안내를 받았다. 그 안에는 여러 사람이 서 있었는데, 그중 가장 눈에 띄는 사람은 알렉스(Alex)였다. 놀랍게도 알렉스는 요리 오두막의 기둥 두 개에 손목이 밧줄로 묶여 있었다. 요리 오두막은 동그랬다. 그것은 불과 요리를 위해서 햇빛이나 비를 피하기 위한 것으로, 벽이 없고 흙바닥 위에 초가지붕을 받치고 있는 위로 뻗은 기둥 몇 개가 있을 뿐이었다. 알렉스는 더럽고 지저분하였다. 우리가 공동 주택으로 들어서자, 그는 기둥에 묶인 매듭을 무릎 아래로 미끄러뜨리고 어린아이들이 자주 하는 것처럼 그의 등을 우리 쪽으로 향하도록 한 다음, 다리 사이로 우리를 올려다보았다. 그러나 알렉스는 어린아이가 아닌, 10대 후반이었다. 그의 어머니는 우리에게 그가 몇 년 동안 이런 상태로 지냈다고 말했다. 우리는 그 상황에 대한 정확한 사실관계를 확신할 수 없었다. 그런 모습은 그가 학교에 다닐 때 담배를 피우거나 마약을 복용하면서 이상해지고 내성적이며 어린애처럼 변한 것 같았다. 처음에는 그를 병원으로 데려갔으나 그를 도와줄 수 있는 것이 아무것도 없어서 집으로 돌아왔다. 그는 누구와도 말하거나 소통하지 않았고, 모두가 볼 수 있는 요리 오두막의 기둥에 묶여서 하루하루를 보냈다. 사람들은 그가 떠돌아다니거나 폭력적으로 변하는 것을 막기 위해 그를 공동 시설 안에 묶어둔 것이었다. 알렉스가 예수님을 알고 있다는 어떤 암시도 없었다. 그의 가족 중 누구도, 특별한 경우에 교회에 갔는지는 몰라도, 헌신된 그리스도인이 아무도 없는 것 같았다.

우리가 알렉스를 만났을 때, 그곳에 있던 사람들은 나와 아내가 그를 강하게 누르며 손을 얹고 즉시 안수를 시작해, 크고 강하고 권위 있는 목소리로 여러 종류의 악마를 쫓아줄 것을 기대했는지 모른다. 우리는 그에게 두려움과 애정 결핍이 있는 것으로 분별되었지만, 그 이상은 찾을 수 없었다. 우리가 알게 된 것은 알렉스가 아주 어렸을 때 그의 아버지가 가족을 버렸다는 것이다. 우리는 그가 알고 경험한 세계에서 자기 내면으로 빠져들기까지, 애정 결핍이 그의 마음에 들어가 사로잡았다는 강한 인상을 받았다. 그는 자신이 살아가야 할 세상과 협력하고 대화하기를 절대 원치 않았다. 나는 조용히 알렉스에게 다가갔다. 그는 거꾸로 된 상태에서 몸을 풀고 오두막의 흙바닥에 앉아, 내가 그의 손을 잡는 것을 허락하였다. 나의 팔로 그를 포옹하는 것도 허락하였다. 나는 성령님의 기름 부으심 안에서 넘치는 사랑으로 그를 안아주었다. 교회에서 교육하기로 한 일정에 맞춰 우리가 돌아가야 할 시간이 되자 알렉스는 우리와 함께 서 있었고, 내가 그를 안아주자 그가 팔로 강하게 나를 안아 당기는 것을 느낄 수 있었다.

 우리가 교회로 돌아온 후 곧 알렉스의 할아버지가 그를 데리고 들어왔다. 내가 회중에게 가르치기 시작하자 알렉스는 사이먼 옆에 앉았고, 사이먼은 그를 안아주었다. 나는 알렉스가 사이먼의 무릎에 머리를 대고 누워 있는 것을 보았다. 나는 앞에 있는 회중에게 그들의 삶을 예수님께 헌신하라고 초대하기 위해 강단 앞으로 나오도록 해야 한다는 생각이 들었다. 그때 알렉스가 이 초대에 응했다. 그러나 그와 함께 기도할 때 나는 그가 우리가 하는 일에 대해 얼마나 이해하고 있는지 전혀 알 수 없었다.

카논 조지 베넷(Canon George Bennet)은 자신의 책 『크라우허스트의 기적』(Miracle at Crowhurst)에서 다운 증후군 아이들의 사역에 관해 기록하면서, 자신이 그리스도의 사랑으로 어떻게 그들을 안아주었는지에 대해 말했다. 그가 그렇게 할 때 그들은 자신들에 대한 또 다른 힘을 감지했고, 그는 조용히 그렇게 하는 것이 그들을 향하신 하나님의 뜻이라고 주장했다. 이것은 주님이 나에게 사랑의 깔때기가 되라고 보여주신 것과 매우 흡사하다. 예수 그리스도의 치유하시는 능력과 고통받는 사람 사이에서 우리가 사랑으로 그를 잡고 있으면, 예수님의 사랑과 능력이 그에게 배어들고 흡수되는 활동이 있다는 것을 깨닫는다. 우리는 그 날 저녁 이틀 안에 다시 돌아올 것을 약속하며 알렉스 곁을 떠났다.

금요일에 알렉스를 보러 돌아왔는데, 그는 여전히 어느 정도는 자신 안에 갇혀 있었지만, 더는 기둥에 묶여 있을 필요까지는 없었다. 깨끗이 씻은 알렉스는 자신의 나이에 맞는 옷을 입고 있었다. 알렉스의 어머니는 그가 훨씬 나아졌다고 말했으나, 우리가 할 수 있는 것은 그리스도의 사랑으로 품어주는 것밖에 없었다. 우리는 그가 세상에 나오는 것이 안전하다는 결정을 하게 한다면, 영국에 우리를 방문하러 오는 것을 도와주겠다고 약속하였다. 그러나 이번에도 그는 우리의 말에 감사한다는 표시를 하지 않았고, 우리는 그가 얼마나 이해했는지 알지 못한 채 그곳을 떠났다.

우리가 영국으로 돌아온 3주 뒤 알렉스에게 편지를 받았는데, 우리에게 잠비아로 와서 자신을 데려가 달라고 요청하였다. 나는 편지를 복사하여 사이먼 목사에게 보냈다. 그는 친절하게도 알렉스를 방문한 다음 우리에게 답장을 주었다. 우리와 만난 뒤 알렉스는 잠시 병원에 입원했다가 지금은 건강한 몸으로 학교로 돌아가 학업을 계속하고 있는 매력적인 청년이 되었다고 했다. 우리가 알렉스에게 줄 수 있는 것은 하나님의 변함없는 사랑뿐이었다.

수요일 오후 집회 때 교회에서 있었던 예배 이야기로 다시 돌아가 보자. 알렉스와 다른 사람들에게 예수님을 그들 삶의 주인으로 모시도록 초청하는 기도를 인도한 후 세례식을 집행하고 안수하는 사역 시간을 가졌다. 주님이 모임 중에 이루신 모든 신기한 일을 보고도 그렇게 쉽게 잊는다는 것이 놀랍다. 양떼를 생각하는 목자인 사이먼 목사는 그 날 우리의 사역을 일부분 의심하면서 시작했으나 날이 갈수록 태도가 변화되었다. 교회 담임 목사의 사모가 그녀의 아기를 기도의 자리에 데리고 왔다. 나는 그녀가 누구인지 알지 못했다. 아기를 안고 축복을 명할 때 금세 변화가 일어나는 것은 거의 불가능하다. 그런데 사역이 한창 진행 중인데 그 아기의 아버지인 목사가 사역을 잠시 중단해달라고 요청했다. 팔에 아기를 안고 있는 그는 크고 환한 미소를 지었는데, 그렇게 큰 미소를 지을 수 있다고 상상할 수 없을 정도였다. 그는 이 사역에 오기 전까지 꽤 오랜 시간 동안 아기가 변비에 걸려 큰 고통을 겪고 있었다고 했다. 정확한 날수는 기억하지 못했지만, 아기가 위험할 수 있다는 조바심이 들 만큼 오랜 시간이었다. 그러나 내가 엄마에게 아기를 건네준 후 얼마 되지 않아 아기의 기저귀가 가득 채워졌다. 지금까지 그렇게 더러운 기저귀를 보고 기뻐하는 모습을 본 적이 없다!

존, 도로시, 사이먼과 리처드가 사역하자, 그날 오후에 더 많은 치유가 일어났다. 예를 들어, 존 울머와 사이먼 목사는 한쪽 귀가 들리지 않는 사람을 사역한 뒤 그에게 기름을 붓자 양쪽 귀 모두 다 완벽하게 들을 수 있게 되었다.

알렉스에 관한 후기
/

나는 알렉스와 카풍웨 목사와 계속해서 연락하며 몇 년 동안 후원하며 도왔다. 알렉스는 학교 10학년을 마쳤다. 그는 건강이 좋지 않았는데, 1999년 11월 14일에 병원에서 소천했다는 소식을 그의 엄마가 편지로 보내왔다. 알렉스는 이 세상에서 맞은 마지막 주일까지 내리 이틀 동안 밤새 노래를 불렀고, "엄마, 나 이제 가요"라는 마지막 말을 남겼다고 한다.

세실과 메리 카풍웨에 관한 후기
/

잠비아에는 젊은 목사가 심각하게 부족했다. 그래서 세실 목사는 사역에서 은퇴했지만, 얼마 지나지 않아 계속해서 사역해달라는 주교의 요청을 받았다. 에이즈가 아프리카 대륙의 전 세대를 휩쓸고 있었다. 세실 목사는 자신이 오랫동안 섬겼던, 맨사에서 수 킬로미터 떨어진 아주 외딴 마을인 치본도의 세인트 매튜 교회로 부름을 받았다. 우리가 잠비아를 방문했을 때 치본도에 들른 적이 있어서 그곳에 대한 기억이 남아 있었다. 우리는 막 해가 지고 있을 때 그 마을로 가기 위해 건너야 하는 강에 도착했다. 강을 건너는 유일한 방법은 밧줄을 도르래에 감아 앞뒤로 끌어당기는 뗏목을 이용하는 것뿐이었다. 슬프게도 우리가 도착했을 때는 뗏목이 강 가운데를 향해 서서히 움직이고 있었다. 날이 점점 어두워지고 있었다. 카풍웨 목사는 물속으로 걸어가 뗏목 위로 기어올라 그 뗏목을 강둑까지 다시 끌어당겨야 했다. 그렇게 해서 우리는 강을 건널 수 있었다. 카풍웨 목사에게 이것은 특별한 일이 아니었고, 오히려 사치스러운 것이었다. 그는 대부분 자전거를 타거나 걸어 다녔기 때문이다.

내 기억으로, 다음 날 치본도의 교회는 400명이 넘는 사람으로 가득 찼다. 교회 측이 추정하기로 교회 밖에 모인 사람이 1,500명 정도였다고 한다. 어떤 사람은 밤새 걸어서 왔다. 그날 많은 사람이 그들의 삶을 예수님께 드렸다. 그래서 많은 사람이 치유를 받았고, 악한 영에게서 놓임을 받았다. 내가 받은 편지에는 이렇게 적혀 있었다. 그날 강력한 악령에 사로잡혀 있던 한 여인에게서 악령이 떠났다고 했다. 그녀는 내가 루옹고 교구로 떠난 지 몇 시간 만에 완치되었다고 했다.

전기도 수도도 없는 치본도 사람들은 극도로 가난했다. 교회는 강이 꽤 굽은 곳에 있었는데, 우리가 갔을 때 젊은 목사가 교회와 강 사이에 집을 짓느라 고생하고 있었다. 카풍웨 목사와 그의 부인 메리는 아직 완공되지도 않은 집으로 이사하기 위해 도시의 편안한 삶을 포기해야 했다. 폭우가 쏟아지던 어느 날, 그들은 점심을 먹고 집에 앉아 있었는데, 비로 약해진 건물이 무너지며 무거운 철골이 메리 위에 떨어졌다. 급히 병원으로 옮겼지만 메리는 죽었다.

나는 세실 목사가 베거즈 루스트로 휴가를 와서 우리와 함께 지내도록 일정을 잡았다. 우리가 당연하게 여기는 모든 현대식 편리함에 그가 놀라고 기뻐하는 것을 보는 것은 행복한 일이었다. 에스컬레이터나 대형 스크린, 그리고 뉴캐슬 타운 무어에서 열린 대형행사에서 그가 솜사탕을 먹고, 요란스러운 소리를 내는 놀이기구들을 타며 어린아이처럼 반응하는 모습은 아름다운 추억으로 남았다. 그는 작은 서류 가방 하나에 여행을 위한 짐을 다 넣어서 왔다. 짐의 무게가 초과될까 걱정할 필요가 없었다. 그가 필요로 하는 것은 매우 적었고, 우리가 가게에서 새 옷을 몇 벌 고르라고 권하자 그는 기뻐서 어쩔 줄 몰라 했다. 그는 휴가를 마치고 다시 집으로 돌아가면 주교가 준 자전거 한 대가 유일한 교통수단이라고 말했다. 그러나 마을에는 자전거가 이 한 대뿐이어서 모든 사람이 함께 사용하는 바람에 이제는 움직이지 않는다고 했다. 안장은 다 닳았고 타이어는 수리할 수도 없었다. 그러나 잠비아로 돌아가는 그의 손에 새 안장이 하나 들려 있었고, 나는 속 튜브가 필요 없어 펑크가 나지 않는 새로운 '초록 타이어'를 사주었다.

잠비아의 마을에서는 어쩌다 좋은 날이면, 닭을 푹 끓인 죽을 조금씩 나누어 먹는다. 그래서 그는 베거즈 루스트 근처의 슈퍼마켓을 열심히 다녔다. 부유한 사람들뿐만 아니라 모든 계층의 사람들을 위해 선반에 진열된 음식들을 보기 위해서였다. 통닭, 반 토막짜리 닭, 닭 다리, 닭가슴살, 구운 닭, 카레 닭 등이 모두 차곡차곡 놓여 있었다. 이 모든 풍요로움에 대한 세실의 반응은 욕심이나 질투가 아니라 감탄이었는데, 그런 그의 모습에 나는 깊이 감동받았고, 겸허해졌다. 그는 "여러분은 훌륭합니다. 우리가 아무것도 제공해줄 수 없는 잠비아의 마을에 와서 우리와 함께 머물며 우리를 도와주려고 이 모든 것과 안락함을 기꺼이 포기하는 여러분은 정말 대단한 사람들입니다"라고 말했다.

세실 목사는 부모가 에이즈로 죽어서 혼자 남겨져 자립해야 하는 어린이들을 돌보는 고아원을 설립하는 것이 꿈이었다. 그는 사람들이 모금한 2,000파운드가 약간 넘는 돈을 가지고 치본도로 가지고 갔다. 그는 루사카에서 북부 잠비아로 가는 길에 자이레를 지나다 도둑을 맞지 않으려고 자기 옷에 숨겨 가져갔다. 그는 자신의 집에서 함께 사는 스무 명 아이의 양아버지가 되었다.

'오소서, 성령님!' 사역

존 울머의 책에서 이 문구를 읽기 전까지는 우리의 사역이 어떤 특정한 스타일이라고 생각해본 적이 없었는데, '오소서, 성령님!'이라는 문구를 사역의 맥락에서 처음 들었던 때가 기억에 생생하다. 나는 허트퍼드셔와 베드퍼드셔에 있는 세인트 앨번스 교구에 있는 부흥사 그룹의 회원이었다. 매해 오순절 전날 축제 때, 우리는 세인트 앨번스 사원과 성당에서 예배를 준비했고, 그 행사에는 3,000명이나 인파가 몰렸다. 그렇게 많은 사람이 완벽하게 준비된 음악과 노래, 방언, 예언과 춤으로 자유롭게 주님을 예배하는 것은 아주 굉장한 일이었다. 해마다 우리는 '유명한' 강사를 초대했고, 찬양이 계속되는 동안 건물 주위 여러 곳에서 치유 사역을 하면서 행사가 끝났다. 성직자 팀원들은 매해 조직의 다양성을 추구하기 위해 교대로 임무를 맡았다.

이 특별한 날 저녁, 사역 시간이 되었을 때, 나는 성당 주위 여러 곳에 그 자리를 지켜야 하는 기도 사역 그룹을 조직하였다. 강사의 시간이 끝나자 데이비드 피치스(David Pytches) 주교가 앞에 나와 어디서 사역이 진행되는지, 그 장소가 어디에 있는지를 설명해주어 사람들이 잘 찾아가도록 광고하기로 했었다. 그래서 나는 그의 바로 앞 평신도 자리에서 사람들을 안내하려고 서 있었다. 그러나 데이비드 주교는 계획한 일을 하지 않았다. 그는 발로 뛰면서 "오소서, 성령님!" 하면서 그분을 초청했다. 그런데 성령님이 엄청난 능력으로 오셨다. 사람들은 장의자에서 넘어지기 시작하였다. 사람들이 성령으로 인하여 여기저기 쓰러졌다. 기도팀조차도 정해진 장소로 갈 수 없었다. 그래서 우리는 그냥 우리가 서 있던 곳에서 사역을 시작했다. 곧 나는 본당에 누워 있는 사람들에게 완전히 둘러싸여 한동안 꼼짝도 할 수 없었다.

그날 밤 하나님이 행하신 많은 멋진 일 중 특히 두 가지가 기억난다. 한 할머니가 휠체어를 탄, 더 나이가 많고 늙은 할머니를 복도 아래에 있는 나를 향하여 밀었다. 나는 그 할머니가 걷지 못하시게 된 이유를 기억하지 못한다. 다만 내가 할머니에게 일어서라고 말한 것 외에는 다른 말은 기억할 수가 없다. 할머니는 일어나서 휠체어를 복도 뒤로 밀었다. 이로 인해 벌어진 신기한 일을 그 주간 후반에 듣게 되었다. 침례교회에서 온 한 젊은 친구가 그날 밤 성당으로 그의 아버지를 모시고 왔는데, 그는 성도가 아니었고 의심도 매우 많았다. 휠체어를 타고 복도 위로 밀려 올라가는 할머니를 본 아버지는 따라가서 무슨 일이 벌어지는지 보기로 했다. 할머니와 내가 무슨 말을 한 것을 듣고 나서 할머니가 일어나고 걷는 것을 본 그 아버지는 성도가 되었다. 그는 그 후 바로 침례교회에서 세례를 받았다.

나는 친구들이 데려온 다른 여인에게 불려 갔다. 성당 안의 소음이 너무 커서, 나는 그들의 말을 들을 수가 없었다. 내가 주님께 무엇을 말해야 할지를 여쭈었더니, 그 여인이 자신의 엄마를 용서해야 한다고 말씀하셨다. 그녀는 머리를 저으면서 엄마를 용서할 것이 없다고 하였다. 그때 내가 그녀의 할머니도 용서해야 한다고 말했다. 그러자 그녀는 그것은 전적으로 할머니의 잘못이라고 대답했다. 나는 그 두 사람을 모두 용서해야 한다고 말했다. 그러자 그녀는 그렇게 했는데, 그때 자기 오른팔을 들어 올리며 큰 소리로 외쳤다. "보세요! 이 손가락이 18년 동안 굳어 있었어요. 그동안 저는 이 손가락을 움직일 수가 없었는데, 이제 구부릴 수 있어요"라고 나에게 말했다.

이것은 나의 '오소서, 성령님!' 사역의 개시이고, 그것은 '토론토 축복'보다 수년 전에 일어났다. 그러나 의심할 여지가 없는 것은 우리가 잠비아에서 돌아왔을 때, 그와 같은 기름 부으심이 우리에게 여전히 강하게 있었다. 우리가 돌아오고 바로 뒤 어느 목요일 밤, 베거즈 루스트 치유 집회에서 사역 시간이 되었을 때, 나는 성령님이 오시기를 초청드렸다. 그날 밤 그 자리에 있던 모든 사람은 그들이 앉아 있던 자리에서 성령님께 압도되었고, 당시 이런 일이 어떤 것인지 보고 싶어서 지역 안의 독립 교회에 소속된 그룹이 왔기 때문에 꽤 많은 사람이 모여 있었다. 우리 부부는 그들을 보고 우리가 더는 할 것이 없다고 판단해서 바로 라운지로 가서 커피를 마시면서, 그들이 우리를 필요로 할 때까지 기다렸다. 나는 그들에게 무슨 일이 일어나든지 간에 그 일이 교회를 변화시킬 것을 알았다. 담임 목사는 기대하지 않았던 축복과 눈물의 은혜를 받았다. 그러나 그들의 몇몇 성도는 그 변화를 받아들이기 힘들어서 교회를 떠났다. 그런데 몇 년 후 그 교회의 장로 중 한 사람이 나에게 와서 그 일이 일어난 후 나를 향해 품었던 분노에 대해 사과하고 용서를 구했다. 내가 한 것은 '오소서, 성령님!'이라고 말한 것뿐이었다.

배우는 과정

/

나와 아내는 예수님을 개인적으로 알게 되었고, 우리 주위에는 우리를 제자 삼아 가르쳐줄 만한 사람이 아무도 없었다. 우리가 살던 지역 목사님은 훌륭한 분이었고, 우리는 그 교회의 성도가 되어 친밀한 교제를 나누게 되었으나, 영성과 관련된 지식과 이해가 부족했다. 이 상황에서 우리는 기독교 주제를 다양하고 폭넓게 다루는 책을 찾을 수 있는 기독교 서점이 있는지조차도 알지 못했다. 아내가 히친에 있는 기독교 서점을 발견하기까지 약 2년이 걸렸다. 거기서 내가 처음 찾은 책 중 하나는 로이 제러마이어(Roy Jeremiah)가 쓴 책으로, 런던 치유 선교에 관한 이야기였다. 나는 가능한 빨리 주소지인 도슨 플레이스 20번지를 방문했다. 안타깝게도 나는 그의 집회에 자주 갈 수가 없어서, 나와 아내는 집에서 선교를 위해 중보 기도하기로 했다. 수년 후 로이가 죽고 나서 톰 주잇(Tom Jewett) 목사와 그의 부인 앤(Anne)이 그 사역을 대신 맡았다. 그들은 수년 동안 우리가 아주 많은 것을 배우도록 해준 좋은 친구였으며, 여전히 좋은 관계를 맺고 있다. 톰의 책 『아무도 알고 싶지 않았던 복음』(The Good News that Nobody Wanted to Know)[1]은 세상에 있는 치유 사역에 관한 책 중 최고의 책이며, 모든 사람의 책꽂이에 반드시 꽂혀 있어야 한다.

    2-3년 동안 대화를 나눈 내가 국제순복음 기업인 친교회에 가입했을 때, 나는 그 조직에 있는 많은 친구와 동료를 통해 많은 것을 배웠으나, 꽤 오랫동안 오직 주님이 우리를 직접 가르쳐주셨다. 요한복음 16장 13절은 말씀한다. "그러나 진리의 성령이 오시면 그가 너희를 모든 진리 가운데로 인도하시리니 그가 스스로 말하지 않고 오직 들은 것을 말하며 장래 일을 너희에게 알리시리라." 그리고 요한일서 2장 27절도 말씀한다. "너희는 주께 받은바 기름 부음이 너희 안에 거하나니 아무도 너희를 가르칠 필요가 없고 오직 그의 기름 부음이 모든 것을 너희에게 가르치며 또 참되고 거짓이 없으니 너희를 가르치신 그대로 주 안에 거하라."

---

[1] 톰 주잇(Tom Jewett), 『아무도 알고 싶지 않았던 복음』(The Good News that Nobody Wanted to Know), Taswegia Pty. Ltd. ISBN 0 95870 921 1. (연락처 세부 정보는 Northumbrian Centre of Prayer for Christian Healing에서 확인할 수 있음.)

이것은 말씀하신 그대로다. 우리가 그분에게 열려 있고 성령으로 감동된 하나님의 말씀을 읽으면, 성령님이 필요한 모든 것을 우리에게 가르치신다. 바울은 주님에 대하여 알고 있는 것을 다른 사람과 상담하면서 배우지 않았고, 예루살렘에서 베드로를 만나기 전 아라비아에서 3년 동안 지내며 주님에게서 직접 배웠다(참조. 갈 1:17-19). 나는 주님이 우리가 꼭 알아야 할 것을 가르쳐주셨다고 확신한다.

아는 것과 이해하는 것

나는 앞서 사람의 영에 관해 언급했다. 바울은 이렇게 말했다. "사람의 일을 사람의 속에 있는 영 외에 누가 알리요 이와 같이 하나님의 일도 하나님의 영 외에는 아무도 알지 못하느니라"(고전 2:11). 이것은 강력한 비유다. 오직 성령님(하나님이신)만이 하나님의 생각을 아신다. 오직 사람의 영만 사람 내면의 생각을 안다. 그래서 사람의 '아는 것'의 중심이 영의 기능 중 하나이므로, 우리는 이해하는 것과 아는 것의 차이를 배워야 한다. 하나님의 생각을 아시는 성령님은 이런 것을 직접 사람의 영으로, 그래서 우리의 '아는 것' 깊은 곳으로 전달하신다. 워치만 니(Watchman Nee)는 '아는 것'과 '이해하는 것' 두 단어의 차이는 헤아리기가 어렵다고 단언하였다. 그래서 그는 마음이 이해하는 동안 영은 알게 된다고 했다. 성령님은 성도의 영이 알도록 하시고, 우리의 영은 우리의 생각에 이런 문제들을 어떻게 이해할지에 대해 지시한다. 그래서 나는 그렇게 많은 사람이 거듭나는 일에 문제가 생기고, 성도들이 성령세례를 받는 데 어려움을 겪는 것이라고 확신한다. 그들의 생각은 그들의 영이 이미 알고 있는 것을 받아들이기 전에 이해하고 싶은 것이다. 그들은 먼저 그것을 지식화하여 걸러내고 학적으로 그것을 설명하고 싶어 한다. 그들은 주님이 주시는 것을 받아들이기 전에 상황을 둘러싸고 있는 구조에 대해, 즉 성령님의 계시를 통하여 각 사람에게 주시는 것에 대해 분명하고 상세한 설명을 원한다. 에베소서 1장 18절에 나오는 바울의 기도를 회상해보라. "너희 마음의 눈을 밝히사 그의 부르심의 소망이 무엇이며 성도 안에서 그 기업의 영광의 풍성함이 무엇이며."

그래서 우리의 눈과 마음 혹은 영이 열려야 한다. 하나님에 대한 지적인 이해를 건너뛰고 영으로 곧바로 들어가서 결과적으로 알게 된다. 이것은 내가 청소년 시절 규칙적으로 교회에 다녔고 세례를 받았는데도, 39세의 어느 날 밤 예수님이 나의 주님이심을 알게 되었다는 것과 같은 것이다. 나는 그것을 깨닫지 못했지만, 내 영은 하나님 아버지, 아들 그리고 성령님을 알았고, 주님과 관계를 유지하고 있었다. 나는 성령님에 대해 조금의 가르침도 받지 못했으나, 그날 밤 그 장소와 그 시간에, 나는 그분이 진짜 살아계신 인격인 것을 알게 되었다. 콜린 우르크하트(Colin Urquhart)는 내가 성령세례를 받도록 나와 함께 기도해주었는데, 그때 나는 그 의미를 바르게 이해하지 못했다. 어떤 감정적인 느낌도 없었다. 내 몸에 무슨 일이 일어났다는 표시도 없었지만, 나는 예수님이 그분의 성령으로 내게 세례를 베푸셨다는 것을 알았다. 수개월이 지나서야 내 생각과 몸은 내 영이 이미 알고 있던 것을 이해하기 시작한 것이다. 나와 아내는 모든 것이 전혀 다르고 삶이 전혀 다르다는 것을 마음에 인식하기도 전에, 기도와 사역에서 성령의 기름 부으심과 은사들로 이미 움직이기 시작했다. 내가 사고하는 방법과 '나 자신'은 아주 달랐다.

축사 사역 소개

나는 주님이 우리를 이러한 방식으로 직접 가르쳐주신 것에 대해 진심으로 감사드린다. 그렇지 않았다면, 한 그리스도인 여성이 친구를 데리고 우리를 찾아왔을 때, 우리는 어찌할 바를 몰랐을 것이다. 친구를 데리고 온 여성은 그 친구가 우울증이 있으며, 영성주의 교회의 일원이라고 소개했다. 그 여성은 자신에게는 죽음의 영이 씌워져 있어서 무섭다고 말했다. 우리는 그녀가 왜 그녀의 교회 교인에게 가지 않고 우리를 찾아왔는지 물었다. 그녀는 그들에게 능력이 없기 때문에 이런 문제를 다룰 수 있는 그리스도인이 필요했다고 대답했다. 악한 영을 분별하는 은사에 대해 아무것도 배우지 못한 채 그녀의 눈을 가로질러 미끄러지는 검은 은어(silverfish) 같은 것을 보고, 내 아내는 이것이 무슨 뜻인지 성령님께 여쭈었다. 성령님은 이것이 교활함과 속임수를 나타내는 것이라고 알려주셔서, 그녀가 말하지 않은 무엇이 더 있다는 것을 알게 되었다. 아내가 그 악한 존재를 꾸짖자, 비로소 그녀의 눈이 밝아지고 선명해졌다.

그녀는 자신이 겪은 '유체이탈'을 포함해 모든 이야기를 들려주었다. 그리고 그녀가 어떻게 '영적 세계'나 '텔레파시 통신'으로 다른 사람들을 만날 수 있었는지도 말해주었다. 그 당시는 그것이 잘못된 일이라는 것을 깨닫지 못했지만, 결국 그녀를 깊은 우울증과 자살 충동에 빠트렸다. 이 사역을 하는 수년 동안 상대방의 말을 들으면서, 우리의 생각이나 느낌에 대해 어떤 표현도 얼굴에 드러내서는 안 된다고 배웠다. 우리가 그날 그렇게 하는 데에 성공했는지 잘 모르겠다. 왜냐하면 이날 들은 내용은 내가 데니스 휘틀리(Dennis Wheatley)의 소설에서만 가능하다고 생각했던 그 어떤 것도 훨씬 넘어서는 내용이었기 때문이다. 나는 그런 내용이 유체이탈 공포 소설을 쓰는 저자들이 꿈꾸는 신화적 현상이라고 생각해왔는데, 그녀의 말을 사실로 믿는다면 그런 일을 실제로 정기적으로 체험하는 사람이 내 앞에 있는 것이었다.

우리는 죽음의 영에 대해 그녀가 회개하고 주님께 용서를 구할 때까지 더는 아무것도 할 수 없어서, 그녀에게 영성주의 교회를 떠나 이런 일을 그만두라고 간곡히 부탁하였다. 그러나 그녀는 그럴 수 없다고 하면서 떠났다.

그녀는 침대 발치에 서 있는 죽음의 영으로 인해 고통을 받고 있었기 때문에 약 두 주 후에 다시 돌아왔고, 죽음의 영에서 해방되기를 원했다. 그때 그녀는 회개하였고 자신의 삶을 예수님께 드렸다. 그 후에야 우리는 죽음의 영을 꾸짖으며 그녀에게서 떠나라고 명령할 수 있었다. 그리고 그다음 주에 그녀가 자유를 얻었음을 알 수 있었다. 아내는 그녀를 가톨릭교회에서 열리고 있던 '성령 안에서 사는 삶' 세미나에 데리고 갔다. 그 후 그녀는 영성주의 교회를 떠나 기독교 교회에 등록하였다.

    이것이 하나님의 은혜와 보호하심 속에 살아온 세월이다. 이 사례는 어떤 종류의 축사가 이루어지기 전에 한 사람이 자신의 삶을 예수님께 헌신하는 것이 꼭 필요한지에 대한 논쟁을 불러일으킨다. 이미 잘 알려진 사실은, 사탄은 법률 전문가여서 어떤 사람에게 있는 죄가 그리스도의 피 아래로 옮겨지고, 용서와 분명한 회개가 있을 때만 그 사람에게 죄로 인한 어떤 영향력이나 힘을 드러낼 법적 권한을 행사할 수 없게 된다는 것이다. 그전까지는 그 사람에게서 나간 악마도 다시 돌아올 수 있다. 그러나 축사 사역을 통해 그 사람이 예수님을 주님으로 영접할 수 있는 자유를 얻게 되는 것은 아닐까? 아내는 악함과 교활함을 분별하였고 그것을 꾸짖었다. 그로 인해 그녀는 우리에게 거침없이 솔직하게 털어놓았고, 예수님을 자신의 삶에 영접하고 죽음의 영에서 완전히 해방되었다.

    나는 성경에 이 입장을 뒷받침하는 많은 증거가 있다고 생각한다. 예수님과 사도들을 통해 볼 수 있듯이, 축사는 기독교 치유와 전인 사역에서 정상적이고 일상적인 한 부분이다. 성경에는 치유를 말하면서 축사를 언급하지 않은 구절이 거의 없다. 또한 본문 대부분에서 두 용어는 서로 바꿔서 말할 수 있다. 예를 들어, 마태복음과 누가복음에 모두 시몬 베드로의 장모가 열병에서 고침받는 내용이 나오는데, 누가복음을 보면 예수님이 악한 영을 꾸짖듯이 열병을 꾸짖으신다. 그렇다면 예수님은 열병을 의학용어로 보지 않으시고, 열병을 일으키는 악한 영으로 보신 것인가? 만약 그렇다면 치유에 대한 다른 언급도 얼마나 많은 부분이 축사로 간주될 수 있겠는가? "예수께서 가까이 서서 열병을 꾸짖으신대 병이 떠나고 여자가 곧 일어나 그들에게 수종드니라"(눅 4:39). 반면 마태복음을 보면 예수님은 베드로의 장모를 만지셔서 그녀를 고쳐주셨다. "예수께서 베드로의 집에 들어가사 그의 장모가 열병으로 앓아 누운 것을 보시고 그의 손을 만지시니 열병이 떠나가고 여인이 일어나서 예수께 수종들더라"(마 8:14-15).

마태복음에서도 우리는 축사가 필요한 것이 치유가 필요한 다른 병들과 함께 나열된 것을 본다. "그의 소문이 온 수리아에 퍼진지라 사람들이 모든 앓는 자 곧 각종 병에 걸려서 고통 당하는자, 귀신 들린 자, 간질하는 자, 중풍병자들을 데려오니 그들을 고치시더라"(마 4:24). 이스라엘과 시리아 전역에서 병자들이 몰려왔기 때문에, 그들 중 많은 사람은 유대인이 아니었다. 그러므로 그들은 예수님이 약속된 메시아라고 기대하지 않았을 가능성이 크다. 그런데도 예수님은 그들을 고쳐주셨다.

마태복음 15장 21-28절에 가나안 여인의 귀신 들린 딸 이야기가 나온다. 처음에 예수님은 주저하셨으나, 예수님을 향한 그녀의 믿음을 보시고 그녀의 소원을 들어주기로 하셨다. 곧 그녀의 딸은 치유되었다.

마태복음 8장 28-34절에는 가다라 지방에 살았던 귀신 들린 남자들의 이야기가 나온다. 여기와 악마와 관련된 숫자 때문에 군대(Legion)라 이름하는 누가복음에 나오는 사람의 이야기는, 이 사람들이 축사를 받고 자유로워지기 전에는 믿음을 가진 사람들이 아니었음을 알 수 있다. 그뿐만 아니라 누가복음에 나오는 군대라 이름하는 사람은 축사 사역을 받은 후 성도가 되었을 뿐만 아니라, 전도자도 되었다.

우리가 살아가는 동안 죄를 고백하지 않고 계속해서 죄를 짓고 성령이 죄를 지적하실 때 아무것도 하지 않는다면, 우리에게 문제가 생길 것이다. 그러나 우리는 하나님 앞에서 깨끗한 양심과 예수님이 우리에게 주신 권세와 성령의 기름 부으심으로 그런 일들에 대처해야 한다. 하지만 하나님의 뜻을 행할 때 자유로워지고 싶다면, 하나님의 갑옷을 입고 거룩함과 의로움 안에서 살아가야 한다는 것을 나는 강조하고 싶다. 바울이 에베소서 6장 14절에서 가르치듯이 우리의 흉배는 의로움인데, 그것은 믿는 자에게 주시는 하나님의 은사이므로 우리가 잘 지켜야 한다. 그렇게 하려면 지속적으로 순종하고, 필요한 만큼 자주 회개해야 한다. 그리고 우리에게 어두움의 권세를 이기는 권세가 있다는 것을 반드시 알아야 한다. 그러면 우리는 그들에게 속박되지 않는다.

치유인가 축사인가?

같은 사람 안에서 두 가지 비슷한 상태가 서로 다른 방법으로 치유된 예를 보기로 하자. 나의 아내 도로시가 바로 그 이야기의 주인공이고, 두 비슷한 상태는 '물에 대한 두려움'과 '고소 공포증'이다. 두 상태는 매우 심각하였고 뿌리가 아주 깊이 박혀 있었다. 물에 대한 도로시의 상태는, 자신의 머리에 물이 닿는 생각만으로도 무서워서 샤워조차

할 수 없는 정도였다. 고소 공포증은 해가 갈수록 점점 더 심해졌다. 도로시가 치유되기 전에 마지막으로 비행기를 탄 것은 르 투케에서 남해안까지 사실상 최단 비행으로 프랑스에서 영국으로 돌아간 일이었다. 나는 영업 사원들과 그들의 아내들과 파리에서 주말을 보내고 있었다.

도로시는 비행 중에 밀려오는 공포를 가라앉히려고 노력했고 의사가 처방한 진정제를 사용했다. 우리는 비행기 좌석에 앉은 다음 벨트를 했고, 도로시는 이륙하기 전에 잠이 들었다. 그러나 비행기가 활주로를 달리기 시작하자, 도로시는 자신의 주변에 대해 의식하지 못하는 상태였는데도 두려움이 너무 깊이 박혀 있어서 울기 시작하였다. 잠이 든 그녀의 뺨을 타고 눈물이 흘러내렸다. 도로시는 그 후 비행기 타는 것을 거절하였다.

우리가 예수님을 주님으로 고백하게 된 지 몇 년 뒤 도로시는 주일학교에서 가르치게 되었다. 어느 주일날 여름 휴가에 대한 주제로 이야기를 나누다가 아이들이 도로시에게 어디로 휴가를 가는지 물었다. 도로시는 무심코 내가 몰타에 가족을 데려가고 싶어 하지만, 자신이 비행을 두려워해서 가지 못하고 있다고 말했다. 그러자 아이들이 "선생님, 그러면 우리가 선생님을 위해 기도하고 하나님께 두려움을 없애달라고 요청하면 가실 수 있지요?"라고 물었다. 도로시는 반대하려고 했지만, 그것은 그녀가 아이들에게 가르친 모든 것을 믿지 않는다는 의문을 들게 할 수 있었다. 그래서 마지못해 도로시는 아이들의 제안에 동의하였다. "하나님, 제발 선생님이 비행기 타는 것을 무서워하지 않도록 두려움을 없애주세요." 아이들은 아주 간결하게 기도드렸다. 그 후 도로시는 아이들의 교사로서 명예를 지키기 위해 그 두려움을 견뎌내야 한다고 느꼈고, 우리는 몰타 휴가를 예약했다. 도로시는 아무 어려움 없이 몰타 여행을 다녀왔고, 그때 이후 우리는 아무 걱정 없이 장거리든 단거리든 어떤 비행도 할 수 있게 되었다. 도로시는 여행을 마치고 다시 주일학교로 돌아가면서, 아이들이 자신의 비행 경험에 대해 매우 궁금해할 것이라고 기대했다. 그들이 아주 기뻐할 것이라고 생각하며, 비행 중에 어떤 작은 두려움도 없었다고 말했다. 그러나 아이들은 그것을 너무도 당연하게 여겼다.

우리 막내아들 폴이 열네 살이었을 때, 형들이 그해 여름에 자기들이 하고 싶은 일을 하려고 떠나자, 나는 폴과 도로시와 함께 데본에 있는 살콤으로 항해 훈련 휴가를 가자고 제안하였다. 도로시는 용감하게 이 일에 동의했다. 그러나 우리가 블루 워터 세일링(Blue Water Sailing)에 도착했을 때 도로시는 우리가 강어귀의 작은 배에서 며칠 동안 훈련 받을 뿐만 아니라, 부두에 정박한 배에서 숙박할 것을 알게 되자 첫 번째 충격을 받았다. 그 주는 아주 행복하게 지냈다. 왜냐하면 우리는 모든 시간을 물 위에서 지냈고, 물 안으로 들어갈 필요가 없었기 때문이다. 하지만 마지막 날에 우리는 소형 돛단배 항해를 위한 왕립 요트 협회 자격증을 따기 위해 물에 들어가는 어려운 기술을 수행해야 했다. 지원자는 뒤집힌 배를 바로잡을 수 있다는 것을 보여주어야 했다. 이 일을 한 번은 조원으로, 한 번은 조장으로 총 두 번 해야 했다. 협회 관계자들이 돛단배를 뒤집으면 두 팀원이 물로 들어가야 한다. 그러면 두 팀원은 배가 돛을 끌어 내릴 수 있는 올바른 위치로 들어가도록 똑바로 돌리기 위해 보트 아래에서 수영해야 한다. 그러고 나서 돛대가 물에서 올라오면 재빨리 돛을 제자리로 들어올려야 한다. 2인조 돛단배에서 한 조원은 다른 사람이 배 안으로 올라가는 동안 센터 보드에 서 있고, 그 후 배 안에 탄 사람은 그가 올라오는 것을 도와주어야 하기 때문에 조정을 잘해야 한다. 날짜가 다가오자 도로시는 예상했던 것보다 공포가 점점 더 커졌다. 그렇게 금요일 아침이 되었다. 우리는 잠수복과 구명조끼를 입었다. 수영을 할 수 없는 도로시는 자동차의 타이어 튜브를 몸에 끼웠다. 우리는 동료 지원자들이 시험을 치르는 동안 부두에 앉아 모두를 응원했다. 마침내 도로시의 순서가 되었다. 도로시는 부두에 바짝 붙어서 아들을 따라 물속으로 들어갔다. 그러나 그녀는 얼어붙어서 배까지 수영할 수 없었다. 도로시는 울기 시작하였고 이를 달달 떨었다. 부두에 있던 모든 지원자는 도로시를 위로해주려고 그녀 주위로 모였다. 한 젊은 아르헨티나 여자 의사가 도로시를 위로하기 위해 그녀 옆으로 뛰어내렸다. 우리 배의 선장과 항해 트레이너는 은퇴한 해군 장교들로 멋진 신사였다. 그들은 모두 도로시가 지금까지 성취한 것에 대해 최고의 찬사를 보내면서, 그녀가 보여준 용기는 의무 이상의 것이었다고 칭찬했다. 그러므로 도로시가 뒤집힌 배를 그대로 두고 부두의 안전지대로 올라오는 것은 부끄러운 일이 아니라고 친절하게 말했다. 이런 일이 일어나는 동안 나는 앉아서 계속 열심히 기도했다.

도로시는 나를 올려다보면서 어떻게 해야 할지를 물었다. 나는 도로시가 계속 물에 대한 공포를 간직한 채 부두로 올라오기를 원하는지, 혹은 거기에 머물면서 그것을 이기기를 원하는지 물었다. 그 순간까지

나를 친구로 여겼던 사람들은 나를 향해 불신과 경악에 차서 "헉!" 하는 소리를 냈다. 그들은 모두 나를 아주 악의적으로 응시하였다. 그러나 도로시는 이겨내고 싶다고 말했다. 도로시는 두려움을 붙잡고 있었던 자신을 용서해주시기를 주님께 구했다. 도로시의 회개로 인해 나는 하나님 아버지께 큰 소리로 기도할 수 있었고, 또한 마음에 떠오르는 모든 근본적인 영을 예수님의 이름으로 꾸짖을 수 있었다. 그 이후 나는 분별력을 배웠다. 나는 그 일이 끝났다는 것을 알 때까지 다른 사람들에게서 받는 불신과 깊은 침묵 속에서 계속 기도하고 악한 영을 쫓아냈다. 어느 순간, 도로시는 떨지 않고 울지 않았다. 그녀는 폴을 불러서 둘이 작은 배까지 수영해 갔고, 안으로 올라가 배운 기술을 아무 문제 없이 두 번 수행하였다. 그리고 부두 위에 있던 군중의 큰 응원과 환호를 받으며 해안으로 다시 수영해 왔다. 도로시는 자신의 영웅적인 행동으로 사람들에게 뜨거운 칭찬을 받았다. 그러나 그들은 나를 돌 아래로 다시 숨어야 할 쥐처럼 쳐다보았다!

　도로시는 내게 잠수복을 어떻게 벗는지를 물었고, 나는 샤워기 밑에서 벗는 것이 가장 좋은 방법이라고 알려주었다. 그래서 우리는 객실로 돌아왔고, 나는 도로시가 잠수복을 벗는 것을 도와주었는데, 그때 도로시는 머리 위로 물이 폭포처럼 쏟아지는 샤워기 아래 서 있을 수 있었다. 휴가를 마치고 집으로 돌아온 도로시는 수영 레슨을 등록했다. 이제 그녀가 가장 애지중지 아끼는 보물은 수영 자격증이다.

예언적 치유

6장

기쁨으로 풀어지다

/

"당신이 하나님의 보내심을 받고 여기 온 것이라면, 내가 무엇을 기도해야 할지를 말해주시오." 나와 아내는 베를린에서 열린 국제순복음 기업인 친교회 조찬 모임에서 강의와 사역을 하고 있었다. 내가 한 덩치 큰 사람에게 무엇을 위해 기도해주기를 원하느냐고 물었더니 그가 이렇게 대답한 것이다. 그의 말이 맞다. 나는 하나님 아버지에 대한 관심 없이 복음을 선포하고, 아픈 사람에게 손을 얹고 치유되기를 기대하며 자동 조종 장치처럼 일하고 있었다. 당신이 상상할 수 있듯이, 이 덩치 큰 독일 사람의 대답을 듣고 나는 바로 나 자신을 돌아보게 되었다. 우리는 하나님 아버지가 하고 싶으신 것이 무엇인지 그분에게 물으며 그분의 음성을 들어야 했다. 우리가 치유센터에서 제공하는 대부분의 훈련은 예언적인 것이다. 이는 하나님의 음성을 듣고 그분이 우리에게 말하라고 하시는 것을 크게 말한다는 뜻이다.

사역 시간에 누군가 앞으로 나오면, 우리는 그 남자 혹은 그 여자에게 그들의 필요가 무엇이며 우리가 그들을 위해 무슨 기도를 해주기를 원하는지 묻는다. 만약 그들이 자신에게 있는 무슨 문제나 상황을 말하면, 우리는 그 말에 대해 우리가 이해한 것을 그들에게 다시 반복함으로 우리가 이미 들었고 이해했다고 인정한다. 치유 과정 중 일부는 우리가 그들의 이야기를 들었다는 것을 그들이 아는 것이다. 하지만 그들이 우리에게 다가오는 순간에 우리는 하나님 아버지께 무엇을 말하고 무엇을 행하기를 원하시는지 여쭤보기 시작한다. 만약 그들이 단순히 기도를 요청하러 앞으로 나왔고, 아버지가 우리에게 말씀하신 것을 한 마디도 듣지 못했다면, 우리는 그들에게 아무 말도 하지 않고 침묵 속에 그들과 함께 서 있는다. 나는 우리가 처음 배울 때 가장 어려운 것이 이것이라고 생각한다. 예수님의 치유 사역은 예언적이다. 예수님은 오직 아버지가 하시는 것을 본 그대로 하셨고, 아버지가 그분에게 말하라고 하신 것만 말씀하셨다(참조. 요 5:19, 12:49). 그러므로 예수님이 치유자이시고 성령님이 우리를 인도하시기 때문에, 우리는 그분이 우리에게 보이신 대로 따라 하려고 노력한다. 그런 다음 그분이 우리에게 말하라고 하신 것을 확신 있게 말한다. 우리는 그분이 확실히 원하시는 것에 대해서만 말하고 우리 생각에서 나온 의견은 말하지 않는다. 그때 우리는 그분이 말씀하시는 것을 크게 말하고, 오직 그것만 말한다. 그래서 종종 우리에게는 아무 의미 없이 들리고 전혀 말이 되지 않지만, 요청한 사람에게는 확실한 의미가 있는 것일 때가 있다.

예를 들어, 언젠가 나는 가까운 친구와 기도하고 있었다. 일이 어렵거나 복잡해지면, 그는 그 상황에서 뒤로 빠지고 어떤 책임도 지지 않으려고 한다. 그런 그와 나는 같은 사역 그룹에서 함께 일하고 있었다.

그러던 중 우리 둘이 함께 있는 한쪽과 나머지 팀 사이에 심각한 의견 차이가 생겼다. 우리가 해야 할 말과 행동에 대해 우리 둘은 동의하였다. 모임에서 그 주제가 나와서 나는 우리가 의논한 대로 말하였지만, 그들이 그 친구에게 물으면 그는 아무 말도 하지 않고 나를 완전히 고립시켰다. 그 친구와 나는 늘 그렇듯이 이른 아침에 기도하기 위해 만났다. 기도를 시작하자, 주님이 나에게 작은 장난감 손수레를 보여주셨다. 수레의 안은 노란색으로, 밖은 초록색으로 칠해져 있었다. 주님은 자주 나에게 그림으로 말씀하신다. 예언적이라는 것이 꼭 음성을 듣는 것만은 아니다. 하나님은 나와 대화하실 때 큰 소리로 말씀하시지만, 절대 밖에서는 내가 들을 수 있도록 말씀하시는 음성을 들은 적이 없다. 어떤 그리스도인은 하나님의 음성을 귀로 듣기도 한다. 그리고 물론 성경에 나오는 사례도 있다. 특별히 요단강에서 세례를 받으실 때, 하나님 아버지는 예수님 위에서 말씀하셨다. 나는 때로는 그림이나 인상이 떠오르기도 하고, 단어가 보이기도 하며, 내 안에서 말이 들리기도 하고, 그냥 무슨 말을 해야 할지 알기도 한다. 때로 아픈 사람을 만났을 때 그의 문제가 몸의 어느 부위인지 통증을 느끼거나 아프기도 하다. 환상을 본 후 내가 그 손수레에 대하여 친구에게 설명하였다. 내 친구는 "그것은 원래 내 것이었는데 동생이 부러뜨렸어. 그런데 항상 내가 비난을 받았지"라고 했다. 그러면서 친구는 자기 동생이 항상 나쁜 짓을 했지만, 부모님은 항상 내 친구 탓을 했다고 말했다. 그의 부모님은 친구가 동생을 책임지고 돌보기를 기대했고, 그러다 무엇이든지 잘못되면 항상 친구의 책임으로 돌린 것이다. 그런 일을 겪으며 자란 친구는 할 수만 있으면 어떤 책임도 지지 않고 어떤 원망도 듣지 않겠다고 마음속으로 결정하고 살았다. 이제 우리는 친구의 상처받은 어린 부분을 어떻게 돌봐야 하는지, 그래서 그 부분이 지금의 어른으로 성장할 수 있도록 어떻게 기도해야 하는지 알게 되었다. 주님이 우리에게 거룩한 담대함을 구하라고 보여주셨다. 내 친구는 거룩한 담대함 안에서 성장하였고, 그 후로도 계속해서 어려운 상황이 닥쳤지만, 강하게 설 수 있었다. 나는 작은 장난감 손수레 아이디어를 의미 없는 상상이라고 부인할 수도 있었지만, 기도하면서 받은 것은 어떤 것도 깎아내리거나, 다르게 해석하거나, 다르게 시도하지 말아야 한다는 것을 배우게 되었다.

센터에서 사역할 때 우리는 방언으로 기도하도록 인도받을 수도 있다. 그러나 우리는 우리의 기분을 더 좋게 하거나, 기도 받는 사람의 기분을 더 좋게 하거나, 정해진 환경과 상황에 부합하기를 바라는 멋진 기도를 만들지 않는다. 우리는 오직 하나님 아버지의 뜻만 구한다. 그러므로 만일 누군가가 육체의 질병에서 치유되기를 바란다면, 우리는 치유가 하나님의 본성이시며 뜻이라는 것을 안다. 만일 하나님이 우리에게 다른 말씀을 하지 않으신다면, 우리는 그 병에 대해 적절하게 선포하고 몸이 치유되도록 명령한다. 이 책 3장에서 나는 팻 스카벌의 건강을 위해 기도한 예를 들었다. 팻의 경우는 하나님 아버지가 인도하신 대로 거절과 용서 등의 모든 상황을 깨끗이 해결하고 나서 치유했지만, 만약 아버지가 그런 것을 나에게 깨닫게 하지 않으셨다면 내가 3장에서 설명한 대로 몸의 상태에만 맞게 바로 사역했을 것이다.

이번 장을 시작했던 처음 사건으로 돌아가 보자. 그 독일인의 짧은 평은 나를 곤란하게 했다. 나는 먼저 주님께 나아가지 못한 것에 대해 간절히 용서를 구했고, 그다음 내가 무엇을 해야 할지를 여쭈었다. 그때 나는 하나님을 신뢰해야만 했다. 하나님은 내가 무엇을 말하고 행동해야 할지를 항상 먼저 설명해주시지는 않는다. 그래서 나는 그것을 고려하고 그다음 대안이 될 만한 행동 과정을 생각한다. 때로는 성령님이 나의 영에 지시하셔서, 내 생각과 관련 없이 나의 몸에 지시하시는 대로 본능적으로 행동하기도 한다. 자주 나는 내 속에 말씀하시는 것을 들을 때까지 무엇을 말해야 할지 모른다. 그래서 본능적으로 혹은 속에서 내가 무엇을 해야 할지 알아서, 나의 손을 상대의 가슴에 대고 그가 가진 마음의 문제를 향해 크게 말하기 시작한다. 그럴 때 "그래요. 그게 문제예요"라고 상대는 아주 만족해하며 말한다. 나머지 사람들이 어떤 반응을 보였는지 상상할 수 있을 것이다. 그들은 모두 자신의 문제를 분별해주기를 원했다.

언젠가 도로시는 나를 한 여자를 사역하고 있던 곳으로 불렀다. 도로시는 어디엔가 막힌 것이 있다고 말했고, 더 추가할 것이 있는지 내게 물었다. 나는 그 두 사람이 듣는 가운데 그녀가 함께 잤던 두 남자에 대해 도로시에게 말했는지 물었다. 그 여자는 죄책감을 느끼며 얼굴이 빨개졌다. 도로시가 나중에 그녀는 두 남자가 아니라 한 남자에 대해서만 언급했다고 말했다. 그녀가 자신의 삶에서 이 부분을 열고 제대로 다루었다면, 그녀에게 치유가 일어날 수 있었을 것이다.

다시 지식의 말씀 주제로 돌아가서, 그것이 우스꽝스러워 보이거나 전혀 이해되지 않는 것처럼 보여도 우리 팀들은 그에 대해 당황하지 말아야 한다는 것을 이미 배웠다. 지식의 말씀이나 예언적 말씀을 누구에게든지 알려주고, 그것이 그 사람에게 큰 의미가 있는지 아닌지 신중하게 검토하고 시험해보도록 권유해야 한다. 우리가 성령님의 능력 안에서 움직인다고 생각할지라도, 우리에게는 여전히 육적인 면이 많다. 그래서 우리에게는 항상 오류가 있을 수 있고, 그래서 잘못할 수도 있다. 우리가 스스로 매우 영적으로 여길지라도, 불행하게도 우리 내면에는 견고한 진들이 있어서 그것이 우리의 말과 행동에 영향을 끼칠 수 있다. 우리는 영적인 차원에서 일하고 있지만, 항상 이 사실을 염두에 두어야 한다. "사랑하는 자들아 영을 다 믿지 말고 오직 영들이 하나님께 속하였나 분별하라 많은 거짓 선지자가 세상에 나왔음이라"(요일 4:1).

나는 사역하는 사람들이 의도적으로 혹은 악의적으로 거짓 예언을 한다고 말하는 것이 아니다(물론 이런 일이 일어날 수도 있다). 우리는 모두 실수할 수 있다. 나는 큰 존경을 받고 있는 유명한 몇몇 사람에게서 정확하지 않은 예언을 들은 적이 있다. 혹은 이렇게 말해보자. 예언이 나온 시기가 약 20-30년이 지났는데도 아직 실현되지 않았다. 나는 여전히 그들을 무척 존경한다. 왜냐하면 오랜 세월에 걸쳐 그들이 행한 가르침, 치유와 전도의 강력한 기름 부으심에 무게를 달아본다면, 예언적 측면에서 행한 이런 작은 실수들은, 특히 자신을 위해서 책임은 듣는 이에게 있다고 한 요한일서의 말씀을 고려할 때 대수롭지 않아 보인다. 그래서 우리는 도로시와 내가 하는 다른 가르침과 같이 예언적인 말씀에 대해서도 같은 훈계를 하고 싶다. 항상 성도들에게 우리가 말하는 모든 것을 성경 말씀에 비추어 시험해보고, 우리가 말했다고 혹은 그들이 우리를 좋아하고 존경한다고 해서 단순히 믿지는 말라고 당부한다.

하나님께 더 많은 정보 구하기

나는 사역 아주 초기 단계에, 한 사람이 받은 처음 말씀이 하나님이 우리에게 보여주시고 싶은 전부일 필요가 없다는 것을 배웠다. 나는 어느 날 밤 히친에서 강의를 하고 있었다. 나와 아내는 얼마 전에 그 마을에서 이사를 나왔는데, 그 집회에 다시 초대를 받은 것이다. 많은 사람이 여러 해 동안 우리를 알고 지냈는데, 예수님이 "선지자가 자기 고향과 자기 집 외에서는 존경을 받지 않음이 없느니라"(마 13:57)라고 말씀하신 것이 생각났다. 어느 모로 보나 우리는 우리 고향에 갔다. 나는 몇 가지 지식의 말씀을 주었는데, 그 모임에서는 아무 반응이 없었다. 그래서 나는 하나님 아버지께 더 나아가 여쭈어보아야 했다. 하나님은 오른쪽 뺨에 상처와 통증이 있는 어떤 사람에 대해 말씀을 주셨다. 주님이 더 많은 것을 내게 보여주셨으므로, 나는 보여준 모습이 바로 그 자신이라고 부정할 수 없을 때까지 크게 말하였다. 나는 그 사람은 여자이고 그 상처는 사고 때문에 생겼다고 말했다. 그녀는 자전거를 타고 있었는데, 나무 아래로 지나가다가 밑으로 쳐진 나뭇가지에 얼굴을 맞게 된 것이다.

어떤 경우에는 주님이 치유하고 싶으셨던 것이 무엇인지 잊어버렸지만, 그것이 그들 자신을 위한 것임을 부인할 수 없을 때까지 계속 정보를 제공해야 했다. 그는 주 후반까지도 이 자리에 올 것을 결정하지 않았다고 말했다. 그때 나는 사실 그가 바로 그날 오후에 오기로 결정했다고 설명했다. 그런데도 그들은 여전히 반응하지 않았다. 그들이 주최자에게 전화하여 저녁 마지막 티켓을 구했다고 덧붙인 후에야 그들은 하나님이 그들에게 말씀하시고 치유하고 싶어 하신다는 사실을 받아들였다.

우리는 기도팀에게 그들이 받은 말씀에 대해 주님께 이야기하고, 꼭 더 지켜보라고 가르친다. 그래서 하나님이 그들의 문제를 해결해주실 것을 확신하고 있는 사람에게 의심을 덜어줄 수 있도록 한다. 이것은 지식의 말씀이 한 사람 이상에게 관련될 수가 없다고 말하는 것이 아니다. 최근 미국에서 모임이 시작되기 전에 우리는 그들의 리더들과 기도팀과 함께 기도 시간을 갖고 있었다. 그때 한 젊은 여성이 모임에 참석한 사람 중 오른쪽 무릎에 문제가 있는 사람이 있다고 말했다. 나는 그녀를 말리면서, 그런 말은 아마 그 자리에 참석한 사람 중 적어도 6명은 포함할 것이라고 말했다. 우선 나는 그녀에게 그것이 여자가 아닌 남자와 관련이 있음을 알고 있다고 말했고, 그래서 그녀가 그에 대해 더 말할 수 있는 것이 무엇인지 물었다. 그녀는 잠시 당황했지만, 잠깐 기도하고 나서 그 사람은 남자인데 키가 194센티미터라고 말했다. 나는 사역 시간에 한 남자가 나에게 와서 자기 키가 194센티미터인데 오른쪽 무릎에 문제가 있다고 말했을 때 놀라지 않았다. 주님은 그를 즉시 고쳐주셨다.

휴스턴에서 '자유를 외치라'

/

첫 번째 행사 때 겸손한 하나님의 사람인 닥터 로렌스 홀(Laurens Hall) 목사님이 우리를 텍사스 휴스턴에 있는 성 요한 신성한 성공회 교회(St. John the Divine Episcopal Church)로 초대했다. 그분은 우리에게 며칠 먼저 오라고 부탁했다. 그것은 우리에게 그 교회의 기도팀과 함께 참여할 사람들을 만나게 해주려는 것이었다. 나와 아내는 아무도 불쾌하게 하고 싶지 않지만, 금요일 저녁 첫 번째 시간이 끝날 때까지 집회에 참석할 사람 중 우리의 호스트인 제이 비(J. B.)와 엘렌 멀레이(Elen Mallay)를 제외하고는 아무도 만나서 사귀지 않는 것이 좋겠다고 대답했다. 이렇게 하는 이유는 우리가 지식의 말씀을 가지고 집회에 도착하여 바로 첫 시간에 전달할 것을 생각했기 때문이다. 그 말씀을 우리가 미리 만난 사람 중 누군가에게 먼저 주거나, 혹은 우리가 전하는 말이 교회가 준비한 집회 전 모임에서 얻은 정보에 근거한 것이라고 오해할 수 있는 아무 여지도 남기고 싶지 않았기 때문이다. 나는 우리가 내린 이 결정을 아주 기뻐하였는데, 이유는 곧 나올 것이다. 이 사역은 9월에 있었고, 나는 다음과 같은 말로 집회를 시작하였다.

텍사스 방문을 위해 준비하고 있던 7월의 아침 묵상 시간에, 제 마음에 8월 한 달 동안 매주 월요일과 수요일 그리고 금요일은 빵과 물만 먹어야겠다는 생각이 들었습니다. 저는 그 생각을 받아들였습니다. 제가 아내에게 말하자 그녀는 의문을 가졌습니다. 그녀는 "빵 위에 무언가 없어도 될까요?"라고 물었습니다. 8월 2일 월요일 점심시간이 되었을 때 저는 하나님이 마른 빵이라고 말씀하지 않으셨으니, 저지방 스프레드를 발랐습니다. 그러나 아내가 곧 여러분에게 말하겠지만, 우리가 사역을 위해 준비하려고 미션을 위한 주제와 개인 사역을 위한 표제를 이미 생각해두었는데도 자료를 쓰려고 하면 찾을 수가 없었습니다. 영국에서는 햇빛이 쨍쨍한 날이 아주 귀하고 드문 일인데, 저는 적어놓은 제목을 다시 읽고 말씀을 읽으며 다른 사람들의 말을 경청했지만, 마음이 점점 더 절박해지면서 무언가 꽉 둘러싸인 것처럼 저를 두렵게 하는 것이 있다는 생각에 사로잡혀 그 좋은 날을 다 소비하였습니다. 아내는 그것은 아마도 성 요한 신성한 교회가 보내온 편지 표제에 장식된 신학 박사들의 긴 이름 명단일 수도 있겠다고 알려주었습니다. 저는 학적으로 인정받은 신학자들에게 판단받게 된다는 생각에 눌려 있었던 것입니다. 저는 그것을 회개하고 사람을 두려워하는 것과 지배당하는 것에서 자유를 얻어야겠다고 생각했습니다. 저는 덫에 걸린 느낌이었습니다.

8월 3일 화요일에 저는 '자유'라는 주제로 몇 년 전에 준비해 말씀을 적어놓은 노트를 펴 보았습니다. 거기서 강조하는 한 내용이 그 페이지에서 저에게 튀어나와 '나를 읽어라'라고 말하며 라스베이거스 정도는 아니지만, 뉴욕의 타임즈 스퀘어나 런던의 피커딜리 서커스의 반짝이는 네온사인처럼 깜박였습니다. 그것은 이사야 58장 6절 말씀이었습니다. "내가 기뻐하는 금식은 흉악의 결박을 풀어주며 멍에의 줄을 끌러 주며 압제 당하는 자를 자유하게 하며 모든 멍에를 꺾는 것이 아니겠느냐."

그때 저는 우리가 제자리를 찾고 있다는 것을 알았고, 주님이 '자유를 외치라'는 주제로 말씀하시는 것을 들었습니다. 9절에서 말씀하십니다. "네가 부를 때에는 나 여호와가 응답하겠고 네가 부르짖을 때에는 내가 여기 있다 하리라 만일 네가 너희 중에서 멍에와 손가락질과 허망한 말을 제하여 버리고."

휴스톤에서 나는 "오늘 밤 이곳에 온 분들은 주님께 계속 부르짖었다는 것을 우리는 압니다. 주님은 그 기도를 들으셨다는 것을 여러분이 알기를 원하십니다"라고 말했다. 먼저 도로시는 그녀가 가져온 말씀을 크게 읽었고, 그러고 나서 나는 나의 것을 읽었다.

1) 금발의 긴 머리를 가진 한 여인이 치유하시는 것이 주님의 뜻일 수도 있다는 희망을 품고 있지만, 자신의 경험 때문에 그것을 매우 의심하면서 왔습니다.
2) 검은 머리에 키가 160센티미터인 한 여인은 충격적인 사별을 맞은 후 자신에게는 다시 빛이 있으리라고 믿지 않고 있습니다.
3) 영적으로 많은 중압감을 느끼는 사람이 있습니다. 다독가인 당신은 아는 것이 많고, 성경을 가르칠 수도 있으며, 복음을 전할 수도 있지만, 주님의 평안을 경험하지 못하고, 알지도 못하며, 느끼지도 못합니다. 그리고 당신의 삶을 돌아보면 주님의 임재가 주는 기쁨을 느낀 적이 없어 보입니다. 그러나 주님의 임재 안에는 기쁨으로 충만합니다.

4) 최근에 사업에 실패한 뒤 마음이 아주 강퍅해지고 앙심을 품고 있는 사람이 있습니다. 당신이 그것을 버리고 용서를 구한다면, 마음이 다시 평안해질 것입니다. 실패한 후 당신은 짜증이 매우 많아졌고, 아내와 가족에게 아주 무뚝뚝해졌습니다. 만약 당신이 그 악을 풀어버릴 수 있다면, 석 달 안에 훨씬 더 큰 거래가 있을 것입니다.

5) 왼쪽 팔꿈치가 문제인데, 가운데 하얀 점이 보입니다.

6) 장의 문제가 있습니다. 아래쪽 장인데, 암은 아닙니다.

7) 골다공증, 즉 뼈가 무너지는 것인데, 당신은 어머니가 그 병을 앓으셨기 때문에 당신도 피할 수 없다고 생각합니다.

8) 3번 등뼈와 그 통증은 어깨를 거쳐 오른쪽으로 갑니다.

9) 어떤 사람은 오랫동안 계속 찾고 있었으나, 그는 들은 것 모두를 의심하고 있습니다. 그는 왼쪽 눈의 왼쪽 부분에 염증 같은 것이 있습니다. 그것은 눈꺼풀에 경련이 일어나는 것입니다. 하나님은 그의 의심을 풀어주고 싶으셔서 구체적으로 말씀하고 계십니다.

그 시점에 나는 읽는 것을 중지하고, 눈이 떨리는 사람이 있으면 일어나 주기를 요청하였다. 왜냐하면 하나님이 그의 말을 들으셨음을 확신하고 그가 품은 모든 의심에 대해 안심하기를 원한다면, 그는 그 자리에서 그 문제를 해결할 수 있기 때문이었다. 그 사람이 일어났다. 그리고 그의 눈의 경련이 멈추었다.

또한 그 일은 우리가 교회에 더 일찍 오지 않은 것이 얼마나 옳았는지를 분명하게 확인해주었다. 알고 보니 검은 머리에 160센티미터인 여자가 친구들과 함께 자리에 앉아 있었다. 그 자리에 있던 모든 사람이 그 말씀을 이 여자에 관한 것임을 알아차렸다. 그녀가 고통을 겪은 비극적인 사별이 최근 모든 신문에 보도되었다. 하나님이 그날 밤 그녀에게 말씀하셨고, 그녀는 빛을 향하여 새로운 여정을 시작할 수 있었다. 그녀는 하나님이 자신의 부르짖음을 들으셨다는 것을 알게 되었다. 나중에 나는 그녀가 사건을 심리할 때 법정에 설 수 있었고, 공개적으로 그 가해자를 용서했다는 소식을 들었다.

집회 당시 함께 있었던 몇몇 사람의 논평이 교회 잡지에 실렸다. 당신은 예언적 사역의 효과와 가치가 분명하다는 것을 보게 될 것이다.

비커스 부부의 집회

/

우리 교회는 선교를 할 때마다 '이것이 나를 위한 일인가'라고 자문하는 선언을 합니다. 지난 9월 10-12일 동안 우리 교회에서 '자유를 외치라'는 주제로 세미나를 개최했습니다. 랜돌프 비커스와 그의 부인 도로시가 인도했는데, 주보에는 '풀어지는 주말'로 적혀 있었습니다. 상처와 두려움, 거부감, 버림받은 감정, 육체적 질병과 정서적 고통에서 벗어난 400명 이상의 참석자에게 그 약속은 지켜졌습니다

주말 초에 랜디와 도로시가 그들에게 아무 사전 지식이 없었던 참

석자 중 몇몇 사람에 대하여 예언해주었습니다. 이 예언의 말씀은 치유와 희망 그리고 자유를 얻은 사람들의 다음과 같은 간증을 통해 주말 동안 확증되었습니다.

수 에드먼슨(Sue Edmondson): "어깨와 심장에서 무거운 짐과 슬픔이 풀리는 걸 몸으로 느낄 수 있었습니다. 이제 저는 미소 지으며 행복을 느끼고 있습니다. 그것은 정말 축복이었고 저는 그 축복을 의지할 것입니다."

캐서린 에드먼슨(Katherine Edmonson): "그것은 제 인생에 좋은 것이 존재한다는 확증이었습니다."

성경적 교훈에 기초한 이 강력하고 성령 충만한 사역에서 랜디는 "우리의 자유는 우리가 이룬 것에 있지 않고, 우리 아버지 하나님으로부터 무조건적으로 흘러나오는 사랑과 의미를 받아들이는 것에 있습니다"라고 선포하였습니다.

"우리가 말한 것을 단지 사실로 받아들이지 마세요." 그들 부부는 주말 동안에 이렇게 주의를 주었습니다. "스스로 말씀을 보면서 점검하세요. 그리고 무엇인가 우리가 잘못 말한 것이 있으면 말해주세요. 긍정적이든 부정적이든 피드백을 주시기를 요청합니다."

그들의 메시지는 받아들여졌고, 몸과 마음 그리고 영에 드러났습니다. 성령의 모든 은사가 부어졌고, 각 사람이 구원받았으며, 간구한 사람들에게 방언이 주어졌습니다. 그리고 하나님의 자녀에게 약속하신 자유가 제공되었습니다. 그러나 가장 결정적인 말씀은 복을 받아 그곳에 따라왔던 우리의 친구, 교구 성도 중 몇몇 사람에게 임했습니다.

라나 쇼트(Lana Short): "랜디 목사님께 받은 기도를 통해, 저는 제게 필요한지조차도 몰랐던 내적 치유를 경험하였습니다. 그 순간 저는 자유로워졌습니다. 가르침은 깊이가 있었고, 여러모로 저는 많은 축복을 받았습니다. 그 시간을 통해 하나님은 신비한 방법으로 우리가 알든지 모르든지 우리의 필요를 공급하신다는 것을 알게 되었습니다."

테리 데카르드(Terry Deckard): "'자유를 외치라'는 주제로 랜디와 도로시와 함께한 주말은 저에게 크리스마스 같았습니다. 제가 하나님 아버지에게서 받은 선물을 열자, 그것은 정확히 저에게 필요한 것이었습니다."

베일리(Bailey) 가족: "성령님이 우리 가족을 그분의 치유하시는 은혜로 하나가 되게 하시면서 감싸고 안아주셨습니다. 하나님의 부르심을 각자가 그리고 가족으로서 들을 수 있었습니다. 우리가 서로를 그리고 우리 자신을 용서함으로 용서는 받아들이고 두려움은 떠나보냄으로 하나님 나라를 세울 수 있는 능력을 받았습니다."

레이드 커첸(Raid Kirchen): "우리의 자원을 끊임없이 새롭게 한다는 것은 모든 일에 대해 하나님께 전적으로 의존하는 것입니다. 치유는 서로 수용하는 공동체 안에서 시작됩니다."

밀리 윌슨(Millie Wilson): "제 평생 처음 받은 사랑이 한 주말에 굴러 들어 왔어요."

더 반 나타(The Van Natta) 가족: "금요일 밤 기도회에 참석했던 저의 두 딸 레이첼(Rachel)과 레베카(Rebekah)가 성령으로 충만해졌습니다. 이것은 우리 부부가 함께 누릴 수 있는 가장 큰 축복이었습니다. 아이들은 그들의 친구들에게 주저하지 않고 그 주말에 일어난 일에 관해 이야기하고 있습니다. 하나님의 나라를 위해 일어선 두 아이입니다."

샌드라 스펜서(Sandra Spencer): "엄청난 능력이 임한 주말이었습니다! 축복으로 가득하였습니다. 성령님이 모든 사람을 위해, 바로 거기에 계셨습니다. 정말 최고였습니다."

이본 하이네(Yvonne Heine): "저는 부드럽게 제 발이 들어 올려지면서 특별한 축복을 받았습니다."

리 보너(Leigh Bonner): "그것은 각 사람의 믿음만큼이나 아주 개인적이었습니다."

나와 도로시가 받은 다른 평가는 다음과 같다.

비커스 부부는 조용하지만 권위 있게 말씀을 전했고, 놀라운 통찰력으로 사역해주었습니다. 그들이 전한 말씀을 들었던 주말은 너무 값진 시간이었고, 그들의 방문으로 우리 삶의 방향이 크게 바뀌었습니다.

저는 하나님이 우리를 사랑하신다는 것을 알고, 우리가 사는 동안 함께 하기 원하신다는 것을 알지만, 금요일 밤에 저는 그분이 우리의 생각과 걱정을 아시고 돌보신다는 것은 처음 배웠습니다. 하나님은 비커스 부부를 저에게 위로와 확신의 말씀을 주시려고 보내주셨습니다.

하나님은 그 순간 제가 들어야 할 말씀을 정확히 아시고 랜디를 통해 직접 말씀하셨습니다. 얼마나 대단한 축복입니까! 얼마나 대단한 선물입니까!

나는 특히 주일 저녁 교회에서 사역한 시간에 참석했던 엘렌(Ellen)이라는 젊은 기혼 여성을 기억한다. 그녀의 남편도 같이 있었다. 내가 주님이 말씀하신 것을 그녀에게 전하자 그녀는 하나님의 임재에 압도되었고, 바닥에 누워 있을 때 아주 큰 소리를 지르면서 자유롭게 되었다. 그녀는 작은 체구의 여성이었으나, 그 이후 나에게 편지를 쓸 때마다 자신을 '큰 폐를 가진 작은 여자'라고 불렀다. 왜냐하면 자기에게서 나온 큰 목소리에 자신도 놀랐기 때문이다. 그후 그녀는 한 알파 코스에서 간증을 하였다. 그녀가 남편에게만 들려준 그날 밤의 모든 일에 대해 나누기를 원했다고 했다. 그녀는 "랜디는 자기가 어디에서도 알 수 없었던 것들에 대해서 말했다"는 것을 강조하며 자세히 간증했다.

집에 도착한 직후 한 여인에게서 다음과 같은 편지를 받았다.

저의 설득으로 제 남편 빌(Bill)은 랜디에게 자신의 다리와 발의 혈액 순환을 고쳐달라고 요청하였습니다. 혈류를 조절하는 판막이 혈액을 '뒤로 돌아가게' 하여 심각한 하지정맥류를 일으켰고 발이 변색되었습니다. 당신이 기도한 후 월요일에 오른쪽 다리가 90퍼센트 개선되었고, 가장 심했던 왼쪽 다리는 60퍼센트가 좋아졌습니다. 화요일에는 남편이 직장에서 전화를 걸어 말했는데, 자기 다리가 훨씬 나아진 것

외에도 열아홉 살 때 교통사고를 당해 불룩하게 튀어나온 흉터가 다른 쪽 다리와 완전히 일치되도록 평평해졌고, 붉은색과 보라색의 절개 부위가 매끄러워지고 피부색도 밝아졌다고 말했습니다. 하나님을 찬양합니다! 이건 보너스예요!

2003년, 휴스톤에 다시 가다

우리는 2003년에 휴스턴에서 열리는 치유 집회를 인도해달라는 초대를 받았다. 나와 아내는 우리를 가기를 원하시는지 주님께 여쭤보았다. 우리 둘 중 아무도 주님이 주시는 확증을 받았다는 깨달음 없이 몇 달이 흘렀다.

2002년 12월에 크리스마스를 준비하고 있었는데, 초청받은 대로 하나님은 우리가 휴스톤으로 가기를 원하신다는 것과 '기쁨으로 풀어짐'을 주제로 삼아야 한다는 것을 나는 분명하게 알게 되었다. 이제 나는 집회에서 무엇을 가르쳐야 하는 줄도 알게 되었다. 성경에서 밝혀진, 그리고 나 자신과 수많은 성도의 경험에서 확인되는 가장 크고 중심되는 진리였다. 하나님은 세상을 창조하시기 전에 우리를 선택하셨다(참조. 엡 1:4). 하나님의 창조에서 기본 선(goodness)이 타락의 끔찍한 영향으로 손상되었으나, 참 하나님이시고 참 사람이신 예수님을 통해 누구든지 놀라운 회복을 누릴 수 있게 되었다. 빛을 주시는 빛이요(참조. 요 1장), 하나님의 영광의 광채(참조. 히 1장)이신 예수님에 관해 말씀을 전하면서 나는 말했다. "그분의 생일을 축하하는 것은 새로 시작하는 소망의 시간입니다. 예수님의 생일이 우리에게 주는 의미가 그것입니다. 그래서 여러분이 제가 전하는 예수님을 알지라도 기운이 없고 우울하며 비참하고 아프며, 새해에 혹은 어느 해라고 해도 별 소망이 없다면, 오늘 밤 지금이 변화되어야 할 시간입니다."

주님이 나에게 더 말해야 할 것을 보여주셨다. "우리가 예수님의 생일을 축하하기 위해 크리스마스까지 기다려야 할 필요가 없다는 것이 아니라, 새로운 시작을 하는 이 시간은 새해에 하는 결심과는 다르다는 것입니다. 그것은 '새로 단장한 두 번째 기회'와 같은 것이 아닙니다. 내적 치유 사역을 할 때 저는 이삿짐 트럭의 그림을 사용하는데, 측면에 '하나님과 그분의 아들이 하는 수리'라고 페인트가 칠해진 것입니다. 이는 하나님은 완전히 부수는 일을 하시지 않고 수리하시는 분임을 설명하기 위해서이지만, 하나님은 이것이 부분적으로만 옳다고 보여주셨습니다. 하나님은 원본을 만드시는 분입니다. 우리가 다시 태어나면, 새 창조물이 된다고 말씀하셨습니다."

나는 성령으로 거듭날 때 일어나는 새로운 창조에 대하여, 그 후 우리 것이 되는 참 소망에 대하여, 그리고 하나님과 공유하는 놀라운 영생의 말씀을 전했다. 그리고 그리스도 안에서 누리는 삶의 참 기쁨과 오늘날 기쁨이 없는 많은 삶에서 보았던 절박한 기쁨의 결핍과 대조했는데, 그들은 다른 경로로 기쁨을 채워보려고 시도했으나 공허함을 발견하게 되었다.

나는 마약 중독에 빠졌던 사람의 투쟁에 대해 언급했다. 그런 다음 모든 사람에게 도전을 주고 생명을 주는 교육을 하였다. "끝으로 형제들아 무엇에든지 참되며 무엇에든지 경건하며 무엇에든지 옳으며 무엇에든지 정결하며 무엇에든지 사랑 받을 만하며 무엇에든지 칭찬 받을 만하며 무슨 덕이 있든지 무슨 기림이 있든지 이것들을 생각하라 너희는 내게 배우고 받고 듣고 본 바를 행하라 그리하면 평강의 하나님이 너희와 함께 계시리라"(빌 4:8-9). "위의 것을 생각하고 땅의 것을 생각하지 말라"(골 3:2).

얼마 전 중독자들을 위한 주말 사역에서 주님이 헤로인 중독자인 한 젊은 여성에게 말씀을 주셨다. 나는 그 여성에 대해 전혀 몰랐다. 그래서 적절한 때(친교를 나누던 중) 나는 그녀에게 다가가 딸에 대해 더는 걱정할 필요가 없으며, 딸은 주님과 함께 있고 행복하므로 더는 슬퍼할 필요가 없다고 말해주었다. 그러자 그녀는 눈물을 펑펑 쏟았다. "제게는 어린 아들이 있어요. 그런데 제게 딸이 있었는지도 모르겠어요." 나는 '아이고, 내가 하나님의 말씀을 잘못 들었나?'고 생각하였다. 그러나 그녀는 계속 말했다. "그것은 저의 실수였어요. 제가 아기를 가졌었는데, 제 실수로 아이를 잃었어요. 지금까지 그 아이가 딸이었는지 몰랐어요."

나는 그녀에게 말했다. "주님이 당신의 슬픔과 회개를 들으셨고, 당신이 용서받았다는 것을 알기를 원하십니다. 당신은 그 용서를 받아들일 수 있겠습니까?" 그러나 그녀는 고통과 슬픔에 파묻혀 그렇게 할 수가 없었다. 이상하게도, 그 주말에 여태까지 해보지 못한 무언가를 하도록 나는 감동이 되었다. 그때 나는 자주 가지고 다니는 기름뿐 아니라, 약간의 물을 병에 담아 축복하고 나서 가지고 있었다. 나는 그녀에게 꼬마 딸을 어떻게 부르면 좋겠는지 물은 다음, 딸의 이름을 지금 짓기를 원하는지 물었다.

"오, 그럼요" 하며 그녀는 동의하였다. 그녀가 아기의 이름을 부르자, 나는 거룩한 물을 그녀의 머리에 부었다(고린도전서 15장 29절에 죽은 자를 위해 세례를 받은 사람이 있다는 내용이 떠올랐다). 그리고 그녀가 서원한 서약을 풀어달라고 하자, 나는 그녀에게 기름을 부었다. 그때 우리는 이사야 61장 1-3절 말씀이 그 방과 그녀에게 나타나는 것을 보았다. 하나님의 영이 우리 위에 있었다. 그녀 곧 고통받는 자가 복음을 받아들였다. 자신의 슬픔에 갇혀 있던 그녀가 자유로워졌다. 슬퍼하던 여인이 위로받고, 슬픔대신 기쁨의 기름을 받았다. 찬양의 휘장이 그녀를 덮었다. 아름다운 미소가 그녀의 얼굴에 번져갔고, 그녀는 기쁨을 억누를 수가 없었다. 그녀는 적어도 30분 동안 쉬지 않고 웃었고, 그다음에는 하루 종일 간격을 두고 웃었다. 가르침은 계속되었다.

이것이 휴스턴에서 이번 주말에 보낸 내용입니다. 이것이 바로 우리가 이곳에서 볼 것입니다. 여러분은 '그러나 나는 기뻐하기에는 너무 약하고 비참하고 우울해'라고 생각할지도 모릅니다. 그렇지만 주님의 기쁨이 여러분의 힘이고, 요새이며, 안전한 항구입니다.

우리는 회개하는 한 사람(죄인)으로 인해 하나님이 천사들과 함께 기뻐하신다는 것을 압니다(참조. 눅 15:10). 우리는 모두 죄인입니다. 우리가 회개하게 되면, 오늘 밤 하늘에서 우리로 인해 기뻐하실 것을 생각해보십시오. 그리고 그 기쁨, 여러분이 만들어낸 불쌍한 기쁨이 아니고 주님의 기쁨이 여러분을 가득 채우실 것입니다. 맞습니다. 여러분은 지금 너무 약합니다. 그러나 여러분 안에 사시는 분은 어떻습니까? 하나님이 여러분 안에 사십니다. 그 안에서 기뻐하세요, 그러면 강하고 모든 능력 위에 뛰어나신 그분이 여러분의 힘이 되실 것입니다. 이것은 자연적인 기쁨이 아니고 세상의 힘도 아닙니다.

여러분은 '그러나 나는 너무 답답해'라고 말합니다. 여러분이 경험한 방법으로 중생을 경험하는 기쁨을 누리지 못했던 이사야도, "너희가 기쁨으로 구원의 우물들에서 물을 길으리로다"(사 12:3)라고 말했습니다. 그리고 다윗은 시편 51편 12절에서 이렇게 말했습니다. "주의 구원의 즐거움을 회복시켜 주시고 자원하는 심령을 주사 나를 붙드소서."

만약 여러분이 구원받았는지 아직도 모르겠다면, 오늘 밤 그것을 확인하세요. 주 예수님께 오시도록 요청하시고, 바로 지금 예수님이 당신 마음의 주인이 되게 하십시오.

기쁨의 유산은 그리스도인의 타고난 권리입니다. 여러분은 누가 혹은 무엇이 여러분의 그 귀한 특권과 유산을 도둑질하도록 두시겠습니까? 만약 여러분이 힘든 자리나 끔찍한 상황에 있다면, 소망 안에서 크게 기뻐하십시오. 소망 안에서 기뻐하고 고통 중에 참으며 기도에 충실하시기를 바랍니다.

그 후 나는 참석한 사람들을 회개의 시간으로 초대했다. 우리는 기도했고, 로마서 15장 13절 말씀으로 결론을 내렸다. "소망의 하나님이 모든 기쁨과 평강을 믿음 안에서 너희에게 충만하게 하사 성령의 능력으로 소망이 넘치게 하시기를 원하노라."

토요일 오전 시간 마지막에, 우리가 예언적 사역을 하겠다고 광고하였다. 나와 아내는 주님이 하기 원하시는 특별한 것에 대해 여쭈었다.

나는 언제나 죽고 싶어 했던 여인에 관한 말씀을 받았다. 이것을 선포한 뒤 복도 뒤쪽에 앉아 있는 한 나이 든 여성에게 인도되었다. 주님은 나에게 그녀가 겪고 있는 공허함과 외로움과 사랑받지 못한 것에 대해 더 많이 보여주셨다. 내가 말하자 그 여인은 울기 시작했고, 그녀와 같이 있던 딸도 함께 울었다. 그녀는 다발성 경화증과 우울증 진단을 받았다고 말했다. 나는 그 원인이 아주 깊다는 것을 알았다. 성령님이 그녀에게 상한 마음이 있고, 남편과 자녀들이 있지만, 어떻게 사랑해야 할지 또 어떻게 사랑받아야 할지 모르고 있다고 알려주셨다. 그때 그녀가 나에게 자신의 이야기 중 일부를 들려주었다. 그녀는 쌍둥이였지만, 그녀의 쌍둥이 남자아이는 태어나기 몇 달 전 자궁 안에서 죽었다. 그녀가 태어나기 전 이미 세 딸이 있었던 그녀의 부모님은 오랫동안 아들을 기다리고 있었다. 그런데 아들이 죽자, 부모님은 이 딸을 완전히 거절하였다. 병원에서도 부모님은 그 딸과 아무 관계가 없는 것처럼 행동해서, 그녀의 삶은 완전히 거절된 상태로 지속되었다. 그녀는 지금까지 살아오는 동안 아침에 일어날 때 살아 있는 것이 미안하지 않은 날이 단 하루도 없었고, 죽고 싶지 않다고 생각한 날도 단 하루도 없었다고 말했다.

나는 그녀의 깨지고 활기 없는 영에 생명을 불어넣기 시작하였다.

나는 남동생과 부모님과의 잘못된 영혼의 유대, 영적 유대, 세대 간의 유대에서 그녀를 해방시키고, 동생의 영혼을 하나님 아버지와 예수님의 복된 보살핌에 맡겼다. 나는 자궁에서부터 지금까지 때때로 그녀와 함께했던 죽음의 영을 꾸짖었고, 그녀가 생명을 선택하고 있기 때문에 떠나라고 명하였다(참조. 롬 8:2, 신 30:19). 나는 예수님께 그녀의 출생 시간을 지금 천국으로 가져가 주시고, 거절과 두려움이 없는 곳에서 그 여인을 받으시며, 안전하게 그녀를 안으시는 그분의 임재와 사랑의 자리로 데려가 주시기를 간구하였다. 그녀에게 깨지고 찢어진 마음 대신, 받은 사랑이 새어나가지 않는 크고 촉촉한 새 마음, 즉 회복된 마음을 주시기를 간구하였다. 아버지께 당신의 사랑으로 그녀의 새 마음을 채우기 시작하시도록 기도한 후, 이 사랑은 오직 당신만을 위한 것이라고 그녀에게 말했다. 그 사랑이 넘쳐흐르자, 그녀는 다른 사람들과 그것을 나눌 수 있었다. 나는 하나님이 잔잔한 물가 옆에 생명의 큰 잔치 식탁을 준비하셨다고 그녀의 영에 선포하였다(시 23편). 그 식탁은 그녀만을 위한 놀라운 것으로 가득한데, 그것을 그녀가 넘치는 사랑으로 다른 사람들과 나눌 수 있다고 말해주었다. 단, 그것은 오직 그녀만의 것이었다.

그녀의 눈은 반짝이기 시작하였다. 그녀의 얼굴은 편안해졌고, 죽은 사람 같았던 창백함이 사라졌다. 그녀의 입은 부드러워지기 시작했다. 그녀는 자기를 상처 입힌 모든 사람을 용서하였고, 나를 올려다보더니 예수님을 선택하고 생명을 선택하고 싶다고, 그녀의 삶에서 처음으로 살고 싶다고 말했다.

그녀의 딸은 변화된 '새로운' 엄마를 보면서 기쁨의 눈물을 흘렸다. 그녀의 딸은 내게 엄마의 이름을 아느냐고 물었다. 내가 모른다고 하자, 딸은 엄마의 출생 당시 이야기를 더 많이 들려주었다. 병원에서는 부모와 전혀 연락이 되지 않았기 때문에 간호사들은 아기를 부를 이름, 즉 서류에 기재할 이름이 필요했다. 꽃다발과 함께 '기쁨으로 받으세요'라는 글귀가 적힌 카드가 있었는데, 이것을 본 간호사들은 그녀를 조이(Joy, 기쁨)라고 불렀고, 그 이름이 평생 그녀의 이름으로 남게 되었다. 우리는 오늘 기쁨으로 풀어진 삶을 확실히 보았다. 하나님이 나에게 있으라고 하신 바로 그 자리에 있었다는 것을 알게 된 멋진 시간이었다. 집회를 위해 미리 주어진 주제인 '기쁨으로 풀어짐'이 눈앞에서 이뤄지는 것을 우리는 목격했다.

점심 식사 후 조이는 일어서서 간증하였다. 그녀의 친구들은 그 시간 이후 그녀의 인생에 일어난 극적인 변화에 대해 우리에게 알려주었다.

예언적으로 만지는 삶에 대한 추가 간증

예언적 사역은 치유의 영역뿐만 아니라, 삶의 많은 영역에도 관여한다. 그것에 관해 베거즈 루스트에 왔던 샌드라(Sandra)의 사례가 있다. 그녀는 나중에 이렇게 썼다.

1998년 저는 엄마를 모시고 센터로 왔습니다. 엄마는 그리스도인이 아니었습니다. 엄마는 예배 초반에 랜디가 하는 말을 들었습니다.

"여기 지금 소송을 앞두고 있는 사람이 있습니다. 주님이 말씀하시기를 '걱정하지 말아라. 다 정리되었다'라고 하십니다." 저는 개인 상해 보상을 청구하는 법정 소송이 계류 중이었기 때문에 기도하고 있었습니다. 상대방이 보상금을 주려 하지 않아서, 제 변호사는 소송을 하자고 권했습니다. 그 사고가 저의 실수가 아닌데도, 저는 법정에 출두해야 했고, 그것은 생각만으로도 무서웠습니다.

예언의 말씀을 받고 3주 정도 지났는데, 변호사는 제게 전화를 해서 상대방이 보상금 제안 계획안을 가지고 다시 왔다면서, 믿을 수 없는 일이라고 했습니다. 변호사는 그들이 자발적으로 얼마를 제의했는지를 보고 깜짝 놀랐다고 했습니다. 저는 변호사에게 저를 위해 그 일이 다 해결되었고, 그들이 제안한 액수를 받아들여야 한다는, 제게 주신 하나님의 말씀을 전했습니다. 그런데도 저의 변호사는 여전히 제가 법정으로 가야 한다고 주장했습니다. 그래서 저는 다시 그에게 하나님이 말씀하시기를 이 일은 해결되었고, 그래서 받아들여야 한다고 말했습니다. 이후 변호사가 상대편에게 무엇이라고 말했는지는 모르지만, 그들은 처음보다 더 많은 보상비인 470파운드를 적은 제안서를 보내왔습니다. 랜디와 도로시, 제가 법정에 가지 않았는데도 하나님이 우리를 위해 조정해주신 그 액수는 변호사가 말한 우리가 받을 수 있는 금액과 같았지만, 만일 법정에 갔다면 추가 비용으로 470파운드보다 더 들었을 것이라는 사실을 꼭 알려드리고 싶었습니다.

7장

기본을
가르치기

펌킨 타운(Pumpkin Town) '부흥'과 '치유하는 산'

/

펌킨 타운은 이제부터 많이 나오게 될 '치유하는 산' 가까이 있는 공동체 이름이다. 사우스캐롤라이나로 가기 2년 전, 목사이며 박사인 팸 코울(Pam Cole)과 엔지니어인 그녀의 남편 로비 코울(Robbie Cole)은 라레도에 있는 장로교회 집회와 텍사스의 타일러에 있는 예수전도단 본부에서 열린 집회 외에 여러 모임이 있는데도, 우리 집회에 참석하기 위해 그들의 귀한 시간을 내주었다. 그들은 베거즈 루스트에 대한 우리의 이야기와 1991년 시작한 이래 하나님이 그곳에서 행하신 모든 일에 호기심이 있었다. 주님이 우리에게 주신 치유 사역을 통해 그리스도의 몸을 격려하라는 비전이 그들에게 강하게 와 닿았고, 그들도 이 일에 부름받았다는 것을 알았다. 그래서 그들은 우리가 방문해주기를 원했고, 그곳에서 치유 사역을 시작하기를 하나님이 원하신다고 느껴져서 우리를 초대하였다.

그들은 자신들의 이야기를 일부 사용하는 것을 허락해주었다. 팸이 보낸 이메일의 내용은 다음과 같다.

당신의 책을 읽는 것이 얼마나 기쁜지 모릅니다. 그 책의 한 부분을 담당하게 되는 것 또한 너무나 흥분됩니다. 당신들이 우리를 방문해준 것은 우리에게 너무나 중요한 일이었습니다. 그리고 남편은 우리가 당신들을 만나기 위해 텍사스로 간 것이 우리 삶에 큰 전환점이 되었다고 거듭 말합니다. 저는 여전히 하나님이 '치유하시는 산'을 당신의 자매 사역으로 삼기로 작정하셨다고 믿습니다.

팸과 로비는 그들의 집과 새로운 사역을 시작하려고 약 16만 제곱킬로미터에 이르는 산을 샀다. 로비는 혼자 집을 디자인하고 그의 힘으로 다 지었다. 사실이다! 그는 집 짓는 사람들을 돕는 정도가 아니라, 자신이 짓는 사람이었다. 내가 '치유하는 산'이라 부르는 집은 아주 아름답고 신기한 나무로 덮여 있다. 하나님은 그들에게 말씀하셨을 뿐만 아니라 거대한 프로젝트의 일부가 될 그들을 준비시키느라 바쁘셨다.

에이미(Amy)의 비전

/

에이미는 말과 어린이를 사랑하는 간호사다. 그녀는 빈곤 가정의 어린이들과 장애아들이 말과 친구가 되고 승마를 배우며 잠시라도 자유롭게 쉴 수 있는 승마 센터를 짓는 것이 비전이다. 에이미는 매우 불행한 여러 사건을 겪었지만, "하나님을 사랑하는 자 곧 그의 뜻대로 부르심을 입은 자들에게는 모든 것이 합력하여 선을 이루느니라"(롬 8:28)

라는 말씀을 하나님은 그녀의 삶에 이루셨다. 에이미는 자신의 꿈을 실현할 수 있는 후원을 받게 되었다. 그녀는 자신의 꿈을 이룰 만한 장소도 있다고 생각했지만, 뜻대로 되지 않았다. 그동안 팸과 로비는 소유주가 그 땅을 개발하는 비용을 절감하기 위해 더 많은 넓이의 산을 사야 한다는 내용에 서명했다. 에이미가 원했던 장소를 구하지 못하자, 그녀는 그 산에 관심을 갖게 되었다. 그녀는 팸과 로비가 필요로 하지 않는 땅과 더 많은 땅을 소유주에게 살 수 있었다. 그래서 그녀는 대규모 마구간 단지뿐 아니라, 야외와 지붕이 있는 거대한 경기장을 지을 수 있을 만큼 충분한 대지를 소유하게 되었다. 그 규모는 올림픽 승마 시합을 위한 경기장보다 더 커 보였다. 2층은 강의와 사역을 진행할 큰 회의실을 두고, 3층은 매니저를 위한 크고 좋은 아파트로 꾸밀 예정이었다. 에이미는 산에 있는 다른 땅에 승마를 위한 작은 길들을 만들 수 있어서, 그녀의 이웃인 팸과 로비 그리고 치유 사역 동료인 다른 그리스도인 친구들과도 문제없이 지낼 수 있을 것이었다. 마이크(Mike)와 엘런 존슨(Ellen Johnson) 그리고 수(Sue)와 스콧 에드가(Scott Edgar)가 땅의 많은 부분을 샀고, 지금은 나무들 사이에 집을 지을 계획을 세우고 있다. 주님은 이 모든 일을 통해 함께 동역할 훌륭한 팀을 만들고 계셨다. 주님은 에이미에게 새 남편을 주셨고, 팸은 우리가 도착한 주간에 그 산에서 그들이 결혼할 수 있도록 인도하였다. 소아과 의사인 게리 구들록스(Gary Goudelocks)와 에이미는 그들이 결혼한 자리에 교회를 지으려고 한다.

팸은 우리에게 사우스캐롤라이나로 와서 헛간에서 사역을 시작하도록 도와달라고 요청했다. 그때 수가 헛간이 아직 완성되지 않았으며,

붉은 진흙으로 둘러싸여 있고, 여전히 말들이 차지하고 있다는 소식을 편지로 알려주었다. 우리가 어떻게 그곳으로 걸어 들어갈지 확실하지 않았다. 그러나 로비가 사륜구동차로 그들이 사랑하는 산 위로 우리를 태우고 가는 동안 너무나 웅장한 건물을 보고 너무 놀란 우리는 숨을 헐떡거렸다. 영국인인 우리는 '헛간'을 판자로 벽을 세우고 판자 사이에 틈을 내어 찬바람이 잘 통하도록 하며, 물결 모양의 철제 지붕을 덮은 것으로 생각하고 있었다. 그러나 우리의 상상과는 정반대로, 그 헛간은 말과 건초를 타는 시설을 갖춘 멋진 승마장이었다.

나와 아내는 그 주간 동안 예수님의 치유 사역에 관한 기본 원리를 가르쳤는데, 이번 7장에 나오는 내용 중 일부가 그 강의에 기초한 것이다. 테러리스트들이 미국을 공격한 날인 9월 11일, 그 영원히 기억되는 화요일에, 우리 그룹은 모두 아이들과 함께 온 데일(Dale)과 메리 영스(Mary Youngs), 신디(Cindy)와 그녀와 함께 라레도에서 우리와 함께하려고 이곳에 온 사람들과 노스캐롤라이나주에 있는 몬트리트로 올라가기로 계획을 세우고 있었다. 몬트리트는 빌리 그레이엄의 집으로 유명하다. 그리고 대형 장로교 대학도 있다. 그날은 그 후의 많은 날과 마찬가지로 뉴욕, 워싱턴 그리고 펜실베이니아에서 일어난 사건들로 가려졌다.

아침에 몬트리트 북쪽으로 차를 타고 출발하기 전에 우리는 모두 에이미의 집에서 만났다. 우리는 비행기가 뉴욕의 쌍둥이 타워에 충돌하는 장면을 시청하면서 너무나 놀라고 공포에 질린 채 앉아 있었다. 처음에는 우리가 보고 있는 화면이 애니메이션 영화이기를 간절히 바랐고, 이것이 실제 상황이라는 것을 알면서도 지금 벌어지고 있는 일이라고는 도저히 믿을 수가 없었다. 조용하고 안전한 사우스캐롤라이나 부엌에는 한동안 경악과 혼란이 소용돌이쳤다. 우리가 무엇을 할 수 있는가? 우리가 무엇을 해야 하는가? 무엇을 하는 것이 옳은 것인가? 아이들은 그날 계획했던 외출을 기대하면서 이리저리 뛰어다녔다. 우리는 무거운 마음으로 차에 시동을 걸고 몬트리트로 출발했다. 우리 중 몇 사람은 아이들이 없는 차에 타고 있어서 라디오로 계속 뉴스를 들을 수 있었다. 좀 더 확실한 뉴스가 계속 보도되어 사건의 상세한 내용을 알 수 있었다. 참 이상했다. 꼭 평행선 세계에 사는 것 같았다. 왜 그런지 모르지만, 우리는 각각 다른 두 편으로 나뉘어 있는 것 같았다. 한편은 아름답고 훼손되지 않은 캐롤라이나 시골길을 가로질러 운전하고, 캐롤라이나 장로교 신학교의 고요한 운동장을 걸으며, 아이들에게 가장 적합한 점심 식사 장소나 화장실을 찾는 등 일상적인 일에 집중하려고 노력했다. 그러나 동시에 우리의 다른 편은 북쪽 주에서 일어난 테러로 미국의 생존에 대혼란이 일어나고 있음을 날카롭게 인식하고 있었다.

저녁에 도로시가 '하나님 안에서 우리가 누구인지를 아는 것'에 대해 강의했는데, 그 강의는 정말 적절했다. 우리는 상처 입은 수많은 사람의 혼과 영을 위해 기도하며 사역할 수 있었다.

테러로 인한 큰 소용돌이 때문에, 우리는 토요일에 라레도로 돌아가기로 했다. 팸은 장로교 노인 요양원에서 빌릴 버스 대금을 협상하였다. 15인승 버스였는데, 지역 주민들이 쇼핑하러 시내로 나가거나 외출할 때 실어 나르기 위한 것이었다. 그러므로 어른 7명과 어린이 7명을

24시간 안에, 4개 주를 지나 2,400킬로미터를 여행하기 위한 버스는 아니었다. 그러나 로비와 팸, 데일이 교대로 운전하기로 하고, 우리는 에이미의 집에서 토요일 아침 9시에 출발하여 주일 아침 10시에 데일의 집에 도착하는 장거리 여행을 시작했다. 우리는 사우스캐롤라이나 주의 이즐리에서 텍사스주의 라레도까지 먹는 시간과 화장실 가는 시간을 빼고는 쉬지 않고 달렸다.

치유 사역을 위한 세 가지 기본

우리가 겪었던 일들을 생각해보면, 당신은 우리가 사우스캐롤라이나를 방문했던 기억이 얼마나 생생할지 유추할 수 있을 것이다. 우리가 방문한 목적은 우리 친구들이 그리스도의 치유 사역을 그곳과 그 주위에서 시작해 계속할 수 있도록 기본 개념을 가르쳐주기 위해서였다. 그러므로 우리가 베거즈 루스트에서 가르칠 때는 '기독교 치유의 9가지 기본 모듈'을 우선으로 하지만, 그중 우리가 펌킨 타운에서 가르친 세 가지만 간단히 살펴보기로 하자.

1. 치유를 원하시는 하나님의 본성과 뜻을 아는 것

당신은 성경에 기록된 가장 큰 치유 사건이 무엇인지 아는가? 내 생각에는 우리에게 출애굽기 15장보다 더 많은 증거가 없더라도, 당신의 백성을 향한 하나님의 뜻은 그들이 그분의 말씀에 순종할 때 고침을 받는 것이다. 히브리인들은 여러 세대를 지나는 동안 종으로 취급되었다. 종으로 사는 것도 힘든데 이집트인들은 고된 일을 시켜서 그들을 더 괴롭혔다. 출애굽기 12장 37절과 민수기 11장 21절을 보면 여자와 어린아이뿐 아니라 60만 명의 남자가 유월절 밤에 이집트를 떠났다. 여러 주석가는 이때 이집트에서 나온 총 숫자가 150만 명에서 300만 명에 이르는 것으로 본다. 만약 그들이 현대 의료 서비스와 건강한 식단을 충분히 누렸다면, 그들 중 아픈 사람은 많지 않았을 것이라고 상상할 수 있다. 죽음의 천사가 문지방에 희생의 피를 칠한 집들을 넘어가기 전, 그 시간에 아프고 약하고 다리를 저는 사람들이 있었을 것이라고 나는 확신한다. 그런데 하나님이 이집트에서 데리고 나오신 히브리 사람들을 언급하실 때, 시편 105편 37절을 보면 하나님이 이끌어내신 사람 중에는 아무도 "비틀거리는" 사람, 즉 허약한 사람이 없었다고 말씀하신다. 이것은 영어 성경 AV역과 NKJV역에서 특별히 분명하게 기록되어 있다(NIV에는 "아무도 비실비실한 사람이 없었다"로 번역). 그렇게 많은 사람 중 몸이 약한 사람과 아픈 사람이 없었다면 정말 놀라운 일이다. 일반적이지 않은, 불가능한 일로 보인다. 그러나 하나님께는 모든 것이 가능하다. 아무도 '허약한' 사람이 없었다는 사실은 성경의 관점에서 무언가 의미 있는 일이 일어났다는 신호를 나타낸다. 그랬던 그들이 하나님께 순종하지 않았을 때 그 불순종으로 인해 세 사람을 제외하고 40년이 지나는 동안 모두가 광야에서 죽었다. 그러나 신명기 8장 4

절에서 보듯이, 광야를 지나던 40년 동안 그들의 옷이 해어지지 않고 발이 부르트지 않았다는 것도 주목해야 한다. 나는 이집트를 탈출할 때 하나님이 당신의 백성을 종살이에서 구원하시면서 모든 아픈 사람을 그 한밤중에 다 고치셨다고 추론한다. 뜨거운 사막을 그렇게 오래 걷는 동안 늙은 여인들의 발목이 부르트지 않고, 아프고 물집 난 발들이 없었다는 것을 어떻게 상상할 수 있겠는가? 그것은 당신의 백성이 건강하기를 바라시는 것이 하나님의 본성이며 뜻이라고 말하는 것이 아니겠는가?

성경의 표현인 '여호와 라파', 즉 치유하시는 주님은 여기서 큰 의미가 있다. "너희가 너희 하나님 나 여호와의 말을 들어 순종하고 내가 보기에 의를 행하며 내 계명에 귀를 기울이며 내 모든 규례를 지키면 내가 애굽 사람에게 내린 모든 질병 중 하나도 너희에게 내리지 아니하리니 나는 너희를 치료하는 여호와임이라"(출 15:26)에서 "고치다"에 해당하는 히브리어가 바로 '라파'다. 우리는 여기서 하나님의 본성에 축복하시는 것뿐만 아니라 고치시는 것도 있음을 볼 수 있다. "네 하나님 여호와를 섬기라 그리하면 여호와가 너희의 양식과 물에 복을 내리고 너희 중에서 병을 제하리니"(출 23:25).

구약 성경은 하나님의 말씀을 따르고 지키는 자들을 축복해주시고, 고치시며, 지키신다는 약속으로 가득 차 있다. 예를 들면 시편 41편 3절, 신명기 7장 12-15절 등이다. 단, 우리가 항상 그분의 말씀을 따르고 지켜야 한다는 조건이 있다. 진리는 말씀 안에 있기 때문이다. 생명도 말씀 안에 있다(잠 4:20-22). 예수님은 그분을 믿는 사람들에게 그분의 가르침을 지키면 참 제자가 되고 진리를 알게 되며 진리가 그들을 자유롭게 한다고 말씀하셨다(참조. 요 8:31). 그것은 진리의 말씀이고 우리를 자유롭게 하시는 하나님의 말씀이지, 우리의 경험이 아니다. 하나님의 말씀은 우리에게 이렇게 가르쳐주신다. "대저 하나님의 말씀은 능하지 못하심이 없느니라"(눅 1:37). 당신은 말씀을 사실로 믿는가? 아니면 그렇다고 막연히 생각하는가? 당신은 말씀을 읽고 배우는 사람일 뿐 아니라, 말씀대로 사는 사람인가?

유대인은 때때로 성경의 백성으로 언급된다. 그들의 역사는 또한 기독교인인 우리의 역사이기도 하다. 우리에게 그들의 역사는 실제보다 훨씬 더 크고 위대하다. 성경 말씀은 완전하여 더 추가할 수 없지만, 우리는 다른 책에 관하여 듣는다. 바로 어린양의 생명책이다. 그래서 우리는 '이기는 자'가 되고 싶고, 그 책에 우리 이름이 있기를 원한다. 우리는 교회이며, 공동체로나 개인으로나 그리스도의 몸이다. 중생한 우리는 살아계신 하나님의 성전이다. 우리는 성경에 예언되고 요한계시록이 증언하고 있는 종말의 사건들이 계속해서 나타날 것을 안다. 정경이 확정된 이래 거의 2000년이 지났으나, 당신의 삶과 나의 삶은 하나님이 그분의 나라 안에서 무엇인가 하신다는 의미에서 아주 의미가 깊고, 우리는 성경 말씀이 처음 쓰였던 때처럼 지금도 매일의 삶에서 살아 있고 역동적이라는 것을 꼭 기억해야 한다. 우리는 하나님께만 속해 있는 그 책에 우리의 이름이 기록되어 있기를 기다리고 있다는 것을 기억해야 한다(참조. 빌 4:3, 계 3:5). 하늘은 우리 각 사람을 지켜보고 있다. 그래서 하나님이 당신의 생명을 매우 중요하게 여기신다는 것을 항상 기억하라.

다시 말씀으로 돌아가 보자. 이사야 선지자는 예수님이 우리를 위해 오실 것을 예언했고(참조. 사 61:1 이하), 누가복음 4장 1절 이하에는 예수님이 어떻게 오셨는지가 기록되어 있다. 예수 그리스도가 물세례를 받으시고 동시에 성령이 그분에게 내려오셨고, 예수님은 광야를 다녀오셔서 성령의 능력으로 갈릴리로 돌아오셨다. 그 후 그분은 회당에 들어가셔서 그 예언을 적용하셨다. 예수님은 자신이 누구이며 무엇을 하러 왔는지 확실하게 말씀하셨다. 그 자신도 아버지가 행하시고 말씀하신 것을 본 그대로 말하고 행하셨다고 밝히셨다. 하나님 나라의 복음을 전파하는 것과 병자를 고치는 것이 하나님의 뜻이며 목적이라는 것을 확실하게 선포하시면서 몸소 보여주셨다. 그러므로 복음이 전파되고 병자들이 고침받는 것은 하나님 아버지의 뜻이다.

예수님은 자신에게 이사야의 예언을 적용하셔서 자신의 말씀이 진실임을 계속 증명하셨다. "예수께서 일어나 회당에서 나가사 시몬의 집에 들어가시니, 시몬의 장모가 중한 열병을 앓고 있는지라 사람들이 그를 위하여 예수께 구하니 예수께서 가까이 서서 열병을 꾸짖으신대 병이 떠나고 여자가 곧 일어나 그들에게 수종드니라 해 질 무렵에 사람들이 온갖 병자들을 데리고 나아오매 예수께서 일일이 그 위에 손을 얹으사 고치시니"(눅 4:38-40). 예수님은 그분 앞에 나아온 모든 사람을 고치셨다. 마태복음 8장 17절은 예수님이 이렇게 병자들을 고치심으로 이사야서의 예언을 이루셨다고 말씀한다. "[그가] 우리의 연약한 것을 친히 담당하시고 병을 짊어지셨도다." "연약함"과 "병"에 해당하는 헬라어 단어의 뜻은 온전히 육체적 차원을 의미하지만, 의심의 여지없이 예수님이 함께 계시면 영적, 정서적 차원도 관련되는 것을 보게 된다.

요한에게 보여주신 증거는 무엇인가?

세례 요한이 감옥에서 죽음의 위험에 처했을 때, 그의 제자들이 예수님께 "당신이 오실 그 사람입니까?"라고 대신 질문한 것은 그가 예수님에 대해 무엇인가 오해하고 이상히 여기기 시작했다는 것을 시사한다. 예수님이 진짜 메시아인가? 이 질문은 여전히 메시아를 찾으면서 의심하고 있던 사람들을 도울 수 있을 것이다.

요한은 예수님의 선구자(forerunner)가 되기 위해 태어났다. 그의 아버지는 요한이 태어나면서부터 성령으로 충만할 것이라고 들었고(눅 1:15), 그의 어머니인 엘리사벳은 예수님을 임신하고 있던 마리아의 방문을 받았으며, 요한은 그의 어머니 배 속에서 '기뻐 뛰었다.' 그래서 그는 태어나기도 전에 예수님을 '알았다.' 그 후 그는 오실 메시아를 알리는 일에 헌신하였다. 그는 사람들을 준비시켜 예수님을 만나도록 하는 데 자신의 삶을 다했다. 세례 요한은 예수님께 물로 세례를 베풀었고, 요단강에 서서 하늘에서 예수님이 하나님의 아들이요, 하나님이 기뻐하시는 자라고 선포하시고 말씀하시는 하나님을 본 증인이었다. 요한은 예수님이 누구이신지 그의 영이 알았고, 눈으로 보았으며, 귀로 들었다. 그런데도 세례 요한은 조심스럽게 질문하게 된 것이다. 그래서 예수님이 진실로 오실 그분이신지 물어보기 위해 제자들을 예수님께 보낸 것이다!

예수님은 화를 내지 않으신다. 예수님은 장문의 신학적인 답을 주지도 않으셨다. 예수님이 사람들과 대화하셨을 때 열매 맺는 종류에 따라 어떤 나무인지 알 수 있다고 하시며 이미지를 어떻게 사용하셨는지를 기억해보라. 그가 어떻게 행동하는지를 보아 그의 성품을 알 수 있다고 가르치셨다. 그래서 예수님은 그와 같은 맥락으로 요한에게 대답하셨다. 열매가 진실을 보여준다는 것이다. "예수께서 대답하여 이르시되 너희가 가서 듣고 보는 것을 요한에게 알리되 맹인이 보며 못 걷는 사람이 걸으며 나병환자가 깨끗함을 받으며 못 듣는 자가 들으며 죽은 자가 살아나며 가난한 자에게 복음이 전파된다 하라"(마 11:4-5).

구원과 십자가상의 치유는 순전히 영적이고 감정적인 것이라고 말하는 사람들을 자주 만난다. 그들은 "친히 나무에 달려 그 몸으로 우리 죄를 담당하셨으니 이는 우리로 죄에 대하여 죽고 의에 대하여 살게 하려 하심이라 그가 채찍에 맞음으로 너희는 나음을 얻었나니"(벧전 2:24)를 인용한다. "채찍"으로 사용되는 헬라어는 '피가 흘러내리는 상처'를 뜻한다. 여기서 "나음을 얻었다"(healed)라는 단어는 구원을 의미할 뿐만 아니라 치유하고 낫게 하며 육체적 의미에서 온전하게 함을 의미한다. 우리는 모든 의미에서 '온전함'에 대해 이야기하고 있다. 그렇기 때문에 이 사역을 하고 있는 많은 동료 사역자는 이 사역을 '전인 사역'이라고 부른다.

예수님이 보이셨고, 당신의 뜻을 말씀하셨으며, 불쌍히 여기셨다

문둥병자가 예수님께 고쳐주실 것이냐고 묻자 그분은 그렇다고 말씀하셨다. 예수님은 그때와 같이 지금도 앞으로도 영원히 동일하시다. 그래서 과거에 그분의 뜻이었다면, 지금도 그분의 뜻이다.

"예수께서 산에서 내려 오시니 수많은 무리가 따르니라 한 나병환자가 나아와 절하며 이르되 주여 원하시면 저를 깨끗하게 하실 수 있나이다 하거늘 예수께서 손을 내밀어 그에게 대시며 이르시되 내가 원하노니 깨끗함을 받으라 하시니 즉시 그의 나병이 깨끗하여진지라 예수께서 이르시되 삼가 아무에게도 이르지 말고 다만 가서 제사장에게 네 몸을 보이고 모세가 명한 예물을 드려 그들에게 입증하라 하시니라 예수께서 가버나움에 들어가시니 한 백부장이 나아와 간구하여 이르되 주여 내 하인이 중풍병으로 집에 누워 몹시 괴로워하나이다 이르시되 내가 가서 고쳐 주리라"(마 8:1-7).

"예수께서 불쌍히 여기사 손을 내밀어 그에게 대시며 이르시되 내가 원하노니 깨끗함을 받으라 하시니"(막 1:41).

의사들과 약물 치료

언젠가 나는 그리스도인인 의사 친구와 하나님의 치유에 관해 이야기를 나누었다. 그는 기독교 치유에 대한 생각 자체에는 문제가 없지만, 사람들이 치유되는 것이 항상 하나님의 뜻이라고 믿기는 어렵다고 말했다. 그래서 나는 그에게 그리스도인로서 어떻게 하나님의 뜻에 계속해서 불순종하도록 인도하는 직업에 종사할 수 있는지 물으면서, 그

입장의 부조리함을 지적하는 질문을 던졌다. 의료계는 치유 또는 치료가 선하고 추구해야 할 일이라는 가정 아래 활동해야 한다. 그리스도인이 하나님은 때때로 사람들이 치유되지 않은 채 있기를 원하신다고 생각하는 것이 말이 되는가? 그렇지 않다. 하나님이 치유에 대해 갖고 계신 분명한 의지를 보여주는 수많은 증언이 성경에 있기 때문에 우리는 그렇게 생각해서는 안 된다. 하나님의 뜻에 대한 그 의사 친구의 생각이 정확하다면, 환자를 돕기 위해 유익한 치료를 하는 것이 하나님의 뜻에 어긋날 위험이 있다는 뜻인 것이다! 같은 논리가 우리 모두에게 적용될 것이다.

만약 우리가 낫는 것이 하나님의 뜻이라고 생각하지 않거나 또 우리가 하나님이 정말 어떤 목적을 위해 우리에게 질병이나 장애를 주신다고 생각한다면(그 그릇된 생각을 전제로 하면), 우리는 낫기를 원해서는 안 된다는 뜻이다! 그런 전제라면 증상을 완화하기 위해 약을 먹는다거나 어떤 조치도 취하지 말아야 한다. 왜냐하면 그것은 우리를 향하신 하나님의 뜻에 대항하는 것이 되기 때문이다. 나는 그런 사고방식을 거절한다. 만약 우리가 치유되는 것이 하나님의 뜻이 아니라면, 우리는 병으로 고통받으면서 아픈 것을 참아내고, 우리가 아플 때 하나님을 찬양할 뿐만 아니라 그 병으로 인해 하나님을 찬양해야 한다. 정말 그것은 터무니없는 오해다.

치유하시는 것이 하나님의 뜻이라는 사실에 당신이 동의하기를 간절히 바란다. 그래서 우리가 의사를 찾아가고 약을 먹고 하나님께 치유를 구할 때, 그것은 우리를 향한 하나님의 뜻에 따라 행동하는 것이다.

치유는 기적인가?

나는 치유를 '영적으로 자연스러운 것'으로 본다. 하나님은 우리 몸이 스스로 치유되도록 설계하셨다. 치유란 몸과 영과 혼을 하나님의 원래 계획대로 완전히 회복시키는 것이다. 나는 기적을 어떤 경우에는 우리의 기대나 혹은 정상적인 것과 완전히 다른 방식으로 일어나는 사건이라고 본다.

2. 예수님 안에서 우리의 권세를 아는 것

치유하시는 것이 하나님의 본성이고 뜻인 것을 수용하면서, 예수님이 십자가에서 돌아가심으로 우리를 치유하시려고 세상에 오신 것이 하나님의 뜻이었다고 하는 성경 말씀을 살펴보자. 이사야 53장 4-6절은 예수님이 십자가에서 우리의 비통함, 우리의 슬픔, 우리의 죄, 우리의 악함을 담당하실 것이라고 예언했다. 그리고 그분의 상처로 인해 우리가 낫게 될 것이라고 했다. 베드로전서 2장 24절은 예수님이 우리의 죄를 그분의 몸으로 담당하셨고, 그분의 상처로 우리가 나음을 입었다는 것을 확인해준다. 요한복음 10장 10절은 도둑이 오는 것은 훔치고 죽이고 멸망시키려는 것이지만, 예수님은 우리가 풍성한 삶을 살도록 오셨다고 말씀해준다. 이것은 처음부터 죄를 짓는 것은 마귀요, 예수님이 마귀의 일을 멸하러 오셨다고 하신 것을 요한일서 3장 8절에서 확인할 수 있다. 그리고 히브리서 2장 14절은 예수님은 그분의 죽으심으로 마귀인 "죽음의 세력을 잡은 자 곧 마귀를 멸하시"려고 우리의 인간성을 함께 나누셨다고 말씀한다. 요한복음 19장 28절은 예수님이 성경이 다 이루어졌다는 것을 아시고 "다 이루었다"라고 말씀하셨다고 기록한다. 그 후 예수님은 머리를 숙이시고 영혼이 떠나가셨다. 그 사실을 기반으로, 우리는 이 사역을 계속할 수 있다는 것을 확신해야 한다.

주님은 먼저는 열두 명에게, 그리고 일흔두 명에게 더러운 영들을 이기는 권세를 주시면서 그 영들을 쫓아내고 각종 질환과 병을 고치도록 위탁하셨다(참조. 눅 9:1-6, 마 10:1-15, 눅 10:1-15). 그리고 우리가 앞에서 살펴본 것처럼 마가복음 16장 15절 이하에서 주님은 믿는 자들이 병든 자들에게 손을 얹은즉 그들이 회복될 것이라고 가르치셨다. 우리는 주님의 그 권한과 위탁하심을 따라야 한다. 그래서 우리가 치유 사역을 계속하려면, 우리가 진실한 그리스도인이라는 것을 확인해야 한다. 하나님을 믿고 예수님이 누구신지 아는 것으로만 그쳐서는 안 된다. 야고보서 2장 19절을 보면 마귀조차도 하나님이 한 분이시라는 것을 믿고 떤다고 말씀한다. 나는 그것이 예수님을 주님으로 믿는 것보다 더 깊은 것이라고 생각한다. 우리는 "예수님을 믿습니까?"라는 질문을 받으면 "네"라고 대답할 수 있어야 한다. 그것은 단지 예수님이 누구신지 믿는 것이 아니다. 예수님을 믿을 뿐 아니라 그분과 그분이 하신 말씀을 진실로 믿고 아버지 하나님을 믿는 것이다. 요한복음 5장 24절은 예수님의 말씀을 믿는 것과 하나님 아버지를 믿는 개념에 대해 말씀한다. 당신은 우리가 마귀를 쫓아낼 수 있고, 새 방언을 말하며, 손을 병자에게 얹는 것(그러면 그들이 회복될 것)을 믿는가?

내가 예수님의 치유 사역에 동참하려면 먼저 나에 대한 두 가지를 확인해야 한다. 그것은 첫 번째 나는 성도이고, 두 번째 나는 거듭났다는 사실이다. "예수께서 대답하여 이르시되 진실로 진실로 네게 이르노니 사람이 거듭나지 아니하면 하나님의 나라를 볼 수 없느니라"(요 3:3). 나는 중생한 성도에 관한 아래의 약속을 믿고 선포해야 한다.

1) 나는 영생을 얻었다(참조. 요 5:24).
2) 나를 예수 그리스도 안에 있는 하나님의 사랑으로부터 끊을 수 있는 것은 아무것도 없다(참조. 롬 8:38 하반절).
3) 하나님은 내가 예수님의 이름으로 구하는 것은 무엇이든지 들어주신다(참조. 요 14:13).
4) 겨자씨만 한 작은 믿음이라도 있다면 나에게 불가능한 것은 없다(참조. 마 17:20).
5) 나는 거룩한 제사장직의 일원이다(참조. 벧전 2:5).
6) 나는 성도로 불린다(참조. 롬 1:7).

나는 성경이 말씀한, 자신이 그리스도 예수 안에 있다고 말하는 사람에 대한 약속, 즉 영적으로 다시 태어난 성도가 될 때 따르는 약속을 계속해서 암송했다. 예수님 안에서 내가 누구인지를 온전히 내 안에 적어놓고, 필요할 때 원수의 속임수와 기만과 무력에 맞서 두려움이나 의심 없이 서 있도록 해야 한다. 그때 사탄이 도망간다는 것을 알았다(참조. 약 4:7).

내가 인생의 불안정한 시기를 지나던 어느 날, 하나님이 나에게 막대사탕 그림 하나를 보여주셨다. 보통 이 막대사탕에는 휴가철 도시 이름이 컬러로 쓰여 있다. 아버지가 나에게 이 막대 사탕을 보라고 하셨다. 내가 사탕을 보니 '랜돌프, 하나님의 아들'이라고 쓰여 있었다. 그분은 그것이 내가 누구이며 어떤 사람인지를 말해준다고 말씀하셨다. 그리고 막대사탕에 무슨 일이 일어나든지, 혹 두 동강이 나거나 막대만 남기고 다 빨아 먹거나 아니면 산산조각이 나더라도, 그 한복판에는 여전히 '랜돌프, 하나님의 아들'이라고 쓰여 있을 것이다.

이 사역에서 우리는 예수님 안에서 우리의 아들 됨과 권위에 대한 확신이 필요하며, 이는 우리가 사역하는 방식에서 분명하게 드러나야 한다. 왜냐하면 "이로써 사랑이 우리에게 온전히 이루어진 것은 우리로 심판 날에 담대함을 가지게 하려 함이니 주께서 그러하심과 같이 우리도 이 세상에서 그러하니라"(요일 4:17). 그래서 우리가 보여주는 사랑은 예수님이 보여주신 것과 같아야 한다.

우리는 우리가 그리스도인임을 꼭 알아야 한다. 오래전, 한 상급 직원이 내가 매니저 중 한 명을 해고한 일을 두고 나와 논쟁을 벌였다. 나는 미리 알려주지 못한 것에 대해 사과했다. 그는 나를 보더니, "당신은 자신을 그리스도인이라고 부를 수 있나?"라고 물었다.

나는 그냥 넘어가려다 말고 잠시 숨을 고른 다음, 이렇게 말했다. "저는 저 자신을 그리스도인이라고 부르지 않습니다. 저는 그리스도인입니다. 제가 항상 좋은 사람처럼 행동하지는 못해도, 제가 그리스도인이라는 사실은 누구도 빼앗아가지 못합니다." 내가 성도라는 사실을 확증하고, 성도가 해야 할 중요한 일이 무엇인지 알아야 한다. 나는 무엇을 해야 하는가? 예수님은 "하나님께서 보내신 이를 믿는 것이 하나님의 일이니라"(요 6:29)라고 하셨다. 조금도 복잡하지 않다. 우리가 할 일은 예수님을 믿는 것이고, 다른 모든 것은 거기에서 흘러나온다.

우리는 성령 강림 후, 예수님의 치유와 기적이 기록되었다는 것을 주목했다. 또한 예수님이 제자들에게 같은 성령을 받기까지 예루살렘에 머물러 있으라고 말씀하셨음을 보았다. 성경은 여러 방법으로 성령님의 활동에 대해 알려주신다.

1) 아버지의 약속(눅 24:49, 행 1:4, 2:33).
2) 성령의 은사(행 2:38).
3) 성령의 세례(요 1:33, 행 1:5, 11:16).
4) 성령의 임재(행 8:17, 10:47, 19:2).
5) 성령 충만함(행 2:4, 9:17).
6) 위로부터 오심(눅 1:35).
7) 능력으로 옷 입음(눅 24:49).
8) 내려오심(행 10:44, 11:15).
9) 부으심(행 2:33, 10:45).

우리는 기름 부으심이 억압의 멍에를 깨뜨린다는 것을 보았다. 예수님이 병자를 고치러 오셨고, 그렇게 하셨다는 것도 안다. 예수님이 모든 것에 대한 권세를 가지셨다는 것도 안다. 그분은 "하늘과 땅의 모든 권세를 주셨으니"(마 28:18)라고 말씀하셨다. 지상명령 때 그분의 제자들에게 주신 권세는 우리에게 주신 권세와 같다. 그분은 치유 사역을 하라고 그들에게 능력을 맡기셨고, 우리에게도 맡기셨다.

우리가 치유되는 것은 예수님의 뜻이다. 예수님은 마귀의 일을 멸하러 오셨다. 우리가 예수님의 이름으로 사역할 때, 그분의 사랑 안에서 우리는 그분이 하시는 대로 한다. 우리는 앞에서 요한복음 14장 12절 말씀을 따라 제자들은 그보다 더 큰 일도(어떤 번역이 사용되었는지에 따라 다르지만, 주님이 지상에서 사역하시며 하셨던 기적이나 일들보다) 해야 한다는 것에 주목하였다. 그래서 그분의 이름과 그분의 사랑으로 작동되는 치유하는 권세와 힘과 의지가 바로 우리 것이며, 우리가 마귀의 활동으로 생긴 결과물을 마주할 때 우리는 예수님이 십자가에서 이기시고 승리하신 그 영적 전쟁에 들어가게 된다. 그분은 사탄을 물리치셨다.

3. 기도하기 위해서는 깨끗하라

예수님의 이름으로 사역하려면, 그리고 사람들을 위해 기도하고 중보하려면, 우리는 기도하기 위해 우리 자신이 깨끗한지를 확인해야 한다. 효과적인 기도에는 그리스도인, 말씀, 성령님의 능력 지원이 필요하다. 기도를 시작하기 전에 먼저 하나님의 뜻을 구하는 기도가 필요하다는 것을 알아야 한다. 그래야 우리가 구한 것이 눈으로 볼 수 있게 이루어지는 것을 기대할 수 있다. 치유와 관련하여 기도할 때 우리는 '하나님의 뜻이라면'이라는 추가 사항을 넣지 않는다. 그런 어구를 사용하는 것은 겸손을 드러내는 것이 아니며, 그런 어구를 사용하지 않는 것이 주제넘은 것도 아니다. 왜냐하면 하나님의 뜻은 이미 다 드러났기 때문이다. 그래서 치유 사역에서 치유하는 것은 하나님의 본성이자 뜻인 것을 확실히 이해하는 것이 가장 기본이다.

신약에서 나는 단 한 번도 예수님이나 제자들이 치유를 위해 기도하시는 것을 본 적이 없다. 치유 사역을 하기 전에 하나님 아버지께 기도드리는 것은 여러 곳에서 볼 수 있지만, 사역 당시에 치유 자체를 위해 기도하시지는 않았다. 이것은 어려운 일이 아니다. 기도는 하나님 아버지께 드리는 것이며, 하나님 아버지와 함께하는 것이다. 사람들이 어떻게 기도해야 하는지 여쭙자 예수님은 이렇게 말씀하셨다. "그러므로 너희는 이렇게 기도하라 하늘에 계신 우리 아버지여 이름이 거룩히 여김을 받으시오며"(마 6:9).

시편 139편 23절은 이렇게 기록한다. "하나님이여 나를 살피사 내 마음을 아시며 나를 시험하사 내 뜻을 아옵소서." 우리 중 얼마나 많은 사람이 기도하기 전에 당당히 서서 염려하는 마음이 없다고 확언할 수 있겠는가? 얼마나 자주 예수님이 근심하지 말라고 말씀하셨는가? 그렇게 하지 말라! 그분은 우리가 아버지께 근심거리를 가져가달라고 간구하는 것조차 제안하지 않으신다. 그것은 우리가 스스로 해야 할 일이다. 왜냐하면 주님이 "또 너희 중에 누가 염려함으로 그 키를 한 자라도 더할 수 있느냐"(눅 12:25)라고 말씀하셨기 때문이다. 그리고 바울도 "아무것도 염려하지 말고 다만 모든 일에 기도와 간구로 너희 구할 것을 감사함으로 하나님께 아뢰라"(빌 4:6)라고 하였다.

나는 이와 관련된 성경 구절들을 계속 인용할 수 있다. 간구하기 전에 걱정하는 것을 그만두라. 두려움과 근심은 우리 영혼에 하나님을 불신하는 엄청난 영역이 있음을 드러낸다. 하나님이 모든 것을 돌보시고 우리의 유익을 위해 일하신다는 것을 우리가 온전히 신뢰한다면, 우리는 작은 근심이 일으키는 통증조차도 다시는 허용하지 않게 될 것이다. 기도할 때 어떻게 해야 하는지 다음 구절에 해결책이 있다. "하나님이여, 내 속에 정한 마음을 창조하시고 내 안에 정직한 영을 새롭게 하소서"(시 51:10). 그리고 다음 구절을 통해 결심할 수 있다. "너희 마음에 그리스도를 주로 삼아 거룩하게 하고 너희 속에 있는 소망에 관한 이유를 묻는 자에게는 대답할 것을 항상 준비하되 온유와 두려움으로 하고"(벧전 3:15).

감사하게도, 우리는 은혜와 자비가 풍성하신 아버지를 모시고 있다. 그리고 우리 자신의 힘으로 할 수 없는 것을 우리를 위해 하시고, 우리를 도우시려고 자원하여 죽기까지 하신 주 예수님을 우리는 모시고 있다. 이것 때문에 아버지께 당신이 두려워하는 것을 보여주시기를 구하는 것과, 당신의 삶에서 두려움을 영원히 없애도록 도와주시기를 구하는 것은 아주 좋은 기도 시간이 될 것이다. 우리는 사역하면서 물, 높이, 사람, 파리, 가난, 거미, 불과 같은 것을 포함한 모든 종류의 두려움에서 고침받은 사람들을 보았다. 우리는 광장 공포증, 폐쇄 공포증 그리고 문이 잠겼는지, 또 불이 꺼졌는지 등등을 끝없이 확인하는 강박 증세들이 사라지는 것을 보았다.

하나님이 우리에게 요구하시는 것에 우리가 응답할 때, 우리는 그분이 우리에게 원하시는 것을 얻을 수 있다. 거기서 우리는 용서와 수용이라는 두 영역에 중심을 두는 기본 원칙을 이해해야 한다. 이제 몇 가지 실제 사례를 살펴보기로 하자.

용서

1) 우리가 알다시피 우리의 죄는 하나님께 용서받아야 한다. 이 용서는 예수님의 구원하시는 피를 믿는 믿음과 함께 회개함으로 십자가로 나아가는 모든 사람에게 무상으로 주어진다.
2) 우리는 우리에게 죄를 짓고 상처를 주며 해를 입힌 사람도 용서해야 한다. 이것은 조건 없는 요구사항이다.
3) 우리는 십자가에서 예수님이 우리를 위해서 이미 이루신 진리, 그 실제 사실을 개인적으로, 또 내면적으로 잘 적용해야 한다. 때때로 이것은 '우리 자신을 용서하는 것'으로 표현되지만, 사실 용서는 죄를 십자가 밑으로 가져갈 때 이루어진다. 우리가 진정으로 용서받은 사람이라는 사실을 우리 존재의 가장 깊은 곳에서 받아들여 거짓된 수치심과 거짓된 죄책감을 없애야 한다. 그리하여 우리는 위의 1번에 있는 용서가 우리에게 이루어졌다는 것과 그것은 완성되었고, 정죄는 완전히 끝났으며, 하나님께 용서받은 것과 관련하여 어떤 죄책감도 우리 마음속에 남기지 말아야 한다. 우리는 우리를 풀어주신 해방을 받아들이고, 하나님이 우리를 위해 주신 선물인 자유를 진정으로 누려야 한다.
4) 우리는 우리에게 일어난 나쁜 일들과 다른 사람이 우리에게 행한 나쁜 일들에 대해 하나님을 원망하는 모든 방식에서 벗어나야 한다. 우리는 그런 나쁜 일이 일어나지 못하도록 왜 막아주지

않으셨는지 하나님께 항의할 수도 있다. 그러나 그런 나쁜 일이나 행동들이 하나님에게서 나온 것이 아님을 알아야 한다. 하나님은 절대 우리에게 상처를 주시거나 해롭게 하지 않으신다. 그분은 우리를 완전한 사랑으로 사랑하신다. 어떤 때는 우리가 해야 할 일을 '하나님 용서하기'로 표현하지만, 당연히 하나님은 어떤 일로도 우리에게 용서받으실 필요가 없다. 그분은 완전하시고, 절대적으로 옳으시며, 거룩하시고, 자비로우시다. 이 영역에서 우리의 생각이 틀렸다면, 우리가 생각을 바꿔야 한다. 우리는 우리의 잘못된 생각으로 하나님을 탓해왔던 그 불평의 결과에서 자유로워져야 한다. 즉, 잘못 선포한 것들을 철회해야 한다. 그리고 우리가 그분의 사랑을 전혀 알지 못하여 답답해하고 상처를 입었다고 느낄 때도 항상 그러셨듯이, 완전히 선하시고 우리를 사랑하시는 그분을 이제는 신뢰한다고 긍정적이며 확실한 말로 바꾸어 선포해야 한다.

수용(받아들임)

위의 요점을 따르면 수용은 우리 삶에서 다음과 같은 방식으로 작동해야 한다.

1) 우리는 하나님을 실제 그 모습 그대로 받아들여야 한다. 위의 4번을 보라. 우리의 생각은 성령님의 인도 아래 그분의 말씀을 공부함으로 새로워져야 한다.
2) 우리는 우리가 하나님께 받아들여졌다는 진정한 확신을 가져야

한다. 만약 우리가 아직도 죄 가운데 산다면, 우리 자신이 받아들여지지 않았다고 생각할 수도 있다. 그러나 성령이 우리를 회개하는 지점까지 인도하셨다. 하나님은 우리를 너무나 사랑하셔서 우리를 받아주셨고, 우리를 변화시키고 계시며, 앞으로도 계속 변화시켜주실 것이다. 왜냐하면 우리는 그분의 소중한 자녀이자 가족의 일원으로 온전히 받아들여졌기 때문이다. 정말 어려운 것은 우리의 마음을 바꾸고 항상 이렇게 생각하는 습관을 기르는 것이다. 이러한 변화를 위해 끊임없이 하나님의 말씀을 상기시키는 자비로운 사역과 때로는 성령의 깊은 역사가 필요하다.

3) 위의 사실에 근거하여 우리는 우리 자신을 수용해야 한다. 많은 사람이 자기 증오, 낮은 자아상, 낮은 자존감, 무가치감으로 시달리면서 괴롭힘당하고 있다. 우리는 위에서 언급한 확실한 토대를 바탕으로 자신을 수용해야 한다.

4) 우리는 다른 사람들을 수용해야 한다. 다른 사람들을 용서하는 것만으로는 충분하지 않다. 그들을 향한 우리의 태도는 예수님과 같아야 한다. 이렇게 할 때 우리의 모든 영역과 관련된 생각, 말, 행동이 변화된다. 수용은 다른 사람이 하는 모든 것을 승인한다는 뜻이 아니다. 우리는 다른 사람들과 상호 작용할 때 분별력이 있고 지혜로워야 한다. 그것은 우리가 모든 관계에 경건하고 긍휼히 여기는 마음으로 다가가야 함을 의미한다. 하나님이 각 사람을 만드시고 사랑하신 것처럼, 그리고 당신이 하나님을

알기 시작한 것처럼, 그들이 얼마나 하나님을 알게 되기를 하나님이 바라시는지를 느끼며 그들을 바라보고 대우하는 것을 의미한다.

이러한 기본 원칙들에서 어떤 흐름이 나오는지 좀 더 자세히 살펴보기로 하자.

우리 마음 속에 쌓인 것이 무엇인지, 다른 사람에게 흘러넘치는 것이 무엇인지 살펴보아야 한다. "육체의 일은 분명하니 곧 음행과 더러운 것과 호색과 우상숭배와 주술과 원수 맺는 것과 분쟁과 시기와 분냄과 당 짓는 것과 분열함과 이단과 투기와 술 취함과 방탕함과 또 그와 같은 것들이라 전에 너희에게 경계한 것 같이 경계하노니 이런 일을 하는 자들은 하나님의 나라를 유업으로 받지 못할 것이요"(갈 5:19-21). 바울이 묘사한 인간의 본래 내면의 모습이 이렇다. 게다가 살아가면서 우리 것이 되는 모든 상처, 남용, 분노, 외로움, 또 다른 많은 경험이 더해진다면, 우리가 세상에서 행동할 때 정말 조심해야 한다. 그래서 이런 화, 상처, 거절, 외로움과 우리 안에 있지만 감춰지고 위장된 채 있는 것들은 다른 사람들과 연관된 문제나 어려운 상황을 통해 드러나게 된다. 성령님의 도우심으로 마가복음 11장 24-25절을 비춰보아야 한다. "그러므로 내가 너희에게 말하노니 무엇이든지 기도하고 구하는 것은 받은 줄로 믿으라 그리하면 너희에게 그대로 되리라 서서 기도할 때에 아무에게나 혐의가 있거든 용서하라 그리하여야 하늘에 계신 너희 아버지께서도 너희 허물을 사하여 주시리라." 우리는 용서와 용서하지 못함이 무엇을 의미하는지 알아야 한다.

우리는 8장에서 서약에서 벗어나는 문제, 특히 결혼 생활의 파탄과 관련된 문제를 살펴볼 것이다. 이러한 해방에서 중요한 부분은 상대방을 용서할 수 있어야 한다는 것이다. 용서할 때 우리는 용서에 수반되는 모든 것을 알아야 한다. 약 25년 동안 결혼 생활을 한 후 다른 여성을 따라 자기 부인을 떠난 한 남자의 예를 들어보자. 그 부부에게는 성인이 된 자녀들이 있다. 버려진 배우자에게 일어난 일은 사별한 것보다 더 형편이 나빠 보인다. 남편의 관점에서 그것은 떠나겠다고 하는 의지의 문제다. 이는 아내를 완전히 거절하고 그들이 함께했던 모든 것을 거절하는 것이다. 그것은 과거, 즉 초기의 구애 기간, 남편이 아내에게 했던 모든 사랑의 말, 자녀들이 태어난 기쁨, 자녀들이 자라면서 함께 보낸 경이로운 세월 등 서로 교환한 선물들이 모두 하찮은 것으로 버려지는 것이 된다. 그래서 수많은 추억이 발바닥으로 짓밟혀지고 더러워졌다. 그 목록은 끝이 없으며 상처는 깊다. 그 후 남는 것은 현실적인 문제들뿐이다. 바로 변호사와 의논하기, 법정에 서기, 정착하기, 재정 문제, 어디서 어떻게 살지, 무엇을 위해 살아야 할지 등 그 목록은 끝이 없다. 그리고 나면 미래의 문제가 다가온다. 그러나 무슨 미래가 있겠는가? 자녀들이 집을 떠날 때, 그들이 은퇴할 때, 함께하기로 계획했던 모든 것과 딸이 결혼할 때 그 딸의 손을 잡고 걸어가는 남편을 바라보며 함께 느끼고 싶었던 기쁨 등 그렇게 많은 꿈이 이제 다 물거품이 되어버렸다. 용서해야 할 것이 너무 많다. 그런 황폐함 속에서 용서와 관련될 수 있는 모든 것을 떠올리려 하고 있을 때, 옛날에 보았던 만화 중 도둑 그림이 떠올랐다. 그 그림에는 눈에 안대를 쓴 건장한 남자가 줄

무늬 운동복을 입고 어깨에 큰 가방을 메고 있었는데, 가방에는 '장물'이라는 표가 붙어 있었다. 그 그림의 제목은 '내게서 도난당함'이었다. 그 그림은 상처받은 감정을 완벽하게 표현했다. 그것은 마치 우리가 소중히 여기는 모든 공간에 누군가가 침입해 모든 곳을 샅샅이 뒤진 것처럼 느껴질 수 있다. 의미 있는 모든 것을 잃어버리고 부서진 우리는 내면이 텅 비었다고 느낀다.

따라서 용서란 이 모든 것을 인정하고 그 깊은 중요성을 인식한 다음 완전히 놓아줄 수 있는 것이다. 다시 한번 강조하지만, 용서란 우리를 해치거나 학대한 사람의 행동을 묵인하거나 동의하는 것이 아니라는 점을 잊지 말라. 용서한다고 해서 하나님 앞에서 자신의 행동에 대한 책임이 면제되는 것은 아니며, 여전히 하나님 아버지와 함께 이러한 문제를 해결하고 하나님의 율법을 어긴 자신의 죄에 대해 용서를 구해야 한다. 우리가 그들을 용서할 때 무엇을 용서해주어야 하는가? 우리가 용서할 수 있는 것은 그들이 우리에게 가한 해로운 일이다. 이렇게 하는 것은 우리 자신을 풀어주는 효과가 있다.

다른 선택, 곧 용서하지 않는 것은 가해자가 우리의 삶을 조종하도록 허용하는 것과 같다. 그것은 자신을 보안이 잘 된 감옥 독방에 가두고 문을 잠근 다음, 그들에게 그 열쇠를 건네주는 것과 같다. 용서함으로 우리는 열쇠를 되찾을 수 있고, 이를 통해 자신의 미래를 통제할 수 있다. 용서하지 않을 때 우여곡절을 겪게 되고, 온전함과 기쁨이 가로막힌다. 우리는 또 다른 해외 방문에서 이를 목격했다. 하지만 먼저 주의해야 할 점이 있다.

경고

현재 사망한 사람을 용서하는 것에 관해 이야기한다면, 아주 중요한 사항이 있다. 그 사람과 말하거나 대화하려고 시도하지 말아야 한다는 것이다. 그것은 하나님의 말씀에서 절대적으로 금하는 것이다. 이러한 표현이 의미하는 바는 관련자가 사망한 경우에 의지의 행위로, 즉 개인의 결정으로 어떤 분노나 쓰라림 또는 갚아야 할 부채감을 자신의 마음속에서 없애버리고, 그 사람에 대해 우리가 했던 부정적인 말과 고백을 다 취소하며, 그것들을 매우 상처받은 또는 손상된 우리 자신의 감정보다는 하나님의 말씀과 일치하는 믿음, 선언, 태도로 대체하는 것이다.

그러므로 우리가 죽은 사람을 '용서한다'고 말할 때, 우리는 절대로 그들과 관련된 어떤 '거래'나 '소통'을 해서는 안 된다. 이미 설명했듯이 그들과 관련된 일은 하나님께 맡기는 것이다. 우리는 우리 안에서 일어나고 있는 일에 전념해야 한다. 그리고 우리는 불경건한 마음의 태도에서 벗어나야 한다.

헤이그로 가다: '너희 아버지와 어머니를 공경하라'

나와 아내는 국제순복음 기업인 친교회 유럽 대회에 갔다. 메인 컨벤션 홀에서 사역할 시간이 있었는데 키가 아주 크고 배 둘레가 엄청나게 굵은 한 남자가 다가왔다. 그는 예수님을 영접했고 성령 세례도 받았지만, 온전한 기쁨이 없다고 하였다. 나는 그의 가슴에 손을 댔다. 그의 키가 너무 커서 내가 그의 머리에 손을 대려고 해도 할 수가 없었다. 나는 하나님 아버지께 조명해주시기를 기도했다. 나는 그에게 하나님의 말씀이 교훈하는 대로 그가 진심으로 아버지를 공경하는 자세가 필요하다고 말해주었다. 그는 울기 시작하며 이렇게 말했다. "제가 어떻게 그렇게 할 수 있겠습니까? 저는 유대인이고 프랑스인이며, 저의 아버지는 전쟁 협력자였습니다. 제가 어떻게 저의 아버지를 존경할 수 있겠습니까?"

나는 이렇게 대답했다. "하나님은 우리에게 아버지와 어머니를 공경해야 한다고 하셨으므로, 그것은 선택 사항이 아닙니다. 그것은 명령이에요. 그러므로 반드시 공경해야만 합니다. 그것은 당신 아버지가 한 일을 간과하거나 잊어버리라는 뜻이 아니고, 당신의 마음으로 아버지를 존경하라는 것입니다. 아버지가 없다면 당신은 당신일 수가 없습니다. 하나님은 당신이라는 귀한 선물로 당신의 아버지를 영광스럽게 하셨어요. 아마도 그는 그 선물을 제대로 소중히 여기는 방법을 모른 것 같습니다."

그 프랑스인은 여전히 아버지를 존경하지 못했다. 그래서 나는 그에게 자발적으로 아버지를 존경할 의향이 있는지 물었다. 그는 내 말에 동의했다. 그리고 "주님, 제가 믿지 않는 것을 도와주십시오"라는 나의 기도를 따라 하는 대신 "주님, 아버지를 공경하는 법을 모르지만, 기꺼이 공경하게 도와주십시오"라고 기도했다. 내가 그의 가슴에 손을 대고 서 있을 때 잠깐 멈칫하는 순간이 있었다. 그 후 그의 배 속에서 우르릉거리는 소리가 시작되는 것을, 나는 들은 것이 아니라 느꼈다. 그

소리가 점점 더 커지면서 그의 큰 몸체를 울리며 흘러나왔고, 마침내 내가 들어본 것 중 가장 큰 소리가 되어서 마침내 그의 입으로 흘러나왔다. 이제 온전한 기쁨을 체험한 그는 웃음을 멈추지 못했다.

우리 아들을 용서하기
/

어느 토요일 아내는 외출하고 나만 혼자 집에 있었다. 아내가 문 닫은 감리교회에서 강대상을 얻어왔는데, 나는 그것을 우리 정원에 있는 방으로 옮겨놓아 아내를 기쁘게 해주기로 마음먹었다. 이 일을 바쁘게 하고 있는데, 갑자기 허리가 움츠러들면서 무릎을 꿇게 되었다. 그리고 몹시 심한 통증이 시작되었다. 허리 문제로 고생한 적이 있다면, 그 통증이 어떤 것인지 잘 알 것이다. 나는 일어나 허리를 펼 수가 없었다. 몸을 전혀 일으킬 수가 없었다. 기어서라도 욕실로 가서 따끈한 욕조 안에 누울 수만 있다면, 이 고통을 좀 덜어낼 수 있을 것 같았다. 그러나 욕실은 내가 있는 곳보다 두 층이나 위에 있었다. 이것은 내가 계단을 두 층이나 올라가야 한다는 뜻이었다. 나는 기어서 첫 번째 층까지 올라갔다.

그때 하나님이 전날 큰아들과 일하면서 강한 언쟁을 한 뒤 내 속에 여전히 화가 남아 있다는 것을 기억나게 하셨다. 하나님 아버지는 내가 여전히 아들을 향해 강한 분노를 품고 있다는 것을 보여주신 것이다. 그래서 나는 아들을 용서해야 했고 아들을 향한 화와 분을 풀어야 했다. 나는 즉시 기도하면서 아들을 완전히 용서하며 풀고, 하나님 아버지께 용서를 구했다. 그러자 그 통증이 즉시 사라졌고, 그 후 남은 작업을 완성할 수가 있었다.

직장 동료 용서하기

나와 아내는 집에서 멀리 떨어진 도시에서 열린 모임에 말씀을 전하러 갔다. 한 사람이 사역을 받으러 앞으로 나왔다. 사무실에서 일하는 그는 조여드는 듯한 오른팔의 고통 때문에 글을 쓰는 데 어려움을 겪고 있다고 말했다. 나는 하나님 아버지께 기도하고 나서 용서해야 한다고 그에게 말했다. 그는 잠시 곰곰이 생각하더니, 분노를 품고 있는 어떤 사람도 떠오르지 않는다고 하였다. 그래서 성령님께 더 깊이 인도해주시기를 간구하였다. 그때 나는 그가 직장 동료를 용서해야 한다고 말했다. 그러자 그가 버럭 소리를 지르며 이렇게 말했다. "아, 글쎄, 그것은 모두 그 사람의 잘못입니다. 그는 직장에서 바로 내 맞은편에 앉아 있는데, 자신이 그리스도인이라고 말하면서도 앉아서 담배를 피우며 바로 내 얼굴에 연기를 뿜어댔습니다." 그 동료를 장황하게 비난하던 것이 좀 잦아진 후, 그는 자발적으로 혼자 회개와 용서의 기도를 드렸다. 우리는 그의 팔에 치유 기도를 선포할 필요가 없었다. 그것은 그가 그 동료를 용서하자마자 바로 치유되었기 때문이다!

교회와 권위자에 대한 용서를 포함하여 우리 마음에서 풀어야 할 다른 종류의 용서들은 앞으로 살펴보게 될 것이다. 우리가 이것을 해결할 수 있는 방법이 다양해서, 수많은 목록을 만들 수 있다. 중요한 것은 항상 용서할 준비가 되어 있어야 한다는 것이다. '일흔 번씩 일곱 번'은 항상 그리고 어디서든지를 뜻한다. 용서가 삶의 방식이어야 한다는 뜻이다. 왜냐하면 하나님이 우리를 용서하셨기 때문이고, 또한 우리에게 다른 사람들을 무상으로, 기쁘게, 자원하는 마음으로 즉시 용서하기를 요구하시기 때문이다. 하나님은 우리가 누구든지 기꺼이 그렇게 용서한다면 은혜를 베풀어주실 것이다.

우리는 자신을 살펴야 한다. 그리고 사탄이나 질병이 우리 안에 들어올 여지를 남겨놓고 있는지 물어야 한다. 사탄은 고발자임을 기억하라. 그는 거짓말하고 훔치며 속이고, 예수 그리스도 안에서 우리의 소유가 되어야 할 모든 것을 파괴하려고 그가 할 수 있는 것은 무엇이든 할 것이다. 우리는 죄책감, 수치심, 정죄를 품어서는 안 된다.

우리는 우리 마음에 다음의 귀한 진리들을 간직하고 있음을 확신해야 한다. "그러므로 이제 그리스도 예수 안에 있는 자에게는 결코 정죄함이 없나니"(롬 8:1). 왜 정죄함이 없는가? "이는 그리스도 예수 안에 있는 생명의 성령의 법이 죄와 사망의 법에서 너를 해방하였음이라"(롬 8:2). 그리고 요한일서 3장 21절은 "사랑하는 자들아 만일 우리 마음이 우리를 책망할 것이 없으면 하나님 앞에서 담대함을 얻고 무엇이든지 구하는 바를 그에게서 받나니 이는 우리가 그의 계명을 지키고 그 앞에서 기뻐하시는 것을 행함이라"라고 하였다.

나는 동료에게서 비난을 받았을 때 어떻게 스스로 정죄함에 빠질 뻔했는지를 그에게 설명하였다. 나는 그리스도인이기에 회사의 매니저를 해고한 것에 대한 죄책감을 내가 짊어지려고 했다. 나는 또한 딸아이의 죽음에 대한 죄책감을 늘 지니고 살면서 깊은 우울증을 겪었던 젊은 아기 엄마의 이야기를 들려주었다. 우리는 또한 우리 자신의 정당성을 주장하지 않아야 함을 분명히 기억해야 한다. 그렇지 않으면 우리는 대부분 다른 누군가를 비난하거나 혹은 우리가 처한 어려운 상황을 탓함으로써 자신의 죄를 덮으려 한다. 아래의 몇 가지 예를 보자.

'주일날 교회에 가려고 하지만, 다른 식구들이 일어나지 않아서 나는 그들 때문에 교회에 갈 수가 없다.'

'남편이 그리스도인이 되기만 하면, 나는 얼마든지 성경 공부를 할 수 있을 것이다.'

'아내가 나에게 조금만 더 친절하게 대해주었다면, 사무실 여직원과 바람날 필요까지 없었을 것이다.'

'남편이 술을 줄여준다면, 나도 같이 줄일 수 있을 것이다.'

'모든 사람이 나에게 더 친절히 대해주었다면, 나는 거짓말할 필요가 없었을 것이다.'

'내가 급여를 조금 더 받았더라면, 국가 보조금을 부정으로 받지 않았을 것이다.'

주님께 당신이 '만약…라면'이라고 생각하는 것이 있는지, 만약 있다면 무엇인지 여쭈어보라. 그런 다음 그 마음의 태도를 뉘우치고, '만약…라면'이라는 생각을 철회하고, 그 대신 긍정적인 믿음으로 가득 찬 고백을 함으로써 문제를 처리하라.

당신이나 당신의 가족 중 누군가가 신비적이거나 비밀스러운 단체에 관여한 적이 있는지 확인하라. 만약 그렇다면 주님 앞에 나아가 어떤 연결고리도 자르고 의절하며, 어떤 불경건한 맹세도 철회하고 예수님의 보혈을 요청하라. 그 후 새롭게 성령님으로 충만하게 채워주시기를 간구하라. 만약 집 주변에 관련된 기물이나 책 또는 불필요한 물건들이 있는지 살펴보고, 그런 것들은 그들과 연결되어 있으니 가능한 한 다 태워버리고, 어떤 경우에라도 영구히 파기하라(말할 필요도 없이 이것을 누구에게도 주지 말아야 한다).

휴스톤에서

/

토요일 오전에 축복과 저주에 관한 모임을 가졌고, 비밀 단체에 대해 언급하였다. 애니(Annie)는 상자를 포함해 몇몇 사람이 가지고 있는 여러 가지 프리메이슨 기물에 대해 예언했다. 그날 오후 한 남매가 앞으로 나와서 점심시간에 집에 가서 친척이 준 프리메이슨 기장이 들어있던 상자를 부쉈다고 간증했다. 또한 그들은 특별하게 표현된 프리메이슨 회원 반지가 보이는 죽은 친척의 큰 초상화를 제거하였다.

집에서

/

우리 집 벽난로 위에는 내가 서아프리카에서 살 때 구입한, 다산을 상징하는 두 개의 조각상이 있었다. 아내는 이런 것을 전혀 좋아하지 않았고, 우리 부부가 그리스도인이 된 후에는 집에 두고 있는 것도 좋아하지 않았다. 우리가 오컬트(occult: 마법, 부적, 주술, 점성술, 심령술 등을 포함하는 신비하고 비밀스러운 현상이나 지식)의 위험성에 대해 더 많이 배우고 나서 아내는 그런 것들을 더 열심히 내다 버렸다. 하지만 그 조각상은 내 것이기 때문에 내가 동의하기 전까지 처분할 수가 없었다. 내가 버려도 된다고 허락하자 아내는 정원으로 가져가서 잘게 자르려고 시도했지만, 아내의 팔이 비틀어질 정도로 힘을 써도 그것에 흠집 하나 낼 수가 없었다. 그 후 아내는 주님이 그것들을 불사르라고 하셔서 최선을 다했으나 불붙이기도 어려웠던 일을 회상하였다. 주님은 그것들이 사탄의 지배 아래 있다고 보여주셨다. 그래서 아내가 사탄의 권세를 파하는 기도를 하자 그 조각상들이 불쏘시개처럼 확 타올랐고 완전히 파괴되었다.

당신은 다른 사람들이 당신보다 치료받기에 더 합당하고 더 필요하다고 느끼는지, 아니면 당신보다 치유받기에 더 좋은 경우인지를 점검해야 한다. 그래서 정말 좋은 사람 중 너무나 많은 사람이 다른 사람들을 위해 기도할 준비가 되어 있지만, 정작 그들의 문제가 다른 사람들의 필요에 비해 하나님을 성가시게 하는 아주 사소한 것이라고 생각하기도 한다. 그때 그들은 자신들은 치유되지 않는데 다른 사람들만 치유되는 것 같아 짜증을 낸다. 그리고 하나님이 다른 사람을 사랑하시는 만큼 자신을 사랑하지 않으신다고 생각하기도 한다. 그런 심각한 오류는 불필요한 슬픔을 많이 야기한다. 하나님은 치우치지 않으신다는 것을 기억하라(참조. 롬 2:11, 행 10:34). 우리는 기도할 때 하나님은 우리를 동등하게 사랑하신다는 것을 확신해야 한다. 예수님이 모든 사람에게 하신 것처럼, 당신을 위해서도 십자가에서 승리하신 치유를 당신이 받아들이기를 원하신다. 하나님은 모든 사람이 구원받기를 원하시고 진리를 아는 데 이르기를 원하신다(참조. 딤전 2:4). 그리고 하나님이 세상을 사랑하셔서 그분의 독생자를 주시고 누구든지 그를 믿는 자는 멸망하지 않고 영생을 얻으리라고 하신 것을 기억하라(참조. 요 3:16). 치유하시는 것이 그분의 본성이고 그분의 뜻임을 믿으라.

미국 9·11 사태가 일어났던 주간에 치유의 기본에 대해 가르쳤을 때 사람들은 모두 치유되었다. 한 여인은 풀 알레르기에서 벗어났고, 티(T, 가명)라는 사람은 다리가 나았다. 에프(F, 가명)도 허리가 나아서 통증 없이 구부릴 수 있게 되었다. 크론병과 눌림의 영에서 한 여인이 치유되었다. 엘렌은 지속적인 허리 통증에서 자유로워졌다. 한 여인의 척추 문제가 해결되었다. 이런 사례가 너무나 많다.

2004년 미국 사우스캐롤라이나를 두 번째 방문하고 나서 우리가 집으로 돌아온 뒤 보고서가 도착했다. 장에 문제를 겪고 있는 한 어린 소녀가 화장실에 갈 때마다 큰 통증으로 매우 괴로워했다. 그런데 헛간에서 사역팀의 기도를 받고 난 뒤 모든 문제가 사라졌고, 즐거운 마음으로 화장실에 규칙적으로 가고 있다. 악몽에 시달리던 한 어린 소년을 위해 사역팀이 기도했다. 그 후 소년은 더는 악몽을 꾸지 않았다. 한 여인이 대형 슈퍼마켓에서 당한 사고로 극심한 허리 통증을 호소했다. 게다가 당뇨로 시력까지 약해져 우울증이 찾아왔다. 그녀의 영에 있는 상처에 명령한 후 성령님이 그녀를 만지시자, 그녀는 바닥에 누웠다. 그녀는 누워서 손을 계속 흔들었다. 마침내 그녀가 일어서자 그녀의 눈이 반짝였다. 그녀는 따뜻함이 오른쪽 발바닥부터 허리로 올라왔고, 그 후 통증이 사라졌다고 말했다. 우리가 집에 돌아온 후에도 그녀의 기분은 기복 없이 좋은 상태이고, 우울증은 완전히 사라졌으며, 허리의 건강이 회복되었다고 했다.

8장

아기,
결혼,
맹세

수년 동안 많은 아기가 힐링센터의 아기가 되는 기쁨을 누렸다. 우리는 자녀를 갖기를 간절히 원했지만, 여러 가지 이유로 불가능했던 부부 또는 혼자 찾아온 부인들에게 사역했다. 그들이 센터를 찾아오거나 혹은 우리가 집을 떠나 사역하러 간 곳에서 만나기도 했다. 그들의 이야기는 그들이 아기를 가질 수 없었던 많은 이유에도 불구하고 하나님은 못 하실 일 없다는 것을 보여주었다.

4월 어느 저녁에 재키(Jackie)가 기분이 아주 좋지 않은 상태로 센터에서 열리는 목요일 치유 예배에 왔다. 그녀와 남편은 불임 문제로 고통을 겪고 있었다. 그녀는 의학적인 도움으로 아들을 낳았지만, 그녀와 남편은 오랫동안 자연 임신이 되기를 기도해왔다. 이 외에도 그들의 결혼 생활을 해치는 다른 압력도 있었다. 그녀가 센터를 방문하고 몇 달 후 그녀는 자신이 받은 기도 사역에 대해 감사드리며 결혼 생활의 문제가 해결되었고, 이전보다 훨씬 더 행복하다는 내용의 편지를 보내왔다.

재키는 목요일 밤 '믿음 안에' 있는 것과 '소망 안에' 있는 것의 차이를 배우는 교육 시간에 깨달음을 얻었다. 그 후 며칠 동안 기도하면서 그녀는 하나님이 자연적으로 임신하게 해주실 것에 대해 온전히 '믿음 안에' 있지 못했음을 인정하게 되었다. 그래서 그녀는 마가복음 9장 24절을 따라서 기도했다. "곧 그 아이의 아버지가 소리를 질러 이르되 내가 믿나이다 나의 믿음 없는 것을 도와주소서 하더라."

재키가 센터에 있었을 때 히브리서 11장 11절 말씀을 깊이 생각하고 있었다고 우리에게 말했다. 이 구절은 사라가 임신할 수 있는 나이가 많이 지났는데도 어떻게 사라가 믿음으로 잉태했는지에 대해 이야기한다. 도로시는 재키에게 아브라함이 믿음을 가질 수 있도록 해준 하나님의 약속이 있었다고 말했다. 재키와 같은 상황에서 중요한 말씀은 시편 113편 9절이라고 알려주었다. "또 임신하지 못하던 여자를 집에 살게 하사 자녀들을 즐겁게 하는 어머니가 되게 하시는도다 할렐루야."

재키는 "염려하지 말라"와 "주님을 신뢰하라"는 다른 성경 구절을 발견한 후 모든 것을 하나님께 맡기고 염려하기를 멈추었다. 은혜로우신 하나님은 시편 128편 3절로 그녀를 인도하셨다. "네 집 안방에 있는 네 아내는 결실한 포도나무 같으며 네 식탁에 둘러앉은 자식들은 어린 감람나무 같으리로다."

6월에 재키는 임신한 것을 알았다. 유산의 위기를 포함하여 어려운 일을 몇 번 겪었지만, 그녀는 계속해서 그 약속을 기억했다. 드디어 레이철(Rachel)로 이름을 지은 딸이 태어났고, 후에 그와 그녀의 남편은 또 한 번 자연 임신을 시도해서 둘째 아들 사무엘(Samuel)을 낳았다. 재키는 일어난 모든 일을 보며 자신이 하나님께 얼마나 사랑받는 사람인지를 인정하기 시작하였다. 다른 많은 사람처럼 재키도 하나님이 자신의 기도를 들으시고 말씀하실 만큼 자신이 하나님께 중요한 사람이라는 것을 믿지 못했었다. 하지만 지금은 하나님의 음성에 진지하게 귀를 기울이고 있다.

존(John)과 메리(Mary)가 베거즈 루스트에 오다

/

다음은 메리가 말해준 그들의 이야기다.

존과 저는 1993년에 결혼했어요. 몇 년 후 제가 임신하는 데 어려움이 있음을 발견하고 담당 의사를 찾았습니다. 그는 흔쾌히 불임의 원인을 알아보기 위해 여러 가지 테스트를 했습니다. 검사 결과, 우리의 불임에 아무런 의학적 원인이 없다는 진단이 나왔지만, 이것은 또한 우리가 받을 수 있는 어떤 치료도 없다는 뜻이었습니다.

1996년은 우리에게 중요한 해였어요. 우리가 가는 곳마다 하나님이 우리에게 말씀하고 계시는 것 같았습니다. 우리는 요크에 있는 세인트 미카엘르벨프리에서 열린 빈야드 컨퍼런스(Vineyard Conference)와 서머셋에서 열린 와인 컨퍼런스(Wine Conference)에 참석했습니다. 또한 글린들리 마노아에서 열린 자녀가 없는 부부를 위한 엘엘 선교회(Ellel Ministries) 주말 집회에도 참석했습니다. 두 집회에서 모두 같은 성경 구절인 이사야 54장을 읽었습니다. 두 강사는 모두 자녀가 없는 부부를 위해 기도하는 것이 중요하다고 느꼈습니다. 우리에게 이런 경험이 큰 도움이 되었지만, 불임 문제는 여전히 남아 있었습니다.

1996년 12월에 우리 부부는 스톡스필드에 있는 베거즈 루스트를 방문했습니다. 그때 저는 등 윗부분에 통증이 심해서 회사에 병가를 낸 상태였습니다. 그러고 나서 기대도 하지 않았는데, 1997년 1월에 임신을 하게 되었습니다. 우리 부부는 너무나 기뻐서 이렇게 오래 기다린 아이를 위해 즉시 계획을 짜기 시작했습니다. 그러나 슬프게도 얼마 지나지 않아 바로 유산되었습니다. 우리는 이 슬픔을 받아들이기가 너무나 어려웠습니다. 몇 주 지나서 우리는 베거즈 루스트를 다시 방문하였습니다. 모임 중에 어떤 사람이 유산에 대한 지식의 말씀을 전했습니다. 우리는 하나님이 우리에게 말씀하신다는 것을 깨달았고, 그래서 우리가 겪고 있는 상실의 아픔과 자녀를 기다리고 있는 것에 대해 기도를 받을 수 있었습니다.

그다음 몇 주 동안, 하나님은 우리 부부를 인도하셔서 합심하여 강하게 기도하는 시간을 갖도록 해주셨고, 기도해야 할 여러 영역을 보여 주셨습니다. 유산한 지 두 달이 지났을 즈음, 다시 임신이 되었다는 것을 알았습니다. 이번에는 아무 어려움 없이 임신 기간을 보냈고, 드디어 1997년 12월에 건강한 아들을 낳았습니다.

우리 아들 조나단(Jonathan)을 임신하기 전 한 해 동안, 하나님은 특별히 많은 사람과 많은 다른 환경을 사용하셔서 우리의 삶에 역사하셨습니다. 우리 부부를 위해 많은 시간을 들여 기도해주신 모든 분께 감사드립니다. 그 기간 동안 기도하도록 여러 방법으로 인도해주신 하나님께 감사드립니다. 모든 아기는 기적입니다. 우리는 그것을 분명히 알게 되었습니다.

휴스톤으로 가다

앞의 7장에서 나는 '자유를 외치라'는 주말 집회에 참석했던 엘렌에 대해 언급하였다. 그녀가 다음과 같은 편지를 보내와 우리를 격려해 주었다.

안녕하세요, 도로시와 랜디.

저는 (대단히 힘든) 불임 치료를 5년간 시도한 후 그만두었습니다. 3월에 기쁜 마음으로 입양 과정을 시작하였는데, 갑자기 제가 임신하게 되었습니다.

하나님이 우리 부부에게 베풀어주신 기적으로 저는 지금 임신 15주차입니다. 아기는 건강하고 심장박동이 강합니다. 저는 입덧을 하며 메스꺼움을 느끼곤 합니다만(건강한 임신이기에 만세!), 매일 좋아지고 있습니다. '자유를 외치라' 주말 집회 때 치유받은 후 놀라운 시간을 보내고 있습니다. 은혜로우신 하나님은 육체적인 치유에 앞서 감정적이고 영적인 많은 상처를 먼저 고쳐주셨습니다. 우리 부부의 결혼 생활은 점점 더 친밀해졌고, 지난 5년 동안 아주 강하게 하나님의 부드러운 임재를 느꼈습니다. 불임 문제를 제외하고도 우리 부부는 많은 시련을 겪었습니다. 한 해 동안 남편의 부모님이 모두 소천하셨고, 집은 두 번이나 홍수 피해를 크게 입었습니다. 이 모든 시련을 통해 하나님은 우리 부부의 믿음을 키워주셨고, 우리는 하나님이 얼마나 신뢰할 수 있는 분인지를 배웠습니다.

마지막으로 재미있게도, 하나님은 제가 불임과 싸우고 난 후 조종의 문제를 상당히 많이 다루셨습니다. 저는 절대 2월이나 3월에는 치료를 받지 않았습니다. 왜냐하면 12월에는 성탄 휴가 준비로 너무 바빠서 아기를 갖는다는 생각을 전혀 하지 않았기 때문입니다. 아기는 12월 17일에 태어날 예정입니다. 남편은 아기가 12월 24일이나 25에 나오기를 열렬히 기대하고 있습니다. 이제 우리 부부는 마음을 바꿔서 12월에 아기를 만나게 되는 것은(2000년 전 하나님이 보내주신 크리스마스 아기를 제외하고!) 여태까지 받은 성탄 선물 중 가장 귀한 것임을 깨닫게 되었습니다. 9월에 두 분을 만나러 가려고 합니다. 그때까지 배 속에서 더 커질 아기를 위해 기도해주세요. 하나님 아버지는 완전한 계획을 세우고 계셨습니다! 하나님은 선하시고 약속을 신실하게 지키시는 분입니다!

엘렌 터피(큰 폐를 가진 작은 소녀)로부터!

피오나(Fiona)가 베거즈 루스트에 오다

/

피오나가 목요일 저녁 치유 예배에 왔다. 그녀는 관절의 심한 통증으로 고통을 겪고 있었다. 피오나는 아기를 갖고 싶어했지만, 통증을 막기 위해 복용해야 하는 약이 너무 강해서, 만약 임신하게 되면 그 약 때문에 아기에게 합병증이 생길 수 있었다. 그래서 통증에서 치유되기를 간절히 바랐다. 모임에 처음 온 날에는 어떤 치유의 증거도 나타나지 않았다. 어떤 이유에서인지 나는 다음 주에 다시 오도록 그녀에게 말하라는 인도하심을 받았지만, 그녀는 모임이 시작되기 전 먼저 와서 나와 만나기를 요청했다. 나는 여전히 우리가 모임 전에 왜 만나야 하는지 알지 못했다. 왜냐하면 그 문제의 원인에 대한 통찰력을 얻지 못했기 때문이다. 그날 밤 사역 시간 동안에도 아주 작은 치유의 증거조차 나타나지 않았다.

모임이 끝난 후 모든 사람이 다 돌아간 뒤, 피오나는 도로시와 정원에서 이야기를 나누었다. 나도 그들에게 합류했다. 왜냐하면 우리가 다시 기도해야 한다는 것을 알았기 때문이다. 이번에는 도로시와 내가 인도하심을 구하고 내가 문제를 향하여 명령하자 그녀의 몸에서 뼈가 우두둑 소리를 내는 것이 들렸고, 뼈가 그녀의 옷을 통해 몸 안에서 제자리로 움직이는 것을 보고 느낄 수 있었다. 정말 경이로운 일이었다. 이듬해 4월 피오나에게서 다시 연락을 받았는데, 그녀는 이렇게 글을 썼다.

존경하는 랜디와 도로시에게.

작년 9월, 여러분의 센터에서 치유를 받은 후 하나님이 저의 삶에 해주신 일에 대해 알려드리고 싶어 이 편지를 씁니다. 여러분이 확고한 믿음과 신뢰를 하나님의 손에 놓아드렸을 때, 하나님은 여러분을 실망시키지 않으신다는 것을 제게 보여주었습니다.

저는 올해 1월에 허리 통증 때문에 복용하던 약을 모두 끊기로 결정했습니다. 처음에는 확신이 없었지만, 만약 저의 힘이 주님 안에 있다면 저는 이길 수 있다는 것을 알았습니다. 그 후 저는 고통이나 통증이 없는 날을 세었는데, 점차 몇 주 단위로 늘어났습니다. 마침내 담당 의사가 저희 부부에게 가족계획을 시도해보는 것도 좋겠다고 권하는 단계에까지 이르렀습니다. 저는 기도하던 중 이것이 하나님의 뜻이며, 하나님이 저의 소망을 이루어주실 것이라는 강한 확신이 들었습니다. 저는 그리스도인인 친구와 대화를 하며 이것을 다시 한번 확인하게 되었습니다. 그 친구는 하나님이 저를 가르치시며 시편 37편 4절 말씀을 알려주기를 원하신다고 했습니다. "여호와를 기뻐하라 그가 네 마음의 소원을 네게 이루어 주시리로다."

이제 저의 믿음은 깊이 뿌리를 내렸고, 확신을 주신 하나님께 감사드렸습니다. 말할 필요도 없이 저는 즉시 임신했습니다! 현재는 임신 초기이며, 12월 1일에 출산할 예정입니다. 그러나 이번 주에 약간 복잡한 문제가 있었는데, 그것 때문에 조금 불안했습니다. 그래서 건강한 아기를 낳고, 복잡한 문제가 더는 남지 않도록 기도해주시면 매우 감사하겠습니다.

제가 이 여정을 처음 시작할 수 있게 해준 기독교 치유 기도센터 분들에게 너무나 감사드립니다. 이 이야기를 여러분과 꼭 나누고 싶었습니다. 랜디와 도로시에게 정말 감사드립니다. 그리고 이 모든 영광을 하나님께 돌려드립니다.

그리스도 안에서 사랑으로,
피오나 (아기는 예정일보다 3주 일찍, 11월에 아주 건강하게 태어났습니다).

코타키나발루, 사바, 보르네오

/

2001년, 말레이시아 사바주 코타키나발루에 있는 올세인트대성당(All Saints' Cathederal)의 주임사제인 구덕수 신부와 4주간 동역하기 위해 갔다. 사바주는 보르네오섬의 북쪽 해안에 있다. 구 신부는 사순절 기간 동안 단식, 가르침, 사역의 시간을 계획했고, 나를 그 팀의 일원으로 초대했다. 내가 연륜이 꽤 쌓인 만큼, 구 신부는 특별히 '황금 성도들'(교회의 어르신들이 붙인, 훌륭하고 은혜로운 이름)과 함께 일하면서 시간을 보내달라고 부탁했다.

내가 가르치는 시간 대부분은 성령의 은사와 관련되어 있었다. 열흘이 지나는 동안 어느 특별한 기간에 여러 가지 치유가 일어났다. 특히 몇 가지 허리 통증 문제가 해결되었고, 몇몇 사람은 방언의 은사를 받았다. 30명 정도는 성령 세례를 받았다. 구 신부와 하나님을 갈망하는 모든 그리스도인과 함께 보낸 그 시간은 나의 평생에 가장 황홀했던 순간 중 하나였다.

성령님의 역사에 관해 말씀을 전하던 시간 중 모임에 한 번 왔던 여인이 열정에 가득 차 자신의 두 딸을 데리고 왔다. 세 모녀는 성령으로 세례를 받았고, 더 많은 것을 열망했다. 그녀의 딸 중 하나인 엘리자베스(Elizabeth)는 자신과 남편이 아이를 갖는 데 어려움을 겪고 있다고 했다. 그들은 7년이 넘도록 임신 시도를 해온 것이다.

그래서 나는 특별히 세대의 죄, 세대의 묶임, 혼과 영의 묶임에 대해 가르치는 모임을 열었다. 모임마다 사역 시간을 가졌고, 많은 사람이 조상의 죄와 그것과 관련된 것들에서 자유롭게 되었다. 우리는 축복과 저주의 문제를 다루었고, 사람들은 묶임에서 자유를 얻었다. 우리가 다룬 또 다른 주제는 서약이었는데, 그들이 아무 의미 없고 어리석은 서약과 약속을 하고, 계약을 맺은 것이 그들 자신에게 얼마나 큰 위험과 속박이 될 수 있는지를 잘 알지 못했기 때문이다. 결혼 서약은 특별히 중요하다. 부부는 그들이 죽을 때까지 동반자를 사랑하고 존경하며 귀하게 여길 것을 약속한 것이다. 이혼은 분명히 이 서약을 깨는 것이다. 하지만 이혼하지 않더라도 서약에 포함된 작은 약속들, 즉 병이 나거나 건강할 때도 계속 사랑하고 위로하며 귀하게 여기겠다는 약속을 다 지키고 있는가? 이 약속 중 어떤 것 하나라도 깨는 것은 서약을 깨는 것이고, 그에 따라 주의를 기울여야 한다. 성경은 서약을 깨는 것에 대해 경고한다. 서약을 깨는 것은 아이를 갖지 못하는 데 결정적 요소가 될 수 있다. 그러나 하나님은 은혜로우시고 자비로우셔서 우리의 맹세에서 자유롭게 해주신다. 이에 관한 상세한 이야기들은 뒤에서 살펴보기로 하자.

그 후 엘리자베스의 가족을 위하여, 그녀의 남편이 안심하고 참석할 수 있도록 별도의 모임을 열었다. 그들은 어머니와 함께 엘리자베스의 가족에 대해 자세한 사항을 살펴볼 수 있었고, 불경건한 연결고리에서 벗어날 수 있었다. 남편은 중국인이었고, 남편 측 가족은 불교를 믿었으며 여전히 조상 숭배에 참여하고 있었다. 그는 이러한 모든 연결고리에서 벗어날 수 있었다. 그때 그들은 다 함께 신명기 28장 말씀과 같은 하나님의 축복과 약속을 받을 수 있었다. "네가 네 하나님 여호와의 말씀을 청종하면 이 모든 복이 네게 임하며 네게 이르리니 성읍에서도 복을 받고 들에서도 복을 받을 것이며 네 몸의 자녀와…복을 받을 것이며."

나는 다음 해 6월 사바주로 돌아왔고, 에린(Erin)과 그의 자랑스러운 부모님과 할머니에게 환영을 받았다. 묶임에서 자유롭게 해방된 지 몇 주 만에 하나님이 그들에게 귀중한 생명을 선물로 주셨다.

새 심장

내가 처음 사바주에 갔을 때 '황금 성도들' 가운데 한 분이 심장에 이상이 있다는 진단을 받았다. 그래서 그분은 내게 자신의 새 심장을 위해 기도해달라고 요청했다. 2002년 7월에 다시 돌아갔을 때 그녀는 사역을 받은 후 내가 떠나고 일주일 동안 병원에서 그토록 두려워하던 약속을 어떻게 지켰는지 이야기해주었다. 의사들은 그녀에게 혈관 조영술을 한 다음, 앞으로의 치료 방법을 더 명확하게 결정하자고 했다. 그런데 너무나 놀랍게도 그녀의 심장은 건강하고 안정되어서, 어떤 치료나 약도 필요하지 않다는 결과가 나왔다. 이듬해 내가 그녀를 만났을 때 그녀는 여전히 새 심장을 주신 하나님을 찬양하고 있었다.

그들이 베거즈 루스트에 오다

/

매튜의 어머니 모히니(Mohini)가 그를 임신했을 때, 매튜의 부모는 처음 베거즈 루스트에 왔다. 의사는 그들에게 매튜가 만곡족(휜 발)을 갖게 될 것이고, 그 기형과 관련된 다른 문제가 생길 수 있다고 했다. 그들은 매튜가 태어난 지 몇 주밖에 안 된 신생아였을 때 다시 센터로 데리고 왔다. 그들은 매튜의 양쪽 발이 다 영향을 받았다고 했다. 만곡족은 발뒤꿈치에 몸무게의 대부분이 놓이며 뒤틀리는 선천성 기형이다. 어린아이의 다리가 내게 달려 있었고, 소아과의사가 아닌 내가 진단하는 것은 불가능하기 때문에 그들의 말을 믿어야만 했다. 내가 경험으로 알게 된 사실 중 하나는 선천성 장애의 문제를 다룰 때 사역을 시작해야 할 사람은 당사자가 성인이 되었더라도 아기가 아니라 부모라는 사실이다. 당사자가 70대나 80대이고, 부모가 이미 오래전에 사망한 경우에도 마찬가지이며, 임신 전이나 임신 중 또는 임신 후의 상황부터 시작해야 한다.

우리 팀원 중 한 사람이 내가 부모와 이야기하는 동안 매튜를 안고 있었다. 나는 엄마가 매튜를 임신하고 있던 동안이나 출산 중에 그들이 무언가에 대해 불안해했는지, 아니면 상처가 될 만한 어떤 충격이 있었는지 등 무언가 좋지 않은 일이 있었는지 물어보았다. 나중에 밝혀진 바로는, 그들은 매튜가 뱃속에 있을 때 선천성 만곡족이라는 사실을 알았기 때문에 척추 이간증(spina bifida)과 같은 몇 가지 중요한 문제가 분만 때까지 나타나지 않았는데도 또 다른 문제가 생길까 두려워했다. 모히니와 그의 남편은 자신들이 두려워했던 것에 대해 주님께 용서를 구했다. 그들이 이렇게 기도하니, 모히니는 매튜의 왼발이 호전되었고, 그후로도 왼발이 점점 더 좋아졌지만, 완전히 낫지는 않았다고 말했다.

나는 거의 일 년이 되어서야 그들을 다시 볼 수 있었다. 매튜의 왼발은 작년에 부분적으로 치료되었다. 이제 오른발 수술을 받기 위해 그다음 주에 병원에 가기로 했다. 그날 밤 무슨 일이 있었는지 명확하게 말하기 어렵지만, 모히니는 그다음 주에 나에게 전화해서 이렇게 알려주었다. 그들이 수술을 받으러 들어가자, 의사는 수술받는 것보다 집으로 가는 것이 좋겠다고 말했다. 의사는 매튜의 발을 묶는 방법을 알려주었고, 두 달 후 다시 검진을 받으러 오라고 했다. 매튜는 한동안 발을 묶고 있었는데, 그들이 기대했던 것만큼 발이 나아지지 않았다. 그래서 약 20개월 후 매튜의 두 발은 모두 수술을 받았다. 하나님은 그 문제를 바로잡으시려고 이 수술에 숙련된 외과 의사들을 투입해주셨다. 그들 부부는 매튜의 발을 보면 의사들의 교정 방법에 대해 계속 감탄하게 된다고 했다.

매튜의 어머니는 이렇게 편지를 보내왔다.

제가 처음 베거즈 루스트에 왔을 때 아기가 기형으로 태어날까 봐 두려웠고 화가 났고 슬펐기 때문에 가장 주된 치유는 저 자신을 위한 것이라고 생각했습니다. 그러나 저는 마음에 하나님의 평안을 느꼈고, 꼭 매튜가 온전해지지 않더라도 모든 것이 다 잘될 것을 알았습니다.

매튜가 치료받는 과정에서 저는 매튜를 수술실에 데려갈 때도 하나님이 주시는 평안과 확신을 느꼈습니다. 매튜는 어렸을 때부터 오직 하나님의 은혜로 더 강해지는 예수님에 대한 큰 사랑을 보여주었습니다. 매튜는 매우 행복하고 사랑스러운 아이이며, 친구들이나 가까운 사람들에게 관심을 많이 갖습니다. 그를 향한 하나님의 계획이 무엇인지 아무도 모릅니다. 그러나 우리는 기도하며 때가 되면 그 계획이 드러날 것이라고 기도하고 믿습니다.

임신을 방해하는 요인

/

제시된 사례 연구에서 보듯이, 우리는 임신이 되기 전 주의해야 할 몇 가지 영역을 보았다. 그것은 바로 관계의 스트레스, 일반적인 스트레스, 불신앙, 하나님의 말씀에 대한 신뢰 결핍, 다른 의학적 문제, 불경건한 혼의 묶임, 세대의 죄, 서약, 저주, 두려움, 정신적 충격 등이다.

모든 사역에서 그렇듯이, 우리는 중요한 기도를 드리기 전에 먼저 하나님께 성령으로 사람들의 삶에서 치유가 필요한 부분을 보여주시고 인도해달라고 간구해야 한다. 우리에게 보여주시기를 구하고, 성령님이 치료받아야 하는 사람의 삶의 어떤 영역으로 인도해주시기를 구해야 한다. 그래서 종종 이런 예상치 못한 영역이 해결되면 더 이상의 사역은 필요하지 않고, 문제는 종결된다.

내가 다른 곳에서 언급했던 또 하나의 영역이 있다. 일반적으로 오컬트, 즉 주술과 그것에 연관된 모든 것도 임신에 영향을 미칠 수 있을 뿐만 아니라 사람이 온전해지는 것을 방해할 수 있다. 다음과 같은 영역이다.

1) 점성술, 점술 또는 모든 종류의 점술과 같은 행위들, 강신술 회의, 영매, 찻잎 또는 커피 찌꺼기 읽기, 크리스탈 볼, 위자 보드, 타로 카드, 강신론자 모임 등과 연결되거나 또는 참석함.

2) 프리메이슨과 그 관련 기관을 포함하는 비밀 단체 참석.

3) 요가나 다양한 무술, 주문과 구호를 사용하는 일에 직접 참여, 혹은 그런 활동들을 통해 비기독교 또는 이단 종교 집단들에 관여함.

4) 여러 가지 보완적인 약물과 치료법 또는 동종 요법이나 침술과 같은 반의료 행위에 관여함. 나는 모든 보완적 치료법이 신비한 주술에 그 기원이 있다고 말하는 것은 아니지만, 그러한 관행의 사용을 고려하는 사람은 누구나 그 출처를 명확히 확인하기 위해 적절한 조사를 해야 한다.

5) 판타지 게임을 하는 것. 한번은 어떤 엄마가 나에게 전화를 걸어 열네 살인 그녀의 아들에게 사역해주기를 부탁했다. 아이는 똑똑하고 외향적이며 다정한 성품이었지만, 지금은 '아주 이상해졌다'고 했다. 아이는 이상한 음성을 들으며 악몽을 꾸고 가족에게서 멀어졌다. 나는 그들의 집으로 가는 길에 그 가족이 다니는 교회의 목사가 관여할 수 있도록 그와 함께 갔다. 그 집에 도착하고 난 후, 나는 그 아이가 판타지 게임에 깊이 빠져 있다는 것

을 알았다. 아이는 혼자 노는 것이 아니었다. 아이는 그가 속한 그룹의 리더가 되어 높은 자리에까지 올라갔고, 실제로 게임의 상황과 조건을 고안하고 개발했다. 아이는 무슨 일이 일어나고 있는지 매우 두려워했다. 아이도 그리스도인이었기 때문에 무언가 옳지 않은 일을 하고 있다는 것을 인정하고 기도로 하나님께 나아가 자신이 행한 일에 대해 회개할 준비가 되어 있었다. 아이는 용서받았고 예수님의 피로 깨끗이 씻겼기 때문에, 우리는 아이를 누르고 있던 악한 것들에게 그에게서 떠나가고 다시는 돌아오지 말 것을 주님의 권세로 명령했다. 아이는 다시는 그 게임을 하지 않기로 동의하고 자발적으로 그 문을 닫았다. 아이의 엄마가 기뻐하고, 아이 자신도 안심할 정도로 예전 모습으로 즉시 회복되었다.

다른 일반적인 요소는 다음과 같다. 혼전 성교, 아이를 절대 갖지 않겠다거나 혹은 결혼하지 않겠다거나 그 외에 어린 나이에 결정하는 것, 아이를 기를 수 없다고 생각하거나 또 아기를 어려서부터 미워하는 것(동생이 태어난 후 자신의 자리를 빼앗는 것처럼 보여서), 임신중절, 조산, 직업적 경력을 위해 혹은 집을 살 때까지 혹은 안전하다고 느낄 때까지 혹은 여행을 마칠 때까지 등 여러 이유로 임신을 연기함, 임신에 대한 두려움 또는 그 영향의 일부(통증, 질병, 몸매의 상실, 파트너의 상실, 돈의 부족 등), 성경에 금지된 성관계 등이 있다.

우리가 한 서약

나는 성경에서 69절의 서원(vow), 118절의 서약(oath), 55절의 맹세(swearing)를 발견했다. 그러므로 이 부분은 우리가 분명히 다루어야 할 영역이다. 이 주제에는 축복과 저주의 주제가 뒤따르는데, 나는 이 책에서 단지 직접적인 관련이 있을 때만 그것을 간략하게 언급했다. 두 주제는 밀접하게 연결되어 있지만, 8장 앞부분에서 분명히 살펴보았듯이, 서약이 우리 삶과 건강에 미칠 수 있는 영향력을 반드시 이해해야 한다.

서약은 대부분 '선포'에 대한 것이다. 우리가 진술할 때 우리는 어떻게든, 어딘가에서 그 진술이 시험의 대상이 된다는 것을 분명히 알아야 한다. 타이타닉호는 절대 가라앉지 않는 배라고 자랑했다. 혹시 당신은 다이어트를 해서 몸무게를 빼겠다고 선포한 적이 있는가? 만일 당신이 다이어트를 시작하면, 오래지 않아 시험이 다가올 것이다. 그 유혹은 빨리 한꺼번에 몰려온다. 당신이 절대 생각하지 못했던 음식의 유혹 말이다! 말로 선포한 것에는 결과가 있다.

미국을 처음 방문한 후 더 자세히 살펴볼 필요가 있다고 생각된 주제 중 하나가 바로 결혼 서약과 이혼의 관계였다. 미국처럼 영국도 이혼이 유행이지만, 미국에서는 교회에 다니며 거듭난 그리스도인들이 더 많이 사역을 받으러 나온다. 결혼의 중심은 하나님이 보시는 가운데 우리가 서로에게 하는 서약이다. 그러나 사회의 유익과 우리의 궁극적인 안녕을 위해 만들어진 하나님의 법이 대부분 그렇듯이, 하나님을 믿는 사람이든지 아니든지 간에 우리는 모두 하나님의 명령을 지켜야 한다. 왜냐하면 우리가 그 명령에 동의하든지 안 하든지, 그것은 하나님의 말씀이며 변할 수 없기 때문이다.

연애 기간은 우리가 서로 양립할 수 있는지를 테스트하는 시간이다. 나는 성적 행위를 연애 기간에 포함하지 않는다. 성적 친밀감은 결혼한 후에 경험해야 한다. 내가 아는 한, 한 명 이상의 파트너와 동거한 후 결혼한다고 해서 이혼율이 낮아진다는 것을 보여주는 통계적인 증거는 없다. 내가 글을 쓰는 동안 영국 정부는 동거에 대해 결혼과 비슷한 법적 지위를 부여하는 법안을 제정하려 하고 있다. 정부는 동성의 상대를 인정함으로써, 하나님의 법에서 훨씬 더 많이 벗어나고 있다.

이혼한 사람들이 이전에 한 결혼 서약에 관해서 따로 다루어지지 않았다면 그 연결고리는 여전히 존재하며, 이후의 모든 관계에 영향을 미칠 것이다. 하나님은 이렇게 권고하신다. "내 형제들아 무엇보다도 맹세하지 말지니 하늘로나 땅으로나 아무 다른 것으로도 맹세하지 말고 오직 너희가 그렇다고 생각하는 것은 그렇다 하고 아니라고 생각하는 것은 아니라 하여 정죄 받음을 면하라"(약 5:12).

우리가 교회나 목사 앞에서 한 맹세와 약속이 아니라면 그리 중요하지 않다고 잘못 믿을 때조차도, 하나님은 이것에 큰 의미를 두신다. 하나님은 무소 부재하시다. 그래서 우리가 무엇을 하든지, 무슨 말을 하든지, 우리는 하나님이 보시는 앞에서 하는 것이다. "네 하나님 여호와께 서원하거든 갚기를 더디지 말라 네 하나님 여호와께서 반드시 그것을 네게 요구하시리니 더디면 그것이 네게 죄가 될 것이라…네 입으로 말한 것은 그대로 실행하도록 유의하라"(신 23:21-23).

우리가 무슨 말을 하든지 끝까지 지켜야 한다. 그렇게 하지 않으면, 회개하여 불경건한 맹세에서 자유를 얻어야 한다. 결혼은 평생이라는 관점에서 하나님의 법과 계명은 냉혹하다. 관계의 치유가 제일 우선이다. 민사소송으로 결혼을 끝낸다. 그리고 우리는 자유롭게 재혼할 수 있다고 선언한다. 그러나 하나님이 보시기에 당사자들은 여전히 연합되어 있다. 우리가 혼의 묶임을 보면 알 수 있듯이, 커플은 하나님이 보시기에 여전히 '한 몸'이다. "말씀하시기를 그러므로 사람이 그 부모를 떠나서 아내에게 합하여 그 둘이 한 몸이 될지니라… 그런즉 이제 둘이 아니요 한 몸이니 그러므로 하나님이 짝지어 주신 것을 사람이 나누지 못할지니라 하시니"(마 19:5-6).

남자와 여자가 성행위로 하나가 되면, 심지어 매춘에서도 한 몸이 된다. 물론 어느 쪽도 부부가 될 의도가 없었더라도 말이다. 그들은 영적으로 한 몸이 되었다. 바울은 이렇게 말했다. "창녀와 합하는 자는 그와 한 몸인 줄 알지 못하느냐 일렀으되 둘이 한 육체가 된다 하셨나니"(고전 6:16).

남자와 여자가 서로 헤어졌다고 해도, 그들이 회개하고 하나님이 자유롭게 해주시기 전까지는 그 인연이 계속된다. 이혼이 인연을 깨뜨리지만, 서약은 무효가 되지 않는다. 예수님의 교훈은 명백하다.

"또 일렀으되 누구든지 아내를 버리려거든 이혼 증서를 줄 것이라 하였으나 나는 너희에게 이르노니 누구든지 음행한 이유 없이 아내를 버리면

이는 그로 간음하게 함이요 또 누구든지 버림받은 여자에게 장가드는 자도 간음함이니라 또 옛사람에게 말한 바 헛 맹세를 하지 말고 네 맹세한 것을 주께 지키라 하였다는 것을 너희가 들었으나 나는 너희에게 이르노니 도무지 맹세하지 말지니 하늘로도 하지 말라 이는 하나님의 보좌임이요 땅으로도 하지 말라 이는 하나님의 발등상임이요 예루살렘으로도 하지 말라 이는 큰 임금의 성임이요 네 머리로도 하지 말라 이는 네가 한 터럭도 희고 검게 할 수 없음이라 오직 너희 말은 옳다 옳다, 아니라 아니라 하라 이에서 지나는 것은 악으로부터 나느니라"(마 5:31-37).

"무릇 자기 아내를 버리고 다른 데 장가드는 자도 간음함이요 무릇 버림당한 여자에게 장가드는 자도 간음함이니라"(눅 16:18).

혼자 사는 남자가 이혼한 여인과 결혼하면 간음하는 것이다. 왜냐하면 그녀는 전남편과 서약으로 묶여 있기 때문이다. 성경적인 이유가 아닌 다른 이유로 이혼하더라도 그 여인은 여전히 서약을 지켜야 하며 전남편과 한 몸이다. 간음은 결혼을 파기할지 모르지만, 서약을 폐지하지는 못한다. 한 남자가 간음하면 그는 세 사람에게 죄를 짓는 것이다. 그와 함께한 사람, 그의 부인 그리고 하나님이다. 물론 불성실한 아내에게도 마찬가지다.

하나님은 관계를 치유하고 회복하기를 원하신다. 그것은 그분의 뜻이므로 가능하다. 회복을 위해 남편과 아내는 무슨 일이 있어도 하나님의 뜻을 행하고 그분의 원칙에 순종하는 데 전념해야 한다. 그러면 소원해진 결혼 생활을 치유할 수 있다. 그분은 우리가 스스로 감당할 수 없는 모든 문제에 그분을 초청하기를 원하신다. 나는 누구도 빠르고 쉬운 탈출구가 있다고 생각하지 않기를 바라기 때문에 이 모든 과정을 거치고 있다.

내가 저주나 악령에 대해 설명했듯이, 저주나 악령이 일어나려면 먼저 우리 안에 착륙장이 있어야 한다. 이것은 우리를 취약하게 하고 그들의 침략에 개방적으로 만든다. 용서받고 면죄부를 받으려면 마음에서 진실하게 고백하고 회개해야 한다. 나는 후회에 대하여 말하는 것이 아니라 회개를 말하는 것이다. 많은 사람이 후회를 회개와 같은 것으로 본다. 우리는 미안하다고 말하면서, 그렇게 말하지 말고 그렇게 행동하지 말았어야 했다고 하면서, 감정에 지배된 비참한 모습으로 돌아다닌다. 후회는 엉망진창인 상황, 죄, 묶임 안에 머물러 있는 것이다. 반면 회개는 행동하는 것이다. 의지의 표현이고 결정을 뜻한다. 회개는 죄를 인정하고 죄를 씻는 유일한 방법인 그리스도의 십자가로 그것을 가져가서 그분의 용서를 구하고 받은 다음, 그 죄를 뒤로하고 하나님의 은혜와 능력 안에서 우리를 위한 그분의 미래로 나아가는 것이다.

나는 하나님이 소원해진 결혼 생활을 회복하실 수 있다는 것을 안다. 내가 예전에 결혼을 깰 수 있는 일을 했을 때, 하나님은 도로시와의 결혼 생활을 회복해주셨다. 모든 권세와 능력이 예수 그리스도께 있음을 기억하라. 우리가 기도할 때 치유를 위한 기도와 마찬가지로 7장에서 설명한 대로 기도할 수 있는지 확인해야 한다.

물론 그리스도인은 완벽하지 않고 그들에게도 이혼은 흔한 일이다. 이혼할 때 그들은 새로운 도전을 맞는다. 하나님은 우리가 독신으로 살면서 정욕으로 불타는 삶을 사는 것보다는 배우자가 필요하다는 것을 아신다. 바울은 이렇게 말했다. "내가 결혼하지 아니한 자들과 과부들에게 이르노니 나와 같이 그냥 지내는 것이 좋으니라 만일 절제할 수 없거든 결혼하라 정욕이 불같이 타는 것보다 결혼하는 것이 나으니라"(고전 7:8-9).

한 남자에게 한 여자 상대가 있어야 한다는 것이 하나님의 생각이었고, 하나님은 애초에 결혼을 설계하신 분이다. '결혼하지 않은'이라고 번역되는 헬라어 아가모이스(agamois)는 단순히 미혼이 아니라 전에 결혼을 했든지 안 했든지 지금 결혼하지 않은 상태의 사람을 뜻한다. 바울은 한 배우자를 다른 배우자로 바꾸는 것을 용납하지 않지만, 그의 말은 이혼으로 인해 정신적 충격을 받은 사람들을 어느 정도 격려해 주고 있다. 그들은 삶의 일부를 되찾고 다시 시작해야 한다. 자신의 의지와는 반대로 이혼당하고 버려진 채, 무엇이 문제인지조차 모르는 여자와 남자에게는 이혼이 거절의 극치일 수가 있다. 그들은 수년 동안 함께 산 배우자가 다른 사람을 만났는지도 알 수 없다. 이혼은 배우자의 사망보다 더 나쁠 수 있다. 이것은 거부당한 결혼에 대한 슬픔과 애도이기 때문이다. 버림받은 당사자는 무엇이 문제인지 생각하면서 혼란스러워한다. 자신이 못생겨서 그런 것인지, 쓸모없어서 그런 것인지, 능력이 없어서 그런 것인지 의아해한다. 그들은 이혼의 원인이 자신들에게 있다고 느낀다. 자신을 정죄하면서 용서하지 못할 수도 있다. 그래서 과거를 애도할 뿐만 아니라, 우리가 보았던 것처럼 그들이 함께할 수 없는 모든 미래를 애도하기도 한다.

이러한 별거로 인해 무죄한 아이들에게 생기는 모든 문제를 여기서 다룰 공간이 부족하다. 우리는 배우자와 이혼하고 각각 상대방의 배우자와 함께 사는 두 가정을 알고 있다. 딸들은 엄마들과 함께, 그리고 아들들은 아버지들과 함께 살기로 결정했다. 이제 이것은 자녀를 그들의 형제자매에게서 분리하는 깔끔한 방법이 아닌가? 그러나 이 생각은 정말 말이 되지 않는다. 한 어린 소녀가 엄마와 함께 이사를 가는데, 개는 원래 살던 집에 남게 되어 매우 속상해했다. 그래서 엄마는 그들이 이사를 간다고 해서 개가 정든 집을 떠나게 하는 것은 너무 잔인하다고 설명했다. 그 개의 감정을 아이의 감정보다 더 중요하게 여긴 것이다. 이런 상황에서 우리는 상처받은 혼뿐만 아니라, 짓눌리고 상처받은 영에 대해서도 기도해야 한다. 아이들의 인격은 학대받았고 폄하되었다.

우리는 포르노, 자해, 자기 학대, 특히 자기 정죄와 같은 모든 종류의 속박에 사로잡힌 많은 사람을 사역한다. 이것이 모두 이혼을 통해 야기되는 것은 아니지만, 이혼이 많은 상황의 출발점이 된다. 그래서 어떻게 하면 이런 총체적 혼란에서 스스로 벗어나 이전의 결혼으로 인해 미래에 영향을 받지 않으면서 거리낌 없이 재혼할 수 있을까? 그것이 가능한가? 우리는 그런 선례가 있는지 말씀을 살펴보아야 한다.

우리는 성경에서 다윗이 밧세바와 간음한 것을 용서받았고, 그의 둘째 아들 솔로몬이 그의 지혜로 전 세계적으로 위대한 왕이 된 것을 찾을 수 있다. 아브라함도 하갈과 간음한 것을 용서받았다. 유다는 그의 며느리에게서 아기를 낳았다. 기생 라합은 명예가 회복되었고 예수님의 계보에 들어갔다. 요한계시록 2-3장과 신약 어디에서든지, 하나님은 그리스도인들에게 회개할 기회를 주신 것을 볼 수 있다. 한결같이 드러나는 성경의 증거로 볼 때, 이것이 계시된 하나님의 성품이다. 하나님은 자비로우셔서 이스라엘을 가나안 이교도들에게 보내시기 전에, 그들의 행위를 고치도록 500년의 시간을 주셨다. 이스라엘 백성에게도 디아스포라가 되기 전 수세기 동안 행동을 바로잡을 시간을 주셨다. 요나가 니느웨 사람들에게 경고한 뒤 한 번 더 기회를 주셨다. 하나님은 우리의 모든 행동을 주시하고 계시는가? 그렇다! 그러나 어떤 사람들이 생각하듯이, 우리의 죄에 대해 계속 벌을 주시는가? 만약 그렇게 생각한다면, 당신은 하나님을 더 깊이 알아야 한다. 하나님의 뜻은 항상 죄인들이 회개하고 회복되는 것이고, 그렇게 할 기회를 주신다. 요한계시록 2장 21절에서 이세벨에 대해 말씀하신다. "또 내가 그에게 회개할 기회를 주었으되 자기의 음행을 회개하고자 하지 아니하는도다." 하나님은 이세벨에게 기회를 주셨고, 용서받고 회복되려면 그녀는 기회를 받아들이고 행동을 바꾸어야 한다. 그렇지 않으면 죄에 대해 처벌하신다.

결혼은 예수님과 그분의 교회가 맺는 관계에 관해 하나님이 그리시는 그림이다. 곧 우리와 나와 당신과 예수님과의 관계는 아주 깊고, 친밀하며, 개인적인 것이다. 에베소서 5장 22-32절을 보라. 우리가 결혼 관계에 대해 알아야 할 것에 대해 중요한 기초를 다져준다.

이제 다시 서약에 관한 문제로 돌아가 보자. 성경에는 서약, 맹세에 관한 구절이 많이 나온다. 전도서 5장 4절은 이렇게 말씀한다. "네가 하나님께 서원하였거든 갚기를 더디게 하지 말라 하나님은 우매한 자들을 기뻐하지 아니하시나니 서원한 것을 갚으라."

예수님은 이렇게 말씀하셨다. "또 옛 사람에게 말한 바 헛 맹세를 하지 말고 네 맹세한 것을 주께 지키라 하였다는 것을 너희가 들었으나"(마 5:33). "내가 너희에게 이르노니 사람이 무슨 무익한 말을 하든지 심판 날에 이에 대하여 심문을 받으리니"(마 12:36).

서약, 약속, 맹세, 동의, 계약은 그것을 무엇이라고 부르든지 아주 중요한 일로, 부주의하고 경솔하게 하면 위험이 따른다. 우리는 그것을 지키기 위해 의무 사항을 세우기도 한다. 그것이 불경건하고 잘못되었으며, 지혜롭지 못하거나 더 이상 실천할 수 없다면 그것에서 풀려나야 한다. 그렇게 하는 것이 너무 어리석게 보일 수 있고, 하나님이 그런 사소한 일에 신경 쓰지 않으실 것으로 생각할지도 모른다. 그러나 기억하라! 사탄은 모든 율법을 알고 있어서 만약 우리가 주님께 순종하면서 살지 않는다면, 우리는 원수에게 우리의 삶을 혼란스럽게 하도록 허용하는 것이 된다. 그러나 우리가 앞서 보았듯이, 하나님은 우리에게 돌이키고 회개할 기회를 주시는 자비로우신 분이다.

이런 맹세에서 어떻게 자유로워질 수 있는지를 설명하는 말씀들이 있다. 이는 우리에게 탈출할 길을 준다. 하나님은 용서와 회복을 위한 당신의 필요를 아시고 이해하신다는 사실을 항상 기억하라! 하나님은 당신을 사랑하셔서 새로 출발할 수 있게 해주셨다. 구약 시대에는 하나님이 죄를 다룰 준비를 하셨다. 회개는 실제적이었다. 미리 알려준 방법으로 제사를 지내도록 하셨다. 신약 시대에는 예수님 자신이 제물이 되셨다. 그분은 우리의 죄가 용서받도록 자신의 생명을 희생 제물로 주셨다(참조. 히 10:12). 우리가 거듭났을 때 우리의 모든 죄를 용서받았다. 우리가 그때까지 어떤 죄를 지었든지 간에 그것은 하나님이 우리에게 무상으로 주신 선물로, 우리가 예수님을 주님과 구세주로 영접했기 때문에, 그 죄는 예수님의 피로 완전히 씻겼다. 그분이 십자가에서 하신 일이 우리를 자유롭게 하셨다. 예수님은 사탄을 이기셨고, 죄의 권세를 깨뜨리셨으며, 저주를 끊으셨고, 모든 억압에서 우리를 자유롭게 하시는 방법을 주셨다. 내가 다음에 설명하는 과정은 당신과 나를 위해 유일하면서도 반복할 필요가 없는 제사로서, 우리를 위해 주신 자유를 더 잘 인식하며 살 수 있도록 도와준다. 그것은 하나님의 은혜로 우리가 믿음으로 받은 것이다.

먼저 성령님께 해결되지 않은 맹세나 서원이 있는지 보여주시기를 구하라.

1) 그다음 결혼 생활의 파탄에 빌미를 준 우리의 잘못이나 행동에 대해 아버지께 용서를 구한다.
2) 그다음 배우자가 나에게 상처를 주었거나 결혼 생활이 파탄에 이르는 데 일조한 모든 것을 용서한다.
3) 그다음 우리는 아버지께 우리가 했던 서약을 어긴 것을 용서해 달라고, 그리고 예수님이 십자가에서 대가로 치르신 희생으로 우리를 그 죄에서 풀어달라고 간구한다.

4) 한 번 이상 결혼을 했다면, 관련된 배우자의 이름을 언급하면서 각각 기도하는 것이 가장 좋다.
5) 결혼이 파탄에 이르는 데 관련된 다른 사람들이 있다면, 그들도 용서해주어야 한다.
6) 만약 이미 새로운 결혼 생활을 시작했다면, 이전 결혼에서 자유롭고 투명해지기 전에 그렇게 한 것에 용서를 구해야 하며, 지금 시작된 새로운 연합을 축복해주시기를 구해야 한다.
7) 이렇게 하는 동안 우리는 하나님의 말씀인 성령의 검을 사용하여 이전 배우자 그리고 우리가 성관계를 가졌던 다른 성 파트너 및 다른 모든 사람과 여전히 우리를 연결하고 있는 모든 영과 혼의 묶임에서 끊기 위해 성령님의 칼과 하나님의 말씀을 사용해야 한다. 또한 우리를 통해 자녀에게 내려가는 불경건한 영과 혼의 묶임에서 자유롭게 끊어주는 것이 가치 있는 일이다.
8) 우리는 성령님이 오셔서 취약해지기 시작한 우리의 모든 영적인 틈을 봉해달라고 요청해야 한다.

결혼이 아니라 동거를 했을지라도, 우리가 항상 파트너를 사랑하고 그와 함께 있을 것이라는 말이나 혹은 비슷한 맹세나 약속을 했을 가능성이 있다. 이런 일들도 같은 방법으로 다루어야 한다. 성적 만남이 단순히 하룻밤의 불륜이었을지라도, 혹은 몇몇 순간의 성적 친밀감조차도 성적 관계를 맺었던 각 사람과 모든 영과 혼의 묶임에서 끊어져 자유롭게 되도록 여전히 용서를 구해야 한다. 그런 다음, 모든 부적절한 서약이 풀어지고 성령의 칼로 묶임이 끊어질 때까지, 결혼 관계에 악영향을 줄 수 있는 성적 관계를 맺은 모든 사람과 묶인 것들을 각각 다 풀어내야 한다.

위의 단계를 사용하여 우리가 했던 어떤 서약이나 약속, 맹세나 계약을 지키지 못했거나 혹은 어리석은 일을 했다고 이제 깨닫게 된 것에서 우리를 풀어달라고 하나님 아버지께 기도하는 것은 확실히 가치 있는 일이다. 다시 나는 임신에 실패하는 일반적인 요인을 언급한다. 이를테면 당신은 아기를 갖지 못한다는 것이나 이성과 아무 관계가 없을 것이라는 말이다.

나는 당신이 자신의 삶을 저주하는 것과 같은 효과를 내는 어떤 서약을 했는지 성령님께 분명히 알려달라는 기도를 일찍 시작할수록 좋다고 생각한다. 사람들은 이렇게 말한다. "나는 절대 다시는 어떤 사람도 나에게 가까이 오지 못하게 할 거야", "나는 다시는 이번처럼 상처받는 자리에 있지 않을 거야", "나는 절대 다시는 어떤 말도 하지 않을 거야", "아무도 다시 나를 그렇게 보지 못할 거야" 등 이런 목록은 끝이 없다. 이제 당신의 삶에 나타나고 있는 지표들을 보라. 당신은 많은 사람 앞에서 말하는 것을 두려워하는가? 당신은 혼자 방으로 들어가는 것을 무서워하는가? 친한 친구를 만드는 데 어려움을 겪는가? 이런 일들은 때로는 어리석은 맹세를 했던 뿌리에서 뻗어 나온 줄기일 수 있다 (물론 꼭 그렇다고 가정하지는 말라. 그런 감정들을 느낄 수 있는 다른 많은 원인이 있을 수도 있다).

한 가지 치유에도 다른 많은 요소가 있을 수 있다. 척추측만증의 예를 생각해보라. 내가 안나라고 부르는 한 여인이 기도를 받으러 앞으로 나왔다. 그녀가 언급한 첫 번째 문제는 치아가 나쁘다는 것이었다. 알고 보니 이것은 집안 내력이었다. 우리는 세대 문제를 다루어야 하며, 그녀와 미래 세대가 이 문제로 고통받지 않도록 해야 한다. 그 후 안나는 나에게 관절염이 있으며 뼈가 약하다고 말했다.

이 두 문제는 그녀의 어머니가 안나를 임신하고 있던 동안 복용해야 했던 특정한 약에서 비롯되었음이 밝혀졌다. 나는 이 문제가 드러났을 때 알게 되었지만, 주님이 여전히 밝히셔야 할 문제가 무엇인지 기다렸다. 내 앞에 서 있는 안나를 보자 그녀의 어깨가 곧지 않다는 것을 알았다. 그래서 나는 그녀의 몸을 정렬하기 시작했다. 먼저 그녀의 팔과 어깨가 일렬로 놓이게 되었고, 곧이어 등을 위해 기도하자 안나는 이렇게 말했다. 그녀의 어머니가 자기를 임신했다는 것을 알고는 낙태를 고려했었다고 최근에 자기에게 고백했다는 것이다. 그리고 그녀에게 자기를 용서해줄 수 있는지 물었다고 한다. 안나는 엄마를 용서해주었고, 그녀가 그렇게 하자 무언가 그녀의 위로 빠져나가는 것을 느꼈다고 말했다. 그때 그녀는 자신의 삶에서 항상 느껴왔던 거절감이 떠났다는 것을 알게 되었다.

나는 안나에게 그녀의 어머니를 설득하여 낙태를 고려한 것과 해로운 약을 복용한 것에 대해 하나님께 용서를 구하도록 하는 것이 좋겠다고 제안하였다(왜냐하면 비록 이것이 의학적인 처방이었지만, 우리 입장에서는 확실하게 해야 하는 문제였기 때문이다). 그 후 주님이 이미 용서하신 모든 것에 대한 용서를 받아들이고 정죄의 자리에서 나와야 한다. 이렇게 하는 것이 이미 시작된 치유를 잃어버리지 않도록 하는 데 도움이 된다.

    나는 그 후 안나를 낙태의 저주에서 풀어주었고, 그때부터 계속 자리를 잡고 있던 죽음의 영과 질병을 꾸짖었다. 그들에게 더는 머물 권세가 없다고 선포했다. 나는 나무 십자가 위에서 드리신 예수님의 희생제사를 통해 가족 사이에 대대로 흘러 서로를 나쁘게 말한 저주를 취소하였다. 그것은 가족의 특성인 것 같았다. 그 후 나는 그녀의 척추를 구성하고 있는 모든 뼈와 그녀의 골반 부위에 창조의 능력을 선포하고, 모든 뼈와 디스크, 근육과 조직들이 어긋나지 않고 제대로 정렬되도록 명령했다. 그리고 어떤 방식으로든 손상된 부분은 하나님이 원래 설계하신 대로 재창조되도록 선포하였다. 나는 뼈에 있는 골수에 적절하고 깨끗한 혈액을 만들라고 명령했다. 그리고 그 혈액은 관절염을 일으키는 모든 불순물과 침전물을 씻어내면서 그녀의 조직에 흐르고, 뼈는 재생되고 튼튼해지라고 명령했다. 나는 성령님께 임재의 기름을 가져오셔서 안나의 모든 관절에 스며들어 풀어달라고 요청하였다.

    나는 안나를 의자에 앉혔는데, 그녀의 발목이 적어도 2.5센티미터 정도 어긋나 있는 것을 보았다. 그래서 나는 엉덩이와 다리와 무릎이 바르게 정렬이 되도록 명령했다. 내가 이렇게 명령하자 눈으로 볼 수 있게 변화가 일어나기 시작하였다. 아마 그 자리에 당신이 있었다면 발목이 움직이는 것을 볼 수 있었을 것이다. 안나는 엉덩이에 온기가 느껴진다고 말했다. 바로 그때 그녀가 척추측만증이 있다고 말했다. 척추 중 하나가 다른 척추를 구부리고, 갈비뼈를 비뚤어지게 하며, 다리가 정렬되지 못하게 하고 있었다.

다행스럽게도 우리 주위에 의사가 있었다. 그는 안나를 제대로 검사해주겠다고 하였다. 그들이 척추측만증을 진단할 때 사용하는 검사와 시험을 다 실행하였다. 그녀를 앞으로 구부리게 한 다음, 그녀의 엉덩이 너머로 얼마나 곧은지 관찰하였다. 그는 그녀의 어깨와 필요한 다른 부분도 점검하였다. 그 후 그 의사는 만약에 그녀가 척추측만증이 있었다면, 지금 이런 결과가 나올 수 없다고 말했다. 그 의사는 우리가 사역하기 전에 그녀의 상태를 확인할 수 없었기 때문에, 그녀가 전에 척추측만증이었다는 것을 확인할 수 없었다. 안나는 완전히 자유롭게 되었고 우리는 모든 영광을 하나님께 돌렸다.

9장

우울증,

공포증,

알레르기

그리고

근육통성 뇌척수염(M.E.)

만약 당신이 우울증을 겪고 있거나, 설명할 수 없는 질병에 걸렸거나, 장애가 있거나 혹은 한 번도 극복하지 못한 두려움이나 공포증, 혹은 근육통성 뇌척수염(M.E.: Myalgic Encephalomyelitis)이나 만성피로 증후군이 있다면, 당신이 살아오면서 '지키지 못한' 어떤 서약이 있는지 점검해보라. 그것들은 당신이 입으로 말한 어떤 작은 것일 수도 있고, 당신에게는 아주 사소한 것으로 여겨져서 잊었을 수도 있으며, 당신이 하나님께 하겠다고 약속한 무엇일 수 있다. 당신에게는 아주 작은 것처럼 보이지만, 하나님께는 그것이 서약이다. 구하라. 그러면 성령님이 당신을 점검할 수 있도록 도우실 것이다.

그때는 그것이 허리 통증이었고, 지금은 우울증이다[1]

우리 모임에서 치유받고 싶어 했던 대부분의 질병은 허리 통증이

---

[1] 브이디에스(VDS)에 관한 섹션 중 일부는 1996년 11월 <Renewal> 246판에서 초판 기사에 근거한 것이다. www.christianitymagazine.co.uk를 참조하라.

었다. 그래서 우리에게 허리 문제는 아주 흔한 일이었다. 그러나 요즘은 그리스도인들 사이에서 우울증이 유행하는 것 같다. 주의를 기울여야 할 점은 우울증은 많은 사람의 삶에 영향을 미치고 있으며, 인구의 5분의 1 정도가 인생의 어느 시점에서 영향을 받는다는 사실이다.

나와 아내(심리학 상담사)는 상담 사역을 하고 있다. 예상하듯이, 아내가 하는 상담의 대부분은 우울증과 관련된 문제이지만, 놀라운 것은 거듭나고도 우울증의 구렁텅이에 깊이 빠져 있는 성령 세례를 받은 성도의 수가 증가하고 있다는 것이다. 베거즈 루스트에 사역을 받으러 오는 사람 중 우울증과 근육통성 뇌척수염의 문제를 안고 오는 숫자가 점점 더 늘어나고 있다. 상담해보면, 그들 중 대부분이 거듭난 그리스도인으로 판명되었고, 성령 세례를 받았으며, 방언을 하는 헌신된 그리스도인이었다. 어떻게 이런 일이 벌어질 수가 있을까? 그 이유는 무엇일까?

우리 모임과 대규모 부흥회에서 대표자들은 그리스도 안에서 승리의 노래를 부르며 그리스도의 군사로 입양된 아들로서 행진한다. 그러나 사탄과 그의 모든 사악한 방법에 대해 박수를 치며 승리를 선포하던 남자와 여자들이 근육통성 뇌척수염으로 쇠약해지고 무기력해져 우울해지거나 눌림을 당하고 있다.

기독교 강연, 캠프, 대형집회 기간에 수십만 명의 그리스도인이 노래하고 춤추며 기도하며, 그들이 전진할 것을 선포한다. 그래서 영국 전체가 그리스도께로 돌아섰을 뿐만 아니라, 머지않아 큰 부흥을 경험하게 될 것으로 보인다. 하지만 영국 전체 인구 대비 기독교인의 비율은 1975년부터 1990년대까지 계속 감소했다. 우리는 영국 전역과 전

세계의 수천 명의 사람이 알파 코스에 참석하며, 그리스도에게 헌신한 사람이 수천 명에 이른다는 기사를 읽었다. 하지만 그 결과, 불행의 먹이가 더 많아지는 경우가 너무나 많다. 나는 이 수수께끼 같은 사실에 대해 곰곰이 생각해보고 숙고해보았지만, 그 해답을 찾을 수 없었다. 유혹[2]을 주제로 한 기사를 읽고 나서야 어떤 희미한 빛을 보게 되었다. 이제 그 빛이 밝게 비치어 내가 '승리우울증 증후군'(VDS: Victorious Depression Syndrome)이라고 부르는 현상을 밝히기 시작하였다. 그 기사에서 저자는 우리가 영적 자각이 최고조에 달했을 때 유혹이 얼마나 자주 우리를 공격하는지 이야기했다. 그는 예수님이 세례받으시고 그 후 광야에서 시험당하신 일을 예로 들었다. 또한 빌리 그레이엄이 자신이 가장 성공적으로 선교 사역을 한 후 자주 심한 유혹을 받았다고 고백했다는 이야기를 했다. 예수님은 죄에 빠지지 않으시고 사막에서 시험을 이기는 데 성공하셨다.

사복음서에 나오는 예수님이 유혹 받으신 이야기를 대조해보자. 첫째, 세례 요한은 예수님이 자신에게 세례를 주셔야 할 분이며, 자신은 예수님의 샌들을 풀기에도 적합하지 않은 사람으로 표현하였다. 주님은 세상 죄를 짊어지신 하나님의 어린 양이시다. 둘째, 모임에 참석한 모든 사람이 하늘이 열리는 것을 목격하였다. "성령이 비둘기 같은 형체로 그의 위에 강림하시더니 하늘로부터 소리가 나기를 너는 내 사랑하는 아들이라 내가 너를 기뻐하노라 하시니라"(눅 3:22). 이것은 예수

---

2 캐논 마크 피어슨(Canon Mark Pearson)이 기독교갱신연구소 소식지에 기고한 글.

님이 인간과 성령, 성부 하나님께 인정받으신 최고의 영적 경험이었다. 그 후 성령님이 예수님을 시험이 기다리고 있는 광야로 몰아내셨다.

구약과 신약에는 영적으로 고양된 최고의 순간 다음, 시험이 뒤따르는 다른 패턴들이 있다. 그것은 죄 많은 인간이 예수님과 같은 도덕적 기질을 갖고 있지 않다는 것을 보여준다. 물론 예수님이 유혹받으신 결과는 다른 모든 경우와는 완전히 달랐다. 그분은 유혹에 완벽하게 저항하셨다. 패턴을 연구하면서 나는 유혹에 완전히 저항하지 못한 사람들에게는 유혹에서 다음 단계로 이어질 수 있는 사건이 자주 발생한다는 것을 깨달았다. 그리고 그것이 바로 우울증이라는 것을 알게 되었다.

모세는 하나님과 계속해서 깊은 시간을 보내다가도 일이 뜻대로 풀리지 않으면 하나님께 울부짖으며 며칠을 보냈다(참조. 출 15:15, 15:25, 17:4).

사울은 하나님께 왕으로 선택받았고, 성령으로 기름 부으심을 받았으며, 선지자들과 더불어 예언하였고, 맹렬한 전쟁에서 주님의 이름으로 위대한 승리를 쟁취했으나, 교만과 질투의 유혹을 받고 시험에서 실패했다. 창으로 다윗을 벽에다 맞추려 하고, 자신의 아들 요나단에게 똑같은 일을 시도했던 그의 행동은 전투에서 죽기까지 그가 우울하게 돌아다녔다는 것을 보여준다(참조. 삼상 18:11, 20:33).

열왕기상 18장과 19장에 나오는 엘리야는 하나님의 대선지자다. 그는 바알의 사제들에 맞서 승리했다. 하나님은 물에 흠뻑 젖은 제물을 태우시는 엄청난 기적을 일으키셔서 바알의 사제들과 모든 사람 앞에서 엘리야를 인정해주셨다. 그러나 그 기적이 일어난 직후, 그는 협박

하는 이세벨을 두려워함으로 유혹을 받고 시험당했다. 이세벨이 엘리야를 직접 마주치거나 말할 수 있는 상황이 아니었다. 그녀가 한 일은 오직 편지 한 장 보낸 것인데, 그는 도망갔다. 그는 너무 우울해서 죽고 싶어 했다(참조. 왕상 19:4). 오늘날 많은 사람이 우울증을 앓고 있는 곳이 바로 그곳이다. 그들은 하나님을 가장 위대하신 분으로 알고 있지만, 그들은 자신이 실패한 일이나 두려움에 사로잡혀서 자신을 무가치하다고 느끼며 웅크린 채 죽고 싶어 한다.

신약에도 이런 예가 수없이 많다. 최후의 만찬에서 우리는 두 사람을 보았다. 그때까지 모든 제자가 예수님을 메시아로 인정하였다. 그들은 기적을 거듭 목격했고, 심지어 마귀를 몰아냈으며, 예수님의 이름으로 병을 고쳤다. 그리고 이제 예수님이 그들의 발을 씻어주고 계신다. 그들에게 지금은 매우 감정적이고 영적인 시간이다. 예수님이 그에게 경고하시는데도 불구하고 가룟 유다는 시험을 받고 즉시 굴복하여, 그 후 자살에 이를 때까지 우울하게 돌아다녔다.

베드로도 있다. 예수님이 경고하셨지만, 그는 곧 시험을 받고 예수님을 세 번이나 부인하였다. 부활을 경험하고 예수님을 만났는데도 베드로는 자기 연민의 안개 속을 쉼 없이 돌아다녔다. 그는 무엇을 해야 할지 모르는 혼란스러운 상태에서 도시를 떠나 고기를 잡으러 가기로 결심한다. 그후 그는 예수님에 대한 사랑을 고백한 후에도 여전히 요한과 비교하며 자신의 지위에 대해 전전긍긍하고 있다. 베드로의 마음이 예수 그리스도로 인한 놀라움으로 가득 차서 하루종일 예수님 이야기 외에는 할 수 없었던 오순절이 되기까지, 베드로는 자신의 불행에서 나오지 못했다(참조. 행 2:14 이하).

　제자들은 승리우울증 증후군으로 고생하고 있었는가? 당신도 이런 경험을 했는가? 혹은 지금 그런 상태인가? '우리는 산 정상에 예수님과 함께 서 있다. 우리는 승리했고 영생을 받았다. 내 안에 계신 분이 세상에 있는 사람보다 더 크다. 우리는 천하무적이다'라는 생각에 빠져 있을 때 '쾅!' 하는 소리가 얼마나 크든 작든 상관없이 시험의 기간을 만난다. 어떤 때는 그것이 너무 작아서 목표를 놓치곤 하는데, 우리가 해야 한다고 생각하는 만큼 기대에 잘 부응하지 못한다. 많은 그리스도인이 이로 인해 실패한다. 우리는 천하무적이 아니고 우리는 승리한 것도 아니다. 우리는 노래를 부를 수도 있고 기도할 수도 있으나 빛이 사라졌다. 어두움이 찾아와서 모든 승리를 떼어내 버리고, 우울, 쓸모없음, 슬픔, 무기력, 피로가 우리의 몸과 마음에 스며든다. 나는 무슨 일이 일어나고 있는 것인지 이해하지 못한 채, 몇 번이고 반복해서 이 광경을 목격했다. 많은 사람이 우리에게 우울증이 영적 성장 이후에 시작되었다고 말했다. 그러나 그 유혹이나 시험이 너무 작은 문제여서 그들에게 영향이 없을 것으로 간과하거나 중요하지 않은 것으로 무시했다. 하지만 그것이 우울증의 시작점이었다. 누가 불을 껐는가?

　그리스도인 모임에서 우리는 자주 원수의 공격이 얼마나 큰지, 그리고 사탄이 얼마나 큰 해를 입혔는지에 대해 듣는다. 큰 집회에서는 사탄이 배회하고 있으며 그에게 저항하지 않는 사람들을 삼킬 수 있다고 경고한다. 그러나 우리는 우리가 승리했고 무적이며 행진하고 있다는 것을 안다. 그런데 그때 우리는 쾅하고 밑으로 떨어진다. 그리고 우리는 책임을 사탄의 탓으로 돌린다. 우리는 주님께 이 어두움에서 구해주시기를 탄원한다. 그러나 이것이 꼭 사탄의 짓인가? 다시 한번 해결책을 찾기 위해 말씀을 보자! 예수님이 악마에게 시험받으시도록 광야로 인도하신 분이 성령님이셨다고 말씀한다(참조. 마 4:1).

요한복음 6장을 보면 예수님이 전해주신 위대한 말씀을 듣고 많은 기적을 체험한 제자들이 예수님과 함께 산 위에 있는 장면이 나온다. 정말 최고의 경험이다. 엄청난 무리가 다가오는 것을 보신 예수님은 그들을 먹이기 위해 어디서 먹을 것을 구해야 할지 물으셔서 빌립을 시험하셨다. 그는 음식의 가격을 말하는 것으로 반응한다. 빌립은 예수님에 대해 잘 알고 있었지만, 그는 부유함이 그리스도 예수 안에 있다는 것을 여전히 이해하지 못했거나, 그것을 받을 수 있다고 믿지 못한 것 같다. "이렇게 말씀하심은 친히 어떻게 하실지를 아시고 빌립을 시험하고자 하심이라"(요 6:6). 꼭 악마가 악한 짓을 하거나 문제를 일으키는 것이 아니다. 우리가 하나님의 말씀에 어떻게 반응하느냐가 매우 중요하다.

우리가 승리의 행진을 하려고 한다면, 시험과 유혹이 도사리고 있는 경로를 우회할 방법은 없다. 우리가 전진하려고 한다면, 그때 우리를 승리우울증 증후군으로 불어버리려고 기다리는 시험과 유혹의 지뢰밭이 있다는 것을 기억하라. 우리는 어떻게 폭파되지 않고 지뢰밭을 통과할 수 있을까? 예수님이 통과하셨다. 만약 광야에서 예수님이 그러셨던 것처럼 유혹이 마귀에게서 직접 온 것이라면, 예수님의 모범 방탄복은 말씀에 가득 찬 마음이었다. 대부분 우리는 문제와 논쟁하면서 사라지라고 명령하거나 혹은 기도해서 없애기를 원하지만, 예수님은 그렇게 하지 않으셨다. 악한 영과 논쟁하는 것은 유익이 없다. 예수님은 단순히 말씀, 즉 하나님의 말씀을 사탄에게 인용하셨다. 이때 반드시 '레마'(rhema) 말씀이어야 한다는 것을 기억하라. 그것은 하나님이 최근에 우리에게 말씀하신 진리여야 한다. 우리 안에서 역사하시는 살아계신 하나님의 말씀, 그 진리여야 한다.

이제 예수님이 겟세마네 동산에서 다시 큰 도전에 직면하신 일을 살펴보자. 예수님이 처하신 상황은 정말 어려웠고, 아버지가 원하시면 그 '잔'을 옮겨달라고 하셨지만, 결국 아버지의 뜻이 이루어지기를 기도하셨다(참조. 눅 22:42).

당신은 걸어가고 있는 인생 경로가 하나님이 주신 것임을 확인해야 한다. 즉, 그분이 원하시는 방향으로 가고 있어야 하고, 그분이 원하시는 일을 하는 것이어야 하며, 축복 바로 직전에 기운이 빠지는 거친 열정의 분출로 끝나는 것이 아니어야 한다. 하나님이 축복하시는 곳을 찾고 따라가기를 잊지 말라! 그리고 하나님이 따라잡으실 것이라고 기대하며 도망가지 말라!

승리우울증 증후군을 앓는 많은 사람은 하나님을 위해서 자신이 얼마나 열심히 노력해왔는지를 말한다. 그들은 이런저런 일을 해봤고, 모든 것이 무너졌다. 교회는 그들에게서 돌아섰다. 그래서 아무도 도우려 하지 않는다. 모든 사람이 돕기를 거절한다. 돈도 다 떨어졌다. 사업 자금을 마련하기 위해 집을 팔았고 지금은 노숙자가 되었다. 우울증에 빠진 그들은 빠져나가는 방법을 모른다.

하나님이 우리가 살아가는 방향에 대해 어떤 변화를 상세히 알려주시지 않았다면, 그분이 처음 우리에게 주신 비전 안에 있는 축복에 그대로 머물러 있어야 한다. 만약 우리가 하나님이 어떤 변화를 원하신다는 생각이 든다면, 그때는 적어도 기드온처럼 확실하게 양털뭉치를 놓고 시험해보라(참조. 삿 6:37).

그러면 어떻게 승리우울증 증후군에서 탈출할 수 있을까? 우울증에서 벗어날 수 있는 정해진 공식은 없지만, 내가 성공한 한 가지 기도 방법의 예는 다음과 같다.

- 우울증이 생긴 시기에 일어난 일들을 다시 기억해낼 수 있도록 성령님께 간구함으로 시작하라.
- 영적인 정점이 있었는가? 그 후에 무슨 일이 일어났는가? 주님이 어떤 특정한 행동 과정에 대해 감동을 주신 것 중 시험이나 유혹으로 힘든 상황이 있었는가? 별것 아닌 것처럼 보일 수도 있지만, 그분이 우리에게 큰일을 맡기실 수 있으려면 우리는 먼저 작은 일에 충실해야 한다.
- 시험을 통과하고 유혹에서 승리했는가? 혹은 만족하지 못해서 실패감이 있었는가? 처음에 자신도 모르게 극심한 피로로 점점 어두워지고 우울증으로 변해간 비참함의 흔적이 있었는가?
- 다시 처음으로 돌아가 하나님이 요구하신 것을 행하지 못한 것에 대해 용서를 구하라.
- 당신은 용서받았고, 예수님의 이름으로 그 용서를 받아들인다고 큰 소리로 말하라.

- 당신은 죄의식과 실패에서 귀중한 예수님의 피로 깨끗이 씻어졌다고 크게 말하라.
- 어떤 어두움이나 피곤함이나 우울증에서 자신을 풀어버리고, 예수 그리스도 안에 있는 빛과 생명을 주시는 성령님을 받아들이라.
- 당신에게 얼마나 바보스러워 보일지는 몰라도, 이런 것을 크게 말하라. 믿음이 있든지 없든지 당신 안에 있는 믿음으로 말하는 것이다. 하나님의 말씀은 당신에게 믿음의 분량이 있다고 알려 준다(참조. 롬 12:3).
- 믿음에 반응하라고 마음속에 말하라. 마음과 논쟁하지 말고 그것을 말하라.
- 마음과 목소리로 주님을 찬양하기 시작하라.
- 그리스도 복음의 진리를 선포하기 시작하라.
- 이제 승리로 나아가고 믿음을 행동으로 옮기며 기쁨으로 놀랄 준비를 하라.
- 회복에는 '네'라고 말하고, 멸망에는 '아니요'라고 말하라.

지식이 부족해 회복으로 나아가는 행진이 중단되거나 지연되지 않도록 하라. 이제 우리는 이 치명적인 승리우울증 증후군에 대해 알았으므로 그것을 피하려고 노력할 수 있다. 만약 우리가 부주의하여 그 증후군에 걸린다면, 증상을 빨리 인식하고 치료를 시작하자. 우리는 그 자리에서 제자리걸음 하지 말고, 앞으로 행진하는 그리스도의 몸이 되어야 한다.

그가 베거즈 루스트에 오다

/

나는 근육통성 뇌척수염(M.E.)이 발병하기 전에 행동 패턴이 유사할 수 있다는 것을 알았다. 그러나 반드시 영적 절정이 선행되지는 않는다. 예를 들어보자. 근육통성 뇌척수염을 앓고 있던 세계적인 선교 사역자가 우리 치유 센터를 찾아왔다. 그는 사역 여행을 중단해야 했고, 피곤하고 의기소침해졌다. 하나님이 부르신 새 사역을 해야 한다는 것을 그에게 상기시켜주라고 주님이 나를 재촉하셨다. 그는 자신이 이 사역을 주저하고 있었다는 것을 깨닫게 되었다. 그가 회개하고 하나님의 말씀을 따르자마자, 근육통성 뇌척수염이 사라졌다. 그 후 나는 그의 사역이 확장되었다는 소식을 들었다.

그녀가 베거즈 루스트에 오다

/

크리스틴(Christine)은 내게 편지를 보내와, 자신이 치유 센터 예배에 참석하려면 영국 남부에서 먼 길을 와야 한다고 했다. 그녀는 근육통성 뇌척수염을 앓고 있었다. 우리에게 오기 전에 그녀는 기도하고 회개의 시간을 보낸 후, 이 모든 원인이 스트레스에 있음을 깨달았다. 그녀는 자신의 가족뿐만 아니라 아픈 손녀도 돌보며 많은 일을 하고 있었다. 그녀는 여성 내륜 클럽(Ladies' Inner Wheel Club)의 회장이었다. 항해사, 군인, 항공사에 다니는 가족을 방문하는 일도 하였다. 게다가 자신의 농장을 운영하며 사업도 하고 있었다. 이 모든 스트레스의 결과 그녀는 손녀에게서 선열이라는 병을 옮게 되었다. 그때 이름 모를 바이러스로 간염과 황달에도 걸렸다. 심한 메스꺼움과 복통으로 그녀는 의사를 찾았고, 그는 수십 차례 혈액 검사를 한 후 근육통성 뇌척수염과 만성피로라는 진단을 내렸다. 그녀는 1996년 6월 치유 예배에 왔는데, 나는 그녀에게 아픈 중에도 일하고 쉬지 않은 것을 회개하라고 말했다. 그녀가 센터에서 회개하고 나자, 마치 성령 안에서 취하여 죽은 것처럼 보였다. 그녀가 집으로 돌아갔을 때는 좀 더 힘이 났으나, 계속 회복이 될 것인지 확인하고 싶어서 두 주를 기다렸다. 그 후 그녀의 피로는 완전히 사라졌다. 그녀는 내게 보낸 편지에서 그 병에서 온전히 치유되었다고 했다.

한 여인이 어두울 때 베거즈 루스트에 와서 밝을 때 떠나다
/

그녀는 예쁜 크리스마스카드를 나에게 보냈는데, 앞면에는 비둘기 한 마리가 자유롭게 날고 있었다.

저는 자유롭습니다. 그리고 저는 저예요. 주님의 자애로운 시선 아래 시간을 보내고 있어요. 그분이 저를 기뻐하시고(저는 저이기 때문에) 제가 따뜻하게 인정받는 듯한, 저에게는 익숙하지 않은 느낌으로 빛을 쬐고 있어요. 밝고 신선하고 15센티미터는 더 커지고 20년은 더 젊어진, 전혀 다른 느낌이네요. 어둡고 음산한 장소(당신이 아주 적절하게 표현한 것같이, 살아 있는 죽음)에서 빛으로 나온 것 같아요. 하나님이 행하신 이 놀라운 일들로 인해 제 마음은 경이로움으로 가득 차 있어요.

너무나 감사한 마음으로 이 편지를 씁니다. 저를 위해 시간을 내주시고 따뜻하게 환영해주신 사랑에 감사드립니다. 저를 감싸 안아주시고 인내와 통찰력으로 모든 혼란함을 제거해주신 데 대해 감사드립니다. 그리고 고문당하던 제 영혼과 육체에 주님의 평화와 치유를 베풀어 주셔서 감사합니다.

근육통성 뇌척수염, 우울증과 두려움

/

스티븐(Stephen)은 1996년 센터를 방문했던 이야기를 편지로 보내왔다. 그는 1988년 이후 근육통성 뇌척수염으로 고생했다. 병세가 회복되는 것처럼 보였다가 3년 후 재발했고, 그 결과 그는 더 오랫동안 일을 쉬어야 했다. 몇 년 동안 그의 건강은 대체로 좋아 보였으나, 스트레스로 증상이 다시 악화되는 것 같았다. 병이 재발될 것 같은 두려움 때문에 우울증이 왔다. 기도가 도움이 되었으나, 두려움이 사라지지 않았다. 5월 그날 밤, 나는 그에게 치유를 받으려면 하나님과의 관계에서 그가 '앞으로 나가야' 한다고 하나님이 말씀하신다고 전했다. 그날 밤 어떤 대단한 일이 일어나지 않았으나, 몇 달이 흐른 뒤 그는 아주 피곤하거나 스트레스를 받아도 증상이 다시 나타나지 않았고, 병에 대한 두려움도 없어졌다는 것을 깨달았다. 그는 자신이 신실하신 분인 것을 보여주신 하나님과 더 깊은 관계를 맺기 위해 계속해서 나아갔다. 주님을 찬양했고, 그분의 선하심과 자비하심에 감사드렸다. 이제 그는 근육통성 뇌척수염과 우울증을 앓고 있는 다른 사람들에게 소망을 잃지 말라고 격려하고 있다.

베거즈 루스트를 몇 번 찾았던 샌드라(Sandra)의 글

존경하는 랜디와 도로시,

치유 센터를 방문하고 콘퍼런스에 참석했던 동안 경험한 다음의 중요한 일들에 대해 기록하지 못한 것을 용서해주세요. 이러한 사건들 외에도 대부분의 시간 동안 저는 어린 시절의 상한 마음과 여러 가지 사건에 대한 내적 치유를 받았고, 최근에는 하나님이 저를 위해 예비하신 새로운 직업에 대한 말씀을 받았어요.

1997년 콘퍼런스에서는 제가 두 번의 자동차 사고(정면충돌)를 겪고 나서 생긴 심리적 결과에서 내적 치유를 받았어요. 제 차에 충돌했던 두 운전자를 용서할 수 있었어요. 이제 저는 두려움 없이 밤에 운전할 수 있어요.

1998년 8월에 갔을 때는 3월부터 아주 깊은 우울증에 빠져 있었고, 상태가 너무 좋지 않아 5개월 동안 병가를 냈어요. 모임을 시작할 때 랜디가 "오늘 밤 우울증 있는 사람이 치유될 것입니다"라고 말했어요. 조앤(Joan)은 이 말씀을 마음에 받아들였어요. 조앤과 이야기를 나눴더니 그날 저녁 저를 지나칠 때 검은 털을 가진 거미의 다리 끝에 갈고리가 달린 커다란 그림이 있었다고 하더군요(갈고리처럼). 조앤이 지나갈 때 거미 다리가 찌그러져 있었고 저는 우두둑 부서지는 느낌이 들었어요. 조앤은 저를 위해 기도해주었고 우울증이 사라졌습니다. 저는 그날 치유될 줄 알았습니다 그날 아침 베니 힌(Benny Hinn)의 방송을 시청하고 있었는데, 그가 오늘은 당신이 치유되는 날이라고 말할 때 저는 그날 치유될 것을 알았어요. 그다음 주에 저는 상담사를 만나러 갔는데, 제가 더 나아지자(치료되자), 그녀는 제게 더는 오지 않아도 된다고 했습니다.

사랑을 전하며,

샌드라에서

공감(이 책에서 뜻하는 것은 감정이입-역주)의 저주

/

내가 존경하는 친구 톰 주잇(Tom Jewett) 목사와 그의 아내 앤(Anne)은 감정이입의 위험에 대해 그리고 잘못된 생각과 행동이 어떻게 그렇게 많은 사역자와 온 교회를 파멸시킬 수 있는지를 가르쳐주었다. 톰의 경고를 들은 다음, 내가 경험한 일들에서 깨달은 것은 감정이입이 돌보는 사역에 관련된 사람들에게 저주가 될 수 있다는 것이다. 일반적으로 사회에서 사람이나 상황에 공감할 수 있는 능력은 큰 미덕으로 칭송받는다. 상담자들은 문제를 이해하고 상담받는 사람들이 앞으로 나아가도록 돕기 위해 그들에게 공감해야 한다. 그런데 불행하게도 정확하게 반대 현상이 빈번하게 일어나는데, 시간이 가면서 오히려 상담자는 기운이 빠지고 지치고 아프며, 피상담자의 문제는 여전히 남아 있는 것이다. 공감은 이해하는 능력과 상상력이 풍부하여 다른 사람의 감정으로 들어가는 것으로 정의되어왔다. 이것은 '동일시하거나' 혹은 다른 사람의 성품의 한 면을 자신의 성품에 합체하는 모습과 비슷하다. 그러나 하나님은 우리 각자를 개별적인 인격체로 만드셨다. 성품은 우리를 독특한 개인으로 만드는 요소의 총합이다. 우리가 다른 사람의 정체성을 자신의 정체성에 합체하려는 노력은 아주 위험하고, 하나님의 뜻에 반하는 것이 분명하다.

예수님이 3년 동안 하신 사역을 보면, 다른 누군가의 일부가 되시려고 애쓰신 적이 없다. 그런데도 예수님이 어떻게 긍휼하심을 보이셨는지는 다 알고 있다. 그분은 십자가를 지시기 전까지는 다른 사람들의 상처, 질병 또는 고통을 스스로 감당하지 않으셨다. 우리는 긍휼히 여기며 치유 사역을 해야 한다. 긍휼은 공감과는 본질이 완전히 다르다. 긍휼은 다른 사람이 시달리고 있는 고통과 연민의 감정을 포함한다. 그것은 항상 그들의 진정한 필요와 그들의 가치에 중심을 두고 사랑으로 가득 차 있는 것이다. 긍휼함을 보이는 것은 아주 가치 있는 감정이다. 긍휼함은 다른 사람을 도와주도록 우리에게 동기를 부여한다. 그러나 감정이입은 우리 것으로 취하지 말아야 할 것을 우리 안으로 끌어들여서, 오히려 동기부여가 아닌 장애를 일으키게 한다. 어떤 사람에게 문제가 생겨 깊은 구덩이에 빠졌을 때 그를 도우려고 그와 함께 구덩이로 들어가서는 안 된다. 우리는 옆에 서서 그를 끌어낼 방법을 찾거나 그가 스스로 나올 수 있도록 격려해야 한다. 다른 사람이 아플 때 우리가 그 병을 같이 앓는다면 아무 도움이 되지 못한다. 그러면 두 사람이 모두 아파서 오히려 다른 사람의 도움을 받아야 한다.

다시 말하지만, 이것은 작은 일에 지나치게 신경 쓰는 것이 아니다. 긍휼과 공감을 폭넓게 구분할 필요가 있다. 예수님은 이 땅에서 사역하신 3년 동안 감정을 이입하지 않으셨다. 예수님은 하나님이 정하신 때가 이르기 전까지는 모든 문제를 자신이 친히 담당하시지 않으셨다. 그 후 예수님은 온 세상의 모든 질병과 죄를 십자가에서 짊어지셨다. 그것은 너무 끔찍하고 흉측한 일이었기 때문에 하나님은 그 시간 동안 일어난 모든 공포를 아무도 볼 수 없도록 세상을 완전히 어둡게 만드셨다. 예수님은 단번에 이 일을 하셨다. 예수님이 단번에 하셨다면, 우리는 그것을 다시 시도할 권한이 없다. 다른 사람의 고통을 시도하고 느껴보고 싶은 것은 예수님께 그분이 하신 일이 충분하지 않기에, 그분이 실패하신 일을 우리가 보충해야 한다고 말하는 것과 같다. 그러나 사람은 예수님이 하신 일을 개선할 수가 없다. 우리가 할 일은 상처 입은 사람 옆에 서서 기도하는 것이고, 예수님이 이미 다루신 십자가로 그 고통을 다시 돌려놓도록 돕는 것뿐이다. 내가 죄나 질병을 계속 간직한다면, 그것은 예수님을 다시 십자가에 못 박는 것과 같다는 것을 하나님은 내게 아주 생생하게 보여주셨다. 예수님은 그 문제를 이미 해결하셨고, 우리가 자유롭게 되도록 부활하신 것이다.

공감은 지식의 말씀과는 다른 관계에 있다. 공감과 지식의 말씀을 연결한다는 것은 무엇을 의미할까? 어떤 때는 성령님이 우리를 다른 방식으로 인도하신다. 때때로 지식의 말씀은 단지 그 말씀, 곧 우리가 듣고 혹은 보고 혹은 어려운 상황에 대해 단지 '우리가 안다는 것을 아는' 것이다! 우리는 이 문제를 6장에서 살펴보았다. 어떤 때는 우리가 그림을 보기도 한다. 그러나 때로는 우리 몸의 일부에서 통증, 불편함 또는 어떤 감각을 느낄 수도 있는데, 그래서 우리는 이것이 누군가를 괴롭히는 상황을 우리에게 경고한다는 것을 알게 된다. 이는 다양한 형태로 나타날 수 있다. 예를 들어, 1장에서 동베를린에 사는 작은 여인에 대해, 그리고 내가 그녀 안의 적막함과 차가움, 외로움을 느낄 수 있었던 것을 들 수 있다.

사우스캐롤라이나에서 온 나의 친구 스콧 에드가(Scott Edgar)는 주변의 영향을 너무 많이 받는 상황이 걱정되어 나에게 연락을 했다. 쇼핑몰을 걸어갈 때도 그는 지나가는 사람들이 겪고 있는 상처와 고통을 자기 몸으로 또 감정적으로 느꼈다. 이런 일은 제어하기가 어려웠고, 그의 삶을 매우 불편하게 만들었다. 그는 어떻게 해야 할지 확신이 없었고, 그 고통을 혼자 짊어져야 할지 고민하고 있었다. 나는 그에게 치유 사역이 사람들의 깊은 고통을 다루는 일이어서 매우 힘들고 머리 아픈 일일 수 있다고 설명했다. 그러나 그가 이런 일들을 짊어지는 것은 예수님이 우리를 위해 십자가에서 이미 이루신 일을 그가 하려는 것과 같다고 알려주었다.

이런 일은 우리에게 중보기도의 필요성을 알려주시는 하나님의 방법일 수 있다. 우리가 직접 고통을 감당해야 하는 것이 아니라, 중보기도를 통해 그 고통을 그들과 우리 자신에게서 떼어내어 그 고통이 처리된 십자가로 옮기는 것이다. 고통과 상처는 우리가 취해야 할 십자가가 아니다. 그러나 중보의 자리는 예수님이 우리와 함께 있기를 원하시는 곳이다. 하나님이 우리를 그리스도 예수님과 함께 하늘 보좌에 앉히신 것을 기억하라(참조. 엡 2:6). 그분은 계속해서 우리를 위해 중보하신다. 우리는 하나님의 보좌에서 다른 사람들을 위해 기도하고 있다. 감정이입이 얼마나 위험할 수 있는지 다음의 두 가지 사례를 살펴보자.

목사 사모가 베거즈 루스트에 오다-교회와 권위자들을 용서하기
/

한 여인이 목요일 저녁 예배에 왔다. 그녀는 엉덩이에 관절염을 앓고 있었는데 점점 더 심해지고 있었다. 용서하지 않음, 화와 분노가 관절염과 연관된 문제의 쓴 뿌리라는 것을 우리는 많이 경험했지만, 모든 관절염이 그렇다고 간주할 수는 없다. 우리는 항상 기도로 하나님 아버지께 나가야 하며, 성령님께 인도해주시도록 요청해야 한다.

그 여인은 목회자의 아내였는데, 내가 그녀에게 주교와 교회를 용서해야 한다고 하자 그녀가 분노를 홍수처럼 쏟아내는 모습을 보고 나는 다소 당황하였다. 그녀는 주교와 교회의 권위자들이 그녀의 남편을 정확하게 혹은 공정하게 대하지 않았다고 느꼈다. 그녀의 남편이 모든 상황을 침착하게 받아들였지만, 그녀는 뒤따르는 모든 상황에 완전히 공감했다. 그녀는 남편에 대한 모든 잘못된 행동, 거친 말, 잘못된 결정을 자신 안으로 받아들였다.

나는 용서하지 않음, 분노, 원한이 육체적, 정신적, 영적 부분에 미치는 심각한 반응에 대해 설명했다. 그리고 그녀가 남편에게 쏟아지는 모든 상처를 자신의 것으로 받아들인 것이 어떻게 예수님의 역할을 빼앗은 것이 되는지를 설명했다. 그분은 십자가에서 단번에 그 일을 하셨고, 다 이루었다고 말씀하셨다. 그녀는 자신이 교회와 권위들을 용서했기 때문에, 주님이 자신을 용서해주시기를 구하였다.

토요일 저녁, 그녀는 남편과 함께 셰비엇 언덕에서 10킬로미터를 걸었다는 것을 알려주려고 전화했다. 그다음 주에는 수영장에 가서 장거리 수영을 했다고 전화로 알려왔다. 장거리 수영을 한 후 그녀와 남편은 다시 그 언덕을 걸었다. 그녀는 이 모든 운동을 엉덩이의 통증이나 뻣뻣함 없이 해냈다.

나는 그녀에게 어떻게 치유되었는지 편지로 알려달라고 요청하였으나, 그녀는 그러고 싶지 않다고 하였다. 몇 달이 지난 후 그 이유를 알게 되었다. 그녀는 다음 해 1월에 병원 의사와 예약이 되어 있어서 자신이 치유되었는지 확인을 받고 싶었다. 그녀는 1997년 1월 18일에 다음과 같은 편지를 나에게 보냈다.

존경하는 랜디에게.

저는 1996년 7월 11일 센터를 찾아와 치유 기도를 요청했어요. 저는 3년 동안 엉덩이 관절에 문제를 겪고 있었어요. 상태가 점점 나빠져서 하루를 지내려면 적어도 여섯 알의 진통제를 복용해야 했어요. 계단이 제일 문제였지요. 그날 일찍 저는 의사를 만났어요, 그리고 의사는 할 수 있는 한 엉덩이 수술을 연기하기 위해 진통제와 함께 항염증제를 처방해주었어요. 그는 지팡이를 사용해야 한다고 말했어요.

주님을 찬양합니다. 기도를 받은 후 저는 약이 전혀 필요 없게 되었고, 걷기와 수영을 다시 즐길 수 있게 되었어요. 저는 몇 번이나 언덕을 올랐어요. 1월 9일에 의사와 후속 예약을 잡았는데, 그는 더 이상 예약이 필요 없다고 합니다. 저는 사랑과 능력을 다시 한번 보여주신 예수님께 진심으로 감사드리고, 당신의 사역에 대해서도 깊이 감사드립니다.

한 신부가 그의 교구민들을 베거즈 루스트로 데려오다
/

한 부부가 그들의 신부와 함께 우리를 찾아왔다. 그들의 이름을 재닛(Janet)과 존(John)이라 부르겠다. 재닛은 수술할 수 없는 뇌종양이 있었다. 우리가 기도하면서 성령님께 인도해주시기를 구하였다. 나와 아내는 이 문제는 영적인 것이어서 영적으로 다루어야 할 필요가 있다는 것을 알았다(그의 병이 영적인 문제로 생긴 것이라는 의미).

재닛은 우리에게 자신들의 이야기를 들려주었다. 그녀는 친정집의 끔찍한 삶에서 자신을 구해준 빛나는 기사처럼 남편을 깊이 사랑하고 존경하였다. 우리는 그녀의 감정이 그것보다 훨씬 더 깊이 들어간 것을 알았다. 존은 이제 그녀의 생명과 같았다. 그녀는 남편을 우상화하였고, 하나님보다 그를 앞에 놓았다. 두 사람은 하나님을 믿고 가끔은 교회를 다니는 성도였지만, 아직은 예수님과 깊은 관계에 있지는 않았다.

존은 다부지고 굵은 체격의 건장한 근육질 남자였다. 그가 입은 정장을 통해서도 그 밑의 근육을 볼 수 있을 정도였다. 그는 나이트클럽의 도어맨과 경비원이었고, 또한 킥복싱 선수로도 뛰었다고 말했다. 그는 매우 강해서 자신이 받은 모든 충격을 이겨냈지만, 재닛은 그러지 못했다. 존은 재닛의 삶에 너무 많은 부분을 차지하고 있어서, 그녀는 사랑하는 남편을 통해서만 자신의 삶을 살고 있었다. 그녀는 남편이 받는 모든 공격을 털어낼 수가 없었고, 오히려 자신에게로 가져가서 그 고통을 느꼈다. 그녀는 남편의 시합을 보러 가는 것을 멈추어야만 했다. 왜냐하면 너무 고통스러워서 볼 수 없었기 때문이다. 그녀는 남편의 시합 날 집에 머물렀으나, 존이 상처받는 것을 막기 위해 상상 속에서 그가 받은 모든 폭력의 아픔을 자신에게로 가져왔다. 그녀는 항상 남편의 안전을 위해 걱정하였고, 모든 시합에 감정이입을 하였다. 킥복싱은 상대방의 머리까지 높이 찰 수 있어야 한다. 그녀는 이런 모든 타격의 통증을 자기 머리로 가져갔고, 이것이 종양의 근원이 된 것 같았다.

우리는 이것이 영적인 문제라는 것을 감지했고, 존에게 스포츠의 영적인 면에 관하여 물었다. 그는 이미 이것을 인식하고 있었다. 어떻게 그 훈련이 육체적이기보다는 영적인 훈련의 연속인지를 우리에게 말해주었다. 그는 맨손으로 벽돌이나 두꺼운 나무 블록을 쪼갤 수 있을 정도로 육체적으로 강하거나 손이 선천적으로 단단한 사람은 없다고 설명했다. 그는 이런 힘이 스포츠의 영적인 차원인 것을 알았다.

우리는 그들에게 성령님에 대해 말해주었다. 그리고 어떻게 우리가 하나님 아버지와 우리 주 예수 그리스도와 성령님 외에 다른 어떤 영이나 신과 연결되지 말아야 하는지를 알려주었다. 그리고 오직 예수님을 통해서만 하나님께 갈 수 있다고 말해주었다. 하나님 앞에 다른 것을 두는 것은 성경에서 우상으로 여긴다. 재닛과 존은 집중해서 들었다. 이런 개념을 제시하자 존은 성령님 이외의 것과 관계를 끊는 것에 기꺼이 동의했다. 그는 킥복싱이라는 무술을 통해 주술에 관여한 것에 용서를 구했고, 즉시 그것을 포기하고 그것과 맺었던 관계를 끊겠다고 약속했다. 그들은 예수님이 그들의 삶에 주인이 되어주시도록 요청하였고, 우리는 그들이 자유롭게 되도록 주술과 영, 혼으로 묶인 것들에서 끊어냈다. 그러고 나서 재닛은 존을 우상화한 것에 대해, 그리고 남편을 예수님보다 앞에 둔 것에 대해 주님께 용서를 구했다. 또한 모든 폭력의 아픔을 감정이입하고 자신에게로 그것을 가져온 것에 대해서도 용서를 구했다.

그들은 집으로 돌아갔고, 그후 우리는 그들에게 직접 연락하지 못했다. 하지만 그들의 담당 신부가 그들이 잘하고 있다고 가끔 우리에게 기별해주었다.

중독과 알레르기

/

다음과 같은 내용의 이메일이 도착했다.

저는 어린아이 때부터 폭식했어요. 오빠에게 성폭행당하고 나서 한 번에 많은 양을 먹게 되었어요. 케이크, 쿠키, 과자 등 무엇이든지 닥치는 대로 위를 꽉 채우고 토할 때까지 먹었습니다. 저는 제 몸무게와 건강에 대해 걱정이 되었습니다. 수년간의 치료와 기도로도 끊을 수 없어 보였던, 끝이 없고 고통스러운 악순환이었습니다. 도로시가 저의 폭식에 대해 기도해주었습니다. 그녀가 그날 밤 기도한 이후 저는 과식하지 않았고, 더 많이 먹고 싶은 욕망도 없어졌어요. 저는 이 고통스러운 악순환에서 벗어나는 방법을 찾기 위해 전문 치료사들을 만나고, 12단계 그룹 치료를 받고, 목회자들을 만나고, 콘퍼런스에 참석하는 등의 노력을 했습니다. 저는 심지어 과식은 제 육체의 가시라고까지 결론을 내렸습니다.

주님이 저를 고치셨어요. 하나님께 감사합니다.

우리는 히친에 있었다

/

콜린(Colin)은 나와 매우 친한 친구가 되었지만, 그의 집에 특별히 저녁 식사 초대를 받기 전까지는 친구가 아니었다. 콜린은 교회를 잘 다니는 침례교도임에도 불구하고, '은사파들'에게는 전혀 호의적이지 않았다. 그리고 우리도 '은사파'라는 것을 알고 있었다.

식사를 마치고 앉아서 이야기를 하던 중, 콜린이 몇 번 재채기하였다. 그는 고양이에 대해 알레르기가 있다고 설명해주었다. 주님이 하나의 치유가 시작된다는 것을 알려주시며, 이 알레르기가 어린 시절부터 있지는 않았다는 사실을 나에게 알려주셨다. 나는 콜린에게 이 고양이 알레르기가 일반적인 원인으로 생긴 것이 아니라, 다른 경로로 생긴 것일 수 있다고 알려주었다. 나는 그에게 재채기가 처음 생기기 전에 어떤 일이 일어났는지 다시 생각해보라고 하였다. 콜린은 친절하게도 시간을 두고 찾아보겠다고 동의하였고, 나는 조용히 성령님께 무슨 일이 일어났는지 그에게 밝히 알려달라고 구하였다. 그는 어떤 일이 있었는지 설명하였다. 어느 어두운 밤, 그가 운전하여 집으로 가고 있었는데 모퉁이를 돌아 그들이 사는 막다른 골목으로 들어섰을 때 고양이 한 마리가 갑자기 뛰어들어서 그 고양이를 죽이게 되었다. 그것은 그의 잘못은 아니었지만, 그는 자신에 대한 정죄감과 후회와 자신을 용서하지 못함으로 시달리고 있었던 것 같다. 내가 이 부분을 설명하자 그는 경청했다. 그는 듣는 데서 그치지 않고, 자신을 정죄함에서 풀어달라는 기도를 하기로 했다. 주님이 그를 위해 이미 용서하신 모든 것을 용서하기로 했으며, 지금까지 오랫동안 그것을 잡고 있었던 것에 대해 하나님께 죄송하다고 말하기로 했다. 우리가 그에게 정죄로 묶인 것을 끊었더니 그는 바로 자유롭게 되었다. 고양이가 있어도 다시 재채기하는 일은 없었다. 또한 그 일로 인해 다음 번 만남의 길이 열렸다. 그는 나와 함께 국제순복음 기업인 친교회에 참석하게 되었다. 그는 나의 존경하는 친구가 되었고, 국제순복음 기업인 친교회 히친 총회의 창립회장이 되었다.

콜린은 몇 년 전, 아직도 세상에 기여할 것이 너무 많은 전성기에 결장암으로 죽었다. 그래서 나는 내 친구들이 그 누구도 때아닌 죽음을 맞지 않도록 내 안에 예수님의 임재와 기름 부으심이 더 충만해지기를 갈망한다.

10장

암과
다른
장애들

이런 병은 치료 없이는 낫지 않는 질병이다. 어떤 것은 치료하여도 의학적으로 치료되지 않는 병도 있다. 종종 의학적인 치료는 증상을 완화하거나 환자가 질병의 영향을 극복하도록 돕는다. 그렇지만 하나님은 못 하실 일이 없다. 나는 성령님의 능력과 임재 안에서 예수님의 권세가 행할 수 있는 놀라운 일들에 경이로움을 표한다. 내가 이 책 전체를 통해 강조하려고 노력했듯이, 치유하라는 사명과 그 치유를 위한 권세는 예수님으로 인해 그분의 몸인 교회에 이미 주어졌다. 하나님이 나에게 주신 비전의 대부분은 당신의 백성을 격려하고 나가서 병자를 고치는 것이었다. 예수님이 계시면, 그곳에 치유의 능력이 있는 것이다.

그분의 임재하심의 능력

나의 친구 스콧 에드가(Scott Edgar)는 사우스캐롤라이나에서 누가복음 5장 17절을 읽고 있었는데, 치유의 은사는 성령님이 이끄시는 것 같다고 말하려고 나에게 이메일을 보냈다. 그는 다음과 같이 썼다.

어느 날 나는 누가복음 5장 17절을 읽었는데, "병을 고치는 주의 능력이 예수와 함께 하더라"에서 병을 고치기 위해 "능력"이 있어야 한다고 해석하는 것을 어떻게 생각해?

그 질문을 받고 나는 깊은 생각에 빠졌다. 나는 이렇게 답장하였다.

어떤 면에서 치유를 위해 하나님의 능력이 임해야 하는 것은 자네 생각이 맞는다고 생각해. 기름 부으심은 성령 세례, 곧 위에서 능력을 받는 것과 함께 오지. 우리는 어떻게 성령님이 요단강 옆에서 예수님께 내리셨는지 생각해보아야 해. 그 후 예수님은 우리도 그러듯이 시험의 시간을 겪으셨지. 이후 우리는 누가복음 4장 14절에서 예수님이 성령님의 능력으로 갈릴리로 돌아오셔서 말씀 선포를 시작하셨다는 것을 배웠어. 그분은 회당에 들어가셨고, 우리는 이사야 61장 2절의 예언이 성취되었음을 알지. 이사야 10장 27절은 기름 부으심이 멍에를 끊는다고 했지. 기름 부으심이 압제자의 묶임을 깨뜨린다네. 다시 누가복음 5장 17절을 보면 예수님은 말씀을 가르치셨지. 치유, 생명, 삶 그 자체가 하나님의 말씀 안에 있어. 생명은 말씀 안에 있어. 예수님은 말씀이시고 생명이시며, 주님이 계실 때 말씀이 있지. 우리가 성령님의 능력으로 말씀을 선포할 때 능력이 있다는 것을 이 구절이 보여주지. 예수님은 치유의 능력을 구하셔야 할 필요도 치유의 능력을 찾으실 필요도 없지. 그것은 오늘날도 마찬가지라네.

그곳에 누가 있었는지를 보면, 갈릴리와 유대와 예루살렘에서 온 바리새인들과 서기관들이 있었다는 것을 알 수 있다. 이것은 큰 모임이었고, 예수님을 잡으려는 음모였다. 그들은 예수님이 가르치실 때 그분의 발아래서 말씀을 받으려고 그곳에 있었던 것이 아니었다. 바리새인들과 서기관들은 예수님을 판단하고 정죄하러 온 것이었다. 그들은 믿음이 작은 것이었거나 믿음이 없는 것이 아니었다. 오히려 그들은 우리가 믿음을 '부정하는' 것이라고 할 만한 것을 보여주고 있다. 그들은 예수님이 하시는 모든 일을 약화시키거나 공격하려고 그곳에 있었다. 우리는 다른 구절에서 예수님의 사역 초기에 사람들에게 믿음이 거의 없었을 때, 무슨 일이 일어났는지 알고 있다. 그런 경우 어떤 기적도 일어나지 않고, 다만 소수의 병자만 고침을 받았다(참조. 막 6:5 하반절, 마 13:58).

한 번은 기적이 일어나지 않고 소수만 고침을 받자, 사람들이 무슨 일이 일어난 것인지 주님께 여쭈었다. 왜냐하면 예수님이 다른 곳에서는 그분에게 오는 사람들은 다 고치셨다는 것을 알았기 때문이었다(참조. 마 12:15). 내가 받은 인상은 많은 사람이 예수님께 나아가지 않아서 치유되지 않았다는 것이다. 그들은 예수님의 가르침을 듣기 위해 오지 않았다. 그분의 고향에서 그분을 찾아올 만한 분별력을 가진 사람은 많지 않았다. 그들은 아마도 목수 요셉과 마리아의 아들로 자라나는 것을 본 어린아이 정도라는 사실과 색다른 출생에 대해 험담했을 것이다. 많은 사람은 작은 마을에 도는 소문에 대해 알았을 것이고, 그로 인해 고통받았을 것이다. 그래서 주님께 들으러 왔거나, 모임에 와서 보고, 그분의 도움을 요청한 소수만이 고침을 받았을 것이다.

우리는 항상 치유하는 능력이 누구에게 있는지를 기억해야 한다. 우리가 아니라 예수님이시다. 우리는 예수님의 권위로 사역하는 것이다. 우리가 믿음으로 말씀 사역을 할 때, 예수님이 계신다. 그리고 예수님이 계실 때 그렇게 고치시는 능력도 있는 것이다. 그러므로 이 구절로 격려는 받되 좌절하지는 말라. 우리가 언제 어디서든지 예수님의 이름으로 나가면, 성령님의 기름 부으심 가운데로 가는 것이다. 다른 사람이 있든 없든 치유하는 힘은 있다. 그리고 말씀에 있는 능력을 더 자세히 보면, 그것은 '듀나미스'(dunamis), 곧 강력한 힘이다.

고린도전서 12장 9절에 나오는 "병 고치는(치유의) 은사"를 생각할 때, 우리는 이러한 은사가 신령한 치유자를 만드는 것이 아니라, 신령한 치유를 일으킨다는 것임을 반드시 기억해야 한다. 은사는 성령님의 나타나심이다. 그분이 은사를 소유하고 계신다. 예수님은 성도들이 그분의 충만함에서 흘러나오는 것을 보여줄 필요가 있다고 보시고, 그들에게 치유의 은사를 주신다. 우리는 이것은 단지 예외적인 사역자, 즉 병자가 하나님의 치유를 받기 위해 찾아가야 하는 사람들에게만 주어지는 선물은 아니라는 것을 강조해야 한다. 그것은 그분이 자신의 은혜와 능력, 뜻을 나타내실 수 있다고 믿는 모든 사람을 통해 나타난다. 그러므로 우리가 이 책에 기록한 놀라운 치유 이야기를 보면, 안수하고 사람들의 삶에 치유를 선포하는 사람은 도로시와 나뿐만이 아니라 성도들임을 알 수 있다.

암에서 치유되다-캐롤 파그노토(Carole Pagnotto) 이야기

우리의 미션 중 하나를 끝낸 뒤 아래 기사가 실린 교회 잡지를 받았다. 이번에도 그들의 기도팀 중 한 사람이 직접 사역했다. 나와 아내는 그 여인과 함께 기도할 때 개인적으로 관여하지 않았다. 우리가 하나님 나라에 관한 진리를 선포하면, 예수님의 임재와 치유의 기름 부으심의 능력이 그 방을 채우는 것이다.

5개월 전 저는 유방 조영상을 찍었는데 왼쪽 유방에 점 하나가 보였어요. 이때 이것을 몇 번 더 찍으며 추적 검사를 했고, 6개월 안에 다른 영상을 한 번 더 찍어야 한다고 했어요. 주치의는 제게 직접 전화해서 가능한 한 빨리 추적 영상을 찍어야 한다고 하고는 제가 남은 검사를 마치도록 예약을 잡아주었어요. 그렇게 다시 여러 번 유방 조영상을 진행했고, 모든 사진에서 같은 위치에 같은 점이 찍혔어요. 방사선 전문의는 그 필름을 판독하고 다시 오겠다고 했어요. 두말할 필요 없이, 저는 많이 긴장되고 걱정스러웠어요.

저에게는 기도가 필요했습니다. 그래서 저와 남편은 금요일, 토요일 그리고 주일에 열리는 비커스 부부의 치유 집회를 고대하고 있었어요. 금요 집회 때 저는 기도 요청을 했고, 다이앤(Diane)이라는 이름의 여자가 와서 저를 위해 기도해주었어요. 저와 남편은 집회장의 뒤편으로 갔는데, 거기서 그녀가 저의 치유를 위해 기도했어요. 그녀는 그 점이 암이라고 하면서 괜찮아질 거라고 말했어요. 저는 "아니요, 아니요,

이건 암이 아니에요"라고 소리치고 싶었어요. 그녀는 기도하다가 어느 순간 저와 남편이 함께 있은 지 오래되지 않았다고 주님이 말씀하시는 것을 느꼈다고 했어요. 그래서 저희가 결혼한 지 3개월 되었다고 알려주었어요. 주님은 저희를 갈라놓지 않으실 것이고, 저와 남편이 해야 할 일이 있다고 말했어요. 정말 위로가 됐어요!

그녀는 계속 기도하고 나서, 저와 남편이 주님과 약속했고, 주님이 그 약속을 귀하게 여기신다고 말씀하시는 것을 느꼈다고 했어요. 그 약속은 저희 결혼에 두 사람이 있는 것이 아니라, 예수님, 저 그리고 남편 이렇게 세 사람이 있다는 것이었어요. 그녀는 암 환자였던 자신의 경험에 대해 말해주면서, 괜찮을 거라고 다시 한번 확신시켜주었어요. 저희는 모든 것이 하나님의 손에 달려 있고, 그분이 도우신다면 무슨 일이 있어도 문제가 해결될 것이라는 확신을 가지고 떠났어요.

제 가슴에 있던 점이 달라져서 초음파 검사를 다시 받으러 오라는 전화를 받았어요. 바로 다음 날 아침 10시 40분 예약을 해주면서 초음파를 찍고 조직 검사를 해야 하니 남편이 동행해야 한다고 했어요. 전화의 내용이 마음을 무겁게 했지만, 주치의는 저에게 걱정하지 말라고 했어요! 저는 즉시 그리스도 안에 있는 모든 자매에게 연락했어요. 그들이 기도를 시작하자 저는 순식간에 기도로 목욕을 하는 느낌이 들었어요.

병원으로 가는 길에 남편은 괜찮을 것을 안다고 말했고, 우리는 아무것도 염려할 것이 없다고 서로에게 확신을 해주었어요. 모든 것이 위대한 의사이신 우리 구세주의 손안에 있으며, 그분에게는 어려운 것이 하나도 없다는 것을 알고 있었어요.

촬영기사가 초음파 검사를 시작했을 때, 저는 점을 찾으려고 모니터를 보고 있었는데 찾을 수 없었어요! 촬영기사는 모든 것이 깨끗하다고 하면서 방사선 전문의에게 결과를 보게 하겠다고 말했어요. 남편은 의사 뒤에서 눈물을 흘리며 조용히 응원의 표시를 보내며 서 있었어요. 촬영기사가 떠나고 약 15분간 저와 남편은 기도하며 주님의 신실하심을 찬양했어요. 촬영기사가 다시 방으로 돌아와서 의사가 왼쪽 유방 전체에 초음파 검사를 지시했다고 알려주었어요. 다시 초음파 검사를 하는 동안, 촬영기사는 우리에게 초음파 사진에 아무것도 없다고 계속 말했어요. 우리가 하나님께 영광을 돌리자, 그녀가 우리와 함께 웃었어요. 그녀가 이 결과를 의사에게 보고하자 그는 그녀를 들어오게 하고, 저에게는 집에 가도 된다고 했어요!

그날 저녁 늦게 저에게 전화를 한 주치의는 자신이 믿기 어려운 일이 벌어졌다고 했어요! 제가 의사에게 이것이 기도의 힘이라고 말하자 의사도 흔쾌히 동의했어요! 이제 유일하게 남은 일은 6개월 안에 한 번 더 가슴 촬영을 하는 거예요. 저는 흔쾌히 그 일을 할 수 있습니다.

저와 남편은 제가 받은 이 치유의 은혜에 그저 감사할 뿐입니다. 저희 부부는 우리 주 예수 그리스도, 우리의 치료자이신 여호와 라파, 우리의 공급자이신 여호와 이레 그리고 엘 샤다이 곧 전능하신 분께 모든 존귀와 찬송과 영광을 드립니다!

그리고 또 다른 이메일이다.

저는 어젯밤 놀라운 소식을 들었어요. 친구는 올해 암 수술과 항암 치료를 받았어요. 친구는 항암 치료의 후유증으로 청력을 약간 상실했어요. 당신이 친구를 위해 기도해준 뒤 한쪽 귀가 완전히 나았고, 다음 날 다른 귀도 청력이 정상으로 돌아왔어요. 친구는 지금까지도 청력에 아무 문제가 없다고 해요. 친구는 주님을 찬양하고, 당신의 기도에 감사하고 있어요. 친구는 오늘 오전에 받을 수술을 위해 기도해주시기를 요청했어요. 암으로 인해 친구의 폐 대부분이 제거되었어요. 그리고 폐에 계속 액체가 생겨요. 의사는 폐의 측면을 거칠게 만든 다음 양쪽을 함께 당겨서 유착시키는 수술을 하려고 해요. 어젯밤, 우리는 함께 친구의 병이 속히 낫고, 마음의 평안을 주시기를 기도했어요. 친구는 당신의 기도를 기뻐할 거예요.

베거즈 루스트로 팻을 데려오다

/

이것은 팻 하디(Pat Hardy)가 암을 이겨낸 이야기로, 그녀는 그 내용을 나에게 이메일로 보내주었다. 그녀가 베거즈 루스트에 온 첫날 밤은 춥고 눈이 많이 왔다. 도로는 위험했지만, 우리 사역 팀원 중 한 명인 팸 프리처드(Pam Pritchard)는 자신의 친구가 죽을까 봐 크게 걱정했다. 팻의 예후는 매우 좋지 않았다. 그녀는 너무 아프고 절망적이어서 불가피한 일이 아니라면 여행을 자제하라는 기상대의 경고에도 불구하고 위험을 무릅쓰고 길을 나섰다. 주님이 그들을 상하지 않게 안전하게 지켜주셨다. 팻은 센터로 와서 기도를 받았으며, 집으로 가는 길에 둘 다 하나님의 놀라운 평안을 느꼈다고 말했다.

팸은 팻의 집에서 약 30킬로미터 정도 떨어진 곳에 살았는데, 팻을 집에 내려주고 나서야 팸은 눈이 많이 내리고 있는 것을 깨달았다. 그 밤에 어떻게 집에 갈 수 있을지 난감했다. 팸이 팻의 집에서 벗어나 큰 도로 쪽으로 미끄러졌을 때, 제설차가 지나가서 그 차 뒤로 팸의 차가 들어갔다. 내 생각에 이제 기적의 영역에 들어섰다. 두 여성은 서로 멀리 떨어져 있는 다른 구에 살고 있었을 뿐만 아니라 완전히 다른 주에 살고 있었다. 내 경험상 극과 극의 위치였다. 각 구는 그들의 지역만 책임을 질 뿐, 절대 다른 구의 길을 제설해주지 않는다. 그리고 각 주는 자신의 자원을 사용하지 다른 주의 자원을 사용하지 않는다. 그런데 이 제설차는 팸이 가려고 하는 정확한 방향으로 각각의 주를 나누는 모든 경계선을 지나갔다. 팸은 제설차를 따라 안전하게 집으로 돌아갈 수 있었다. 헤드라이트를 본 순간 남편이 팸을 맞이하기 위해 달려 나왔다. 남편은 팸을 매우 걱정하고 있었다.

그 주 후반 팻은 팸에게 전화를 걸어 자신의 출혈이 멈추었고 혈액 수치가 올라갔다고 말했다. 팻의 치유는 이렇게 시작되었고, 이제는 완전히 나았다. 다음은 팻의 이야기다.

안녕하세요 랜디.

제가 보내는 이 이야기를 당신이 원하는 어떤 출판물에 사용해도 좋습니다. 2001년 2월, 저는 스톡스필드에 있는 베거즈 루스트 치유센터를 처음 방문했어요. 저는 그곳에 갈 수 있는 상태가 아니었지만, 친구이자 전 동료인 팸이 동행해주어 그곳에서 놀라운 치유를 받았습니다. 팸은 제가 자신처럼 치유받기를 간절히 원했습니다. 저를 사랑하는 팸은 목요일 치유 예배에 데려다주려고 눈과 얼음을 뚫고 왔습니다.

그즈음 저는 난소 종양을 제거하기 위해 대대적인 수술을 받았고, 항암 치료를 받고 있었습니다. 종양들은 악성이고 많이 진행된 상태였습니다. 항암 치료는 수술 후에도 남아 있는 작은 세포와 감염된 조직을 파괴하기 위해서였습니다. 제가 처음 병원을 찾았을 때, 혈액 속의 암을 나타내는 수치인 CA125가 250이 넘었습니다. 여성의 정상 수치는 0에서 35 사이인데, 저는 허용치를 훨씬 초과했습니다.

병원에서 진단을 받고 매우 당황스러웠습니다. 예후도 별로 좋지 않다고 했습니다. 운이 좋으면 5년 더 살 수 있고, 암이 재발할 수 있다는 말을 반복해서 들었습니다. 열에 하나 살아남을 확률이었습니다. 아주 긍정적이고 멋진 간호사가 저를 응원해주었으나, 이 병은 저의 믿음을 제대로 시험했습니다. 저는 공허해졌고 상실감이 몰려왔습니다. 이 상황을 바꾸기 위해 제가 할 수 있는 일은 아무것도 없었지만, 하나님이 이 상황을 바꾸실 수 있다는 것을 알았습니다. 또한 이런 일이 항상 일어나지 않는다는 것을 알기 때문에 제 기도는 아이들을 위해 살게 해달라는 것부터 대처할 수 있는 힘을 달라는 것까지 다양했습니다.

센터에 도착했을 때, 저는 빨리 기도를 받고 싶어서 예배가 끝나기를 바랐던 기억이 나요. 저는 하나님의 음성을 듣는 것에 절박했습니다. 랜디가 저에게 오더니 기도를 시작했어요. 그날 밤 그가 함께 기도

한 사람은 저뿐이었던 것 같아요. 저는 정말 무서웠어요. 저는 우리가 하나님의 임재 안에 있다는 것을 알고 나면 모두 두려워하리라 생각합니다. 랜디는 기도하기 시작했습니다. 그는 제가 암에 걸린 것이 제 잘못이 아니라고 느끼게 해주었어요. 그는 제 가족의 암과의 연관성에 대해 기도해주었습니다. 그 기도에 저는 놀랐습니다. 그 당시 저는 남편에게 제가 41세이고 엄마가 암으로 41세에 돌아가셨기 때문에 무섭다고 말했었기 때문이에요. 제 아버지도 41세에 폐색전증으로 돌아가셨습니다. 랜디는 제가 두려워했던 바로 그 일을 위해 기도하고 있었어요. 그는 모든 두려움은 떠나라고 기도했습니다. 그는 아주 사랑스럽고 온유하게 기도했는데, 하나님이 저를 사랑하시고, 존중히 여기시며, 귀하게 여기신다고 느꼈어요. 랜디는 또한 저주를 대적하며 기도했어요. 그런 다음 제 오른쪽 귀와 엄지손가락, 엄지발가락에 기름을 바르고 깨끗해지기를 기도했습니다. 저는 매우 당황스러웠지만, 성령님이 랜디의 기도를 인도하고 계신다는 것을 알았습니다. 그 외에도 제 마음에 말씀하시는 다른 것이 있었는데, 이 모든 일의 중심에는 하나님이 계시며, 제가 이해하지 못한다고 해서 하나님이 일하지 않으신다는 뜻은 아니라고 말씀해주셨습니다.

랜디의 관찰 1.

1) 우리는 환자에게 의학적 진단을 내릴 때 누군가를 저주하는 것과 같은 효과를 낼 수 있다는 사실을 발견했다. 대부분 사람은 의식도 못한 채 그 진단을 자신이 누구인지 또는 무엇인지를 정

의하는 것으로 받아들이고 개인적으로 '소유'한다. 사람들은 "나는 암이야", "암이 말기야", "내 아들은 자폐야"라고 말만 하는 것이 아니라 그것을 진심으로 믿는다. 이 문제에 어떻게 대처해야 할까? 태어날 때 다운증후군 진단을 받은 우리 손녀 루시(Lucy)의 경우에도, 우리는 다운증후군을 아이에게 영향을 미치는 것으로 받아들였다. 이 말은 의학적 진단을 거부하자는 것이 아니라, 의학적 진단에 따라 루시를 정의하고 소유하도록 하는 권리와 권위를 부여하지 말아야 한다는 것이다. 우리는 루시가 다운증후군을 앓고 있거나 다운증후군이 있는 아기라고 생각하거나 언급하지 않는다. 진단을 받고 이 증후군이 루시에게 미칠 수 있는 몇 가지 영향을 알면 몸이 치유를 받아들이도록 어떻게 기도해야 하는지를 알 수 있다. 우리는 루시가 평범한 소녀로 성장하기를 기대하며 살고 있으며, 다양한 증상이 나타나면 그에 따라 기도한다.

2) 예수님은 우리를 위해 저주가 되셨다. 그래서 이방인들도 믿음으로 축복을 받으며, 성령님의 약속을 받을 수 있다(갈 3:13 이하). 그러므로 팻의 경우 그녀에게서 저주의 힘을 풀고 그것을 무효라고 선포하기 위해 나는 예수님의 이름에 있는 권세를 사용했다. 그래서 의사가 환자에게 진단을 내릴 때 환자는 대개 그것을 의식하지 않고 받아들이며, 그로 인해 두려워할 수 있다는 것을 우리는 발견했다. 두려움은 하나님에게서 오지 않는다고 성경은 말씀한다. 성경에는 우리에게 걱정하지 말라는 권고가 여

러 번 나온다. 순종하기 어려운 말처럼 들릴지 모르겠지만, 두려움은 죄다. 우리는 병과 아픔의 무게를 짊어지고 피곤하고 지친 사람들에게 더는 부담을 주지 않으려는 것이다. 우리가 지금까지 보았듯이, 그들을 묶고 있는 멍에를 끊는 것은 기름 부으심이다. 두려움은 우리가 하나님을 신뢰하지 못하는 곳에서 나타난다(이것은 당신의 손을 뜨거운 난로에 델 때 두려워하는 것처럼, 해를 당하지 않으려고 갖는 '두려움'을 말하는 것이 아니다. 왜냐하면 당신은 그렇게 하면 화상을 입을 것을 알기 때문이다. 그런 두려움은 우리가 무모한 행동을 하지 못하게 막는다. 그것은 두려움이 아니고 상식이다).

3) 이것이 반드시 두려움의 영은 아니며, 두려움이 있다면 하나님이 우리에게 주신 것이 아님을 우리는 안다(딤후 1:7 참조). 나는 이것이 진단 결과에 대한 우리 혼의 반응이며, 회개와 용서를 통해 풀릴 수 있다.

4) 하지만 종종 말기에 이른 질환이나 질병을 진단받은 경우, 우리는 두려워하며 죽음의 영에게 우리 자신을 열어줄 수 있다. 아버지 하나님의 용서로 사망의 영에게서 구원받을 수 있는 권세가 주어준다.

5) 팻이 일어난 사건을 묘사한 것으로 알 수 있듯이, 주님의 인도하심을 따라 나는 잘못된 영혼의 묶임과 세대 간의 문제를 다루었다.

6) 팻은 그녀의 오른쪽 귀와 엄지손가락과 엄지발가락에 기름을 부은 것에 대해 언급했다. 나는 레위기 14장 12-20절에서 제시

하는 정결 의식을 따라서 먼저 보혈을 뿌리고, 그다음 기름을 쓰는 방법을 따라 하고 있다. 예수님과 그분이 십자가에서 흘리신 피 말고는 다른 희생이 필요 없기 때문에, 나는 상징적으로 그리스도의 피를 팻의 오른쪽 귀 끝이나 귓불에, 그다음 그녀의 오른손 엄지손가락에, 그리고 그녀의 오른발 엄지발가락에 발랐다. 말씀에는 제사장이 기름을 바르기 위해 특별한 기름을 가져다 귀 끝과 엄지손가락 그리고 엄지발가락에 있는 피 위에 발랐다고 쓰여 있다. 우리는 축복한 기름을 사용할 수 있다. 그러나 기름이 성령님의 기름 부으심을 상징하기 때문에, 실제 기름이 없으면 성령님이 기름 부으심으로 오시도록 요청하고 보혈로 덮을 수 있다. 그리고 상징적으로 귀와 엄지손가락과 엄지발가락에 바른다. 이러한 사역 방식에 대한 더 많은 정보를 알고 싶다면 내가 치유에 관해 최고의 참고서라고 생각하는 『아무도 알고 싶어 하지 않는 좋은 소식』(*The Good News that Nobody Wanted to Know*)을 참고하기 바란다(상세한 내용은 5장 끝부분에 나온다).

팻의 이야기가 다음과 같이 계속된다.

병원에서 예언을 받았던 것이 기억납니다. 제가 어두운 곳을 헤쳐 나갈 것인데, 예수님과 저는 함께 바위를 넘어 계곡을 통과하고, 치유가 끝날 때 많은 사람이 저를 보면서 하나님의 일을 볼 것이라고 했어요. 저는 이 말씀에 격려를 받았지만, 제가 생각의 줄을 놓치고 멍해질 때마다 그것을 상상하게 하는 것 외에는 큰 도움이 되지 않았습니다.

제 마음에서 진짜 전투가 벌어지고 있었던 것이지요.

랜디의 관찰 2.

팻은 그다음 주 목요일 밤에 다시 센터로 왔다. 지난주 죽음의 문턱에서 우리와 함께 있던 모습과는 확연히 달라 보였다. 그녀는 일어서서 지난주에 어떻게 고침을 받았는지 간증하였다. 두려움과 죽음의 영이 그녀에게서 떠난 것이 확실했다. 그녀가 나았다는 것을 의학적으로 확인하기 전인데도, 팻은 예수님이 하신 일을 확신하며 담대하게 살기 시작하였다.

팻의 이야기가 계속된다.

한 달 안에 저의 혈액 속 암 수치가 10 아래로 내려갔고, 이는 건강한 성인에게 해당하는 정상 범위였습니다. 항암 치료를 받는 동안 저는 감기에 걸리거나 아프지 않았고 끝까지 잘 마쳤습니다. 치료를 마치며 측정한 저의 CA125는 4였습니다. 정말 행복했습니다.

직장에 복귀하고 가족에게 돌아간 저는 하루하루를 하나님이 주신 선물로 여겼고, 제게 주신 공동체를 돌볼 책임이 있음에 너무 감사했습니다. 병이 나기 전에 저는 스트레스의 노예였습니다. 일하느라 밤새 서 있었고, 제대로 먹지 못했으며, 운동도 전혀 하지 않았습니다. 저는 늘 과로했고, 하나님이 제가 즐겁게 사는 것을 원하신다고 믿지 않았어요. 저는 어떤 일을 해달라는 요청을 받으면 하나님이 주신 것이므로 반드시 해야 한다는 생각을 갖고 있었습니다. 밤낮을 가리지 않고 기도와 사역을 요청하는 사람들이 있었고, 그들을 돕기 위해 제가 하던 일을 잠시 내려놓기도 했습니다. 제가 암에 걸렸을 때 저는 큰 실패감에 빠졌습니다. 우리 교회는 깜짝 놀랐지요. 그들은 제가 병에 걸릴 수 있다고 생각하지 못했어요. 그들이 볼 때 저는 하나님과 아주 친밀하기에 아플 수 없는 사람이었던 거예요. 이 일로 그들의 믿음이 흔들렸고, 그들은 저를 위해 하나님께 간절히 기도하며 백만 가지의 실제적인 방법으로 저에게 놀라운 사랑을 보여주었습니다. 두 분이 가져다준 향수를 받고 저는 정말 감동받았습니다. 저는 책을 많이 읽는 다독자였지만, 그 상황에서 마음에 담아둘 수 있는 것이 아무것도 없었습니다. 초콜릿과 과일은 제가 항암 치료를 받는 동안 음식의 맛을 느낄 수 없었기 때문에 매력적이지 않았습니다. 항암 치료의 부작용으로 발에 문제가 생겼고 심한 가려움과 통증을 느꼈습니다. 다른 부작용은 감당할 수 있었지만, 이것은 눈물이 날 정도로 너무 고통스러웠습니다. 뒤돌아보니, 제가 한시도 발을 쉬지 않고 너무 많은 일을 하려고 해서 문제가 되었던 것으로 이해가 되었습니다.

 저는 건강한 식습관과 생활 방식이 중요하다는 것을 제대로 배우고 나서, 하나님은 우리가 건강하고 균형 잡힌 삶을 살기를 원하신다는 것을 배웠습니다. 저는 제가 건강하다는 것이 너무나 기뻤고 지난 2년 동안 잘 지냈습니다. 그런데 그때 믿을 수 없는 일이 벌어졌습니다. 다시 한번 저의 암 수치가 올라가서 500을 넘겼습니다. 저는 그것을 오류라고 생각했어요. 암은 다시 활동할 수가 없었어요. 저는 건강했고 어떤 증상도 없었기 때문이에요. 그렇지만 저는 병원에 가야 했고, 스캔

촬영과 여러 가지 검사를 받았습니다. 그리고 아주 작은 활성 세포가 많아서 수술이 불가능하다고 했습니다. 이 암에 대한 치료법은 없었고 화학 요법으로 수명을 연장할 수는 있지만, 그 기간 동안 제 삶의 질에 대한 결정을 내려야 했습니다. 의사는 증상이 없는 한 정확한 증상이 확인될 때까지 치료를 받지 않는 것도 괜찮다고 조언해주었습니다. 결정은 제게 달려 있었습니다.

랜디의 관찰 3.

이 단계에서 팻의 친구 팸이 나에게 전화를 걸었다. 그들은 어떻게 해야 할까? 그들은 어떻게 기도해야 할까? 두 사람 다 두 번째로 암이 발병하자 겁을 먹었다. 둘은 잘해야 5년 정도 살 수 있다는 진단을 받고 소망 없이 센터로 왔던 처음보다 이 두 번째 진단에 더 두려워하는 것 같았다. 다시 말하지만, 두려움은 우리 안에 주님을 신뢰하지 않는 부분이 있다는 신호다. 우리가 이 모든 것을 주님께 가져가서 그분의 용서를 받아들이자, 이 상황에 비추어 이해할 수 없는 평안의 복이 소망과 능력, 확신과 함께 우리의 존재에 스며들었다. 나는 팸에게 전화로 기도해주었고, 그러자 그녀는 평안을 얻었다. 그런 다음 팸도 같은 방법으로 팻에게 기도해주었다.

팻의 이야기가 계속된다.

저는 도로시가 저에게 준, 도디 오스틴(Dodi Osteen)이 쓴 『암에서 고침받다』(Healed of Cancer)라는 책을 읽었습니다. 이 여인은 치료하는 말씀을 알게 되어 고침을 받았고, 그녀의 마음과 삶을 두고 벌어지는 싸움에서 매일 말씀을 사용하였습니다. 마침 저는 직장에서 '탁월함에 투자하라'는 강의를 듣고 있었는데, 그 강의는 우리가 생각하는 것이 우리 몸속의 화학물질에 영향을 미친다는 사실을 강조했습니다. 저는 도로시에게 받은 책을 읽으면서 책과 강의의 내용이 합쳐지는 것 같았고, 건강해지기로 결심했습니다. 저는 예수님께 시선을 고정하고, 주변에서 어떤 싸움이 벌어지든 무시하고 오직 그분께만 집중하기로 하였습니다.

2003년 여름 내내 저는 성경을 읽으며 감동을 받은 말씀에 줄을 치고, 그 말씀을 쪽지에 적어 온 집 안에 붙였습니다. 책에서 찾은 내용을 바탕으로 저에게 의미 있는 다른 구절들을 추가했습니다. 8월에 와이트섬에서 휴가를 보내던 중 복부에 세포가 활성화되어 체액이 차서 병원에 입원했습니다. 병원에서 액체를 몇 리터나 빼냈고, 믿음이 있으면 하나님과 화목하라고 하시는 말씀을 들었습니다.

저는 휴가에서 돌아와 항암 치료를 좀 더 받기로 결정했어요. 그때까지 저는 도디 오스틴과 같은 믿음을 갖고 싶어서 하나님만 신뢰하여 낫기를 바랐습니다. 제가 항암 치료를 받기로 결정하자 마자, 하나님이 그렇게 하는 것이 옳다고 말씀하시는 것처럼 느껴졌습니다. 그 기간 동안 저는 몸에 대해 훨씬 더 많이 조심하고, 악마에게 내 건강에서 손을 떼라고 소리치는 법을 배웠습니다. 또한 저는 새롭고 깊은 방법으로 기도하는 것을 배웠고, 하나님은 저를 변화시키셨습니다. 성탄절이 다가

오자 갑자기 마지막 항암 치료는 받지 말아야겠다는 마음이 들었습니다. 마지막 치료를 받기로 한 날이 크리스마스 이브여서 저는 하나님이 제게 아프지 않은 크리스마스를 주실 것을 알았기 때문에 항암 치료를 받지 않겠다고 했습니다. 저의 혈액 수치가 너무 낮아서 마지막 항암 치료를 받는 것은 안전하지 않았습니다. 마지막 치료를 받을 필요가 없을 때가 되어서야 제 피가 회복되었습니다.

그 이후 지금까지 저는 잘 지내고 있습니다. 제 마음에 '만약 이런 저런 일이 벌어지면 어쩌지?' 하는 생각이 들 때도 있습니다. 그때 저는 성경 구절을 사용해서 생각과 싸우고, 저의 감정과 두려움 대신 하나님 말씀의 진리에 집중합니다. 저는 반석 위에 서 있는 것 같습니다.

저는 아프기 전에 주님의 부르심을 느끼고 확신도 있어서 하나님께 사역자로 안수받는 것에 대해 여쭈었어요. 병을 앓는 동안 저는 이것이 저를 향한 하나님의 뜻이라고 점점 더 확신하게 되었어요. 랜디가 저를 위해 기도해주고 오른쪽 귀, 엄지손가락, 엄지발가락에 기름을 발라주었을 때, 그것은 레위기 8장 22-24절에 나오는 제사장을 정결케 하는 의식이었으니까요.

랜디의 관찰 4.

보혈과 기름을 적용했을 때 나는 병자를 정결하게 하는 데 사용된 레위기 14장을 생각했다. 하지만 팻이 지적했듯이 제사장직을 수행할 사람을 준비하는 데도 같은 의식이 사용되었다는 점에서 내가 예언자적 태도를 취하고 있었는지도 모른다.

팻의 이야기가 계속된다.

하나님은 계속해서 제가 그 방향으로 가기를 원하신다고 확인해주셨고, 이 부르심을 따르기로 한 후, 다른 많은 사람에게서도 확인을 받았습니다. 저는 지난 4년 동안 일어난 일의 의미에 대해 다 알지도 못하고, 이해할 수도 없습니다. 하지만 저는 혼란스러운 상황처럼 보일지라도 하나님이 일하고 계신다는 것에 대해 많이 배웠고, 우리가 항상 모든 답을 가지고 있는 것도 아님을 알게 되었습니다.

주 안에서 사랑하고 감사합니다.

팻으로부터.

텍사스주 라레도에 가다

/

우리가 라레도에 있는 동안 장로교회에 다니는 한 여 성도의 부탁을 받았다. 암으로 샌안토니오의 병원에 입원해 있는 친구를 위해 기도해달라는 것과 가능하면 우리가 방문해주기를 요청하였다. 데일 영스(Dale Youngs) 목사님과 교회는 이미 그녀를 위해 기도하고 있었다. 우리가 샌안토니오에 도착할 즈음, 그녀는 병원에서 더는 해줄 수 있는 치료가 없다는 통보를 받고 집으로 돌아갔다. 그래서 우리는 병원에서 만날 수 없었다. 대신 도로시는 그녀의 집으로 전화를 했다. 우리는 미국에 있는 동안 매일 오후 그녀의 남편과 대화를 하고 그녀를 위해 기도했다. 지난주 데일 영스 목사님에게서 메일이 왔다.

주제: 기적인인 치유

저는 이 기분을 억제할 수가 없습니다! 부디 제가 드리는 이 편지를 통해 최고의 기쁨을 함께 느끼셨으면 좋겠습니다

그녀에게 암이 사라졌습니다! 마지막 MRI 검사에서 췌장에도, 간에도, 신장에도 암이 없다는 결과가 나왔습니다! 의사는 그녀가 죽지 않을 거라고 장담했습니다. 그 기적을 주신 하나님께 감사드립니다. 그리고 그녀에게 간증을 주셔서 많은 사람을 계속해서 변화시키실 하나님을 찬양합니다. 저는 오늘 교회에서 펄쩍펄쩍 뛰면서 이 소식을 전했는데 눈물이 멈추지 않았습니다. 그녀는 이런 종류의 암에 걸린 사람 중 살아남은 2퍼센트에 속한다고 합니다. 하나님은 그녀를 위한 분명한 목적을 가지고 계십니다. 그녀의 체력과 육체의 힘이 향상될 수 있도록 기도해주세요. 그녀는 6월 24일부터 침대에 누워 있었기 때문에 걷는 데 어려움이 많습니다. 기도의 용사 여러분, 믿음을 지키게 도와주셔서 감사합니다. 하나님은 정말 좋으신 분입니다! 에베소서 2장 8절에 말씀하시기를 "너희는 그 은혜에 의하여 믿음으로 말미암아, 구원을 받았으니 이것은 너희에게서 난 것이 아니요, 하나님의 선물이라"고 하였습니다. 아멘.

더럼에 가다: 대리인을 통한 원격 치유의 예

어느 해 겨울, 더럼에서 열린 국제순복음 기업인 친교회 저녁 만찬에서 강연해달라는 요청을 받았다. 말씀을 다 전한 후 기도받기를 원하는 사람들을 위해 사역 시간을 인도하였다. 한 여성이 앞으로 나와서 더블린에 사는 자신의 조카딸에 대해 말했다. 그 아이는 암에 걸렸는데, 수십 킬로미터 떨어져 있는 이 자리에서 그 아이를 위해 기도를 받을 수 있는지 궁금해했다. 나는 우리가 할 수 있다고 확신한다고 그녀에게 말했다. 마침 그 자리에 젊은 여성이 있었다. 나는 그녀에게 아픈 어린 소녀를 대신해서 앞으로 나와 그녀의 머리에 손을 얹게 해줄 수 있는지 물었다. 그녀는 흔쾌히 동의해주었다. 나는 아픈 소녀의 몸이 치유되기를 바라시는 주님의 뜻과 일치하도록 명령하면서 평소와 같은 방법으로 기도하였다. 그리고 그 암을 저주하며 그것이 쪼그라들어 죽고 완전히 사라지라고 명령하였다. 또한 암을 따라다니는 죽음의 영이 그 소녀에게서 떠나라고 명령하였다. 그날 밤이 지나고 한참 후, 그 삼촌과 이모를 다시 만났을 때, 그들은 여름에 더블린에서 열린 조카의 결혼식에 다녀왔고, 그날 기도받은 이후 그녀가 암이나 질병의 징후 없이 완전히 건강해졌다고 말해주었다.

알라모 하이츠(Alamo Heights) 감리교회에 가다

우리가 가르치고 사역하기 좋아하는 장소 중 하나는 텍사스주 샌안토니오의 알라모 하이츠 감리교회다. 그곳에서 좋은 친구인 노라(Nora)와 밥 스콧(Bob Scott)과 함께 지낼 수 있다는 사실 외에도 내가 매우 친밀감을 느끼는 많은 훌륭한 기독교인들을 만날 수 있기 때문이다. 노라와 밥은 우리에게 그들의 담임 목사인 데이비드 맥니츠키(David McNitzky)를 소개해주었고, 그는 기도실에서 열리는 작은 수요일 밤 모임에서 말씀을 전하도록 허락해주었다. 데이비드는 내가 그 한 번의 예배로 교회에 많은 폐를 끼치면 안 된다고 느꼈던 것 같다.

나는 조용히 많은 사람에게 사역하신 예수님을 찬양한다! 그날 밤 우연히 가족과 함께 마을을 방문했던 한 남자가 운동하다가 입은 부상에서 치유되었다. 그 일은 다른 사람들에게도 용기를 주었다. 그날 밤 그 교회에서 중요한 전환점이 된 것은 교회 원로 중 한 명이 그 자리에 온 것이다. 그는 우리를 아주 회의적으로 보았고, 치유 자체에 대해 매우 반대했다. 그러나 하나님은 정말 은혜로우시다. 나는 그가 품고 있는 회의에 대해 몰랐고, 하나님이 나에게 그 사람을 위해 지혜의 말씀을 주셔서 아무도 듣지 못하도록 그에게 말해주었다. 몇 달 후 그는 나를 찾아와서 자신의 교회에서 우리가 사역하는 것에 대해 얼마나 반대했는지를 말했다. 그러나 내가 그에게 말한 사적인 것에 대해 교회의 어느 누구도 전혀 알 수 없다는 것을 그는 알았다. 그러고 나서 그는 그것이 오직 하나님에게서 온 것임을 확신하게 되어 그의 태도가 바뀌었다.

얼마 후 데이비드 목사와 서신 교류를 하게 되었을 때 그는 그날 밤에 관해 나에게 다음과 같이 편지를 썼다.

하나님의 시간은 항상 그렇듯이 놀랍습니다. '성령님의 성품과 임재와 능력'에 대한 수업을 마치고, 집에 돌아와서 당신의 쪽지를 받았습니다. 나는 그날 저녁 가든 채플에서 있었던 일을 그들에게 말했습니다. 나는 내 뒤에 있던 회의적인 원로에게 "저는 하나님이 움직이실 때 방해하지 말라고 배웠습니다"라고 말했던 것을 기억합니다. 그리고 몇 분 후 그는 당신 앞으로 나갔습니다.

그날 저녁의 사건은 1년여 후 윌 벨라미(Will Bellamy)가 다발경화증에서 나아지기 시작했을 때 알라모 하이츠에서 수련회를 인도하고 일주일 동안 강의하는 것으로 이어졌다. 하지만 나는 2004년에 도로시와 함께 샌안토니오로 가서 성 누가 교단과 함께 일하면서 같은 교회를 중심으로 치유 선교를 이끌기 전까지는 그의 이야기를 듣지 못했다.

우리가 여행을 떠나기 얼마 전, 나는 사랑니 한 개와 다른 두 개를 빼내는 긴급한 치과 치료를 받아야 했다. 이로 인해 내 잇몸에 수술 자국이 남았고, 입술을 포함하여 왼쪽 아래로 내 얼굴이 경직되었다. 잇몸이 감염되었고, 입안에 궤양이 생겼다. 떠나기 전날 저녁, 이 감염이 요로로 퍼져 적어도 30분마다 급하게 화장실로 돌진해야 했다. 우리는 월요일 아침 6시 전에 암스테르담 공항에 도착해야 했다. 그다음 멤피스로, 그리고 마지막에 샌안토니오로 가야 했다. 암스테르담에서 멤피

스까지 가는 9시간 동안 먹을 수도, 마실 수도 없었다. 나는 하나님께 이것이 치유 선교가 되어야 한다는 것을 기억해주시길 기도하면서, 내가 이렇게 엉망인데 다른 사람들의 치유를 위해 기도하는 여행이 무슨 의미가 있는지 여쭙는 시간을 보냈다. 9시간 동안 하나님은 침묵하셨다. 그 후 주님이 나에게 말씀하신 유일한 하나는 내가 85세까지 여행하기를 원하신다는 것이었다.

그런 경우 우리가 육체적으로 고통과 질병을 겪고 있을 때, 평안과 확신의 자리에 머무르려고 노력하는 것은 어리석어 보인다. 즉, 치유하는 것이 하나님의 본성이며 뜻인 것을 아는 것, 그가 채찍에 맞음으로 우리가 나음을 입었는 것을 아는 것에 대해 우리 몸과 영혼은 그것이 사실일 수 없다고 비명을 지른다. 그것은 마치 "당신 자신을 보세요. 당신은 아파요. 십자가의 구속으로 치유되었다는 것이 어떻게 사실일 수 있나요?"라고 말하는 것과 같다. 그러나 우리가 보고 느끼는 것에도 불구하고 하나님의 치유를 다른 사람들에게 전하려면, 우리는 그 말씀의 진실성을 유지해야 한다.

우리가 월요일 밤 샌안토니오에 도착했을 때, 도로시도 나도 치유와 온전함을 홍보하기에 좋은 상태가 아니었다. 밥과 노라는 수요일 저녁 성 누가 교단에서 나온 그룹과 처음 만날 때까지 우리를 애지중지 보살펴주었다. 그날 저녁 마지막 즈음에 하나님은 내 목 뒤에 있는 털들을 쭈뼛하게 하시고 내 몸의 온 신경이 찌릿찌릿할 정도로 나를 놀라게 하셨다. 감염과 수술의 영향으로 여전히 어지러운 상태로 교회 부속 건물의 방에 들어서자, 한 남자가 다가와 말했다. "저는 윌 벨라미예요.

당신이 5년 전에 이 교회에 왔을 때 저는 파킨슨병을 치료받았습니다."

다음은 윌이 나를 위해 써준 이야기다.

기도로 파킨슨병을 고침받다

/

그날 저는 직장에서 마치 절대 끝나지 않을 것처럼 온종일 바빴습니다. 50번째 생일이었지만, 집에 가서 발을 올리고 시원한 맥주를 마실 생각밖에는 할 수 없었어요. 제가 집에 도착했을 때, 도나는 천사와 같은 목소리로 음정이 맞지 않게 생일 축하 노래를 불러주었고, 저녁을 먹으러 나가야 하니 서두르라고 말했습니다. 저는 정중하게 취소해주기를 원했지만, 도나는 완강했습니다. 저는 도나에게 정말 몸 상태가 나쁘다고 말했고, 우리가 빨리 식사하고 돌아와 소파에 쓰러지고 싶은 내 생일 소원이 이루어지면 좋겠다고 말했습니다. 그때 도나는 울음을 터뜨리며 자기가 깜짝 이벤트를 준비했고, 약 20-30명의 친구가 미리 준비하고 있다고 말했어요. 저는 깜짝 놀랐습니다. 마치 함정에 빠진 기분이었습니다. 제가 할 수 있는 일은 구원을 위해 기도하는 것뿐이었습니다.

레스토랑에 차를 세우고 연회장에 들어서자, 미래의 신부가 정말로 큰 노력과 비용을 들였다는 것을 알게 되었습니다. 제 안의 어떤 우울함과는 별개로 멋진 파티가 진행되고 있었습니다. 모든 일에 조심해야 하는 것이 저를 지치게 했지만, 저도 조금씩 파티를 즐기고 있었습니다. 파티가 끝나갈 무렵 선물을 열어볼 시간이라고 했습니다. 어떤 이유에서인지 저는 서투르게 행동하고 있었는데, 가장 친한 친구 중 한 명이 도나에게 제가 뇌졸중을 앓았는지 묻는 것을 우연히 들었습니다. 그때 저는 뭔가 잘못되었다는 것을 알았습니다.

바로 다음 날 저는 신경과 전문의 진료를 예약하고 논의할 몇 가지 증상을 적었습니다. 제가 걷고, 주먹을 쥐고, 마지막 다섯 명의 대통령을 거꾸로 말하는 것을 본 의사는 '파킨슨병'이라고 말했습니다. 저는 즉시 부인하며 "좋아요, 더 검사해보겠습니다"라고 말했습니다. 의사는 이 검사 말고는 다른 검사는 없다고 했습니다. 그리고 저에게 약을 줄 텐데 그것을 먹고 효과가 있다면 파킨슨병이 맞는 것이라고 했습니다. 누군가 '날 걷어차! 난 파킨슨병에 걸렸어!'라고 쓰인 커다란 샌드위치 보드 팻말을 제 목에 걸어놓은 것 같았습니다.

저는 멍한 상태에서 휠체어가 춤추는 그림을 그리면서 집으로 운전했습니다. 저는 도나에게 즉시 말하기로 결심했습니다. 왜냐하면 도나에게 청혼한 지 얼마 되지 않았으니, 도나에게 이 불행에서 피할 수 있는 기회를 주는 것이 공평하다고 생각했기 때문입니다. 그런데 도나는 저와 함께 있을 것이며, 함께 싸울 것이라고 말했습니다. 건강관리 전문가인 도나는 영양과 지압 마사지 치료에 대한 훌륭한 지식을 갖고 있었습니다. 게다가 그녀는 시내에 신경 정신과 최고 권위자 중 한 사람을 알고 있었습니다. 그 의사는 신중을 기해 검사를 한 다음, 제게 조기 파킨슨병이 발병했을 가능성이 높다고 했습니다. 저와 도나는 이 상황에 맞서기로 결심했고, 논리적으로 가능한 모든 종류의 무기를 사용하여 다각적인 공격을 시작했습니다. 저는 자전거 타기를 사랑했고, 엄격한 건강 요법에 반대하지 않는 사람이었습니다. 그래서 우리는 큰 기대를 하고 그 난투극에 뛰어들었습니다.

1년쯤 지나자, 우리의 기대는 수그러들기 시작했습니다. 제 왼손은 끊임없이 툭툭 흔들렸고, 한때 제가 제 머리를 때리지 못하게 하려고 동생이 전화 수화기를 빼앗은 적도 있었어요. 저는 꽤 훌륭한 기타리스트였습니다. 1970년대 중반에는 윌 넬슨과 함께 순회공연을 하기도 했습니다. 하지만 이제 제 왼손은 쓸모없는 집게발이 되었습니다. 왼발을 끌게 되자 제 걸음걸이는 프랑켄슈타인을 패러디하는 것으로 변했고, 많은 사람은 불분명한 말투로 인해 제가 술병을 달고 사는 것으로 오해했습니다. 더 많은 약을 먹게 되자 좀비처럼 변했습니다.

제가 절망적인 상황이라고 내뱉으려는 찰나에 도나가 감리교회에서 치유기도를 위해 선교팀이 왔다는 소식을 전해주었습니다. 영국에서 비커스 부부가 온다고 말했어요. 저는 '그 교회의 많은 사람이 기대에 부풀어 있는데 내가 가야 할까?'라는 생각이 들었습니다. 보수성향의 이 주류 교회가 그런 사역을 허락한 데 대한 호기심에도 불구하고, 저는 TV에서 사이비처럼 보이는 사람들을 본 적이 있고 게다가 대중 앞에서 구경거리가 되는 것이 싫다며 정중히 거절했습니다. 도나는 "당신은 분명히 가게 될 거야"라고 말했습니다.

제 상황이 너무 안 좋아져서, 치유를 받고 싶은 오랜 소원을 이룰 수 있다면 대중에게 구경거리가 되는 것은 아주 작은 대가라는 생각이 들었습니다. 그러면서도 저는 두 명의 안내위원이 저를 발로 차고 소리를 지르며 성소 안으로 끌고 가는 동안 제 두 발뒤꿈치 자국이 인도를 따라가는 모습을 상상했습니다. 그러나 저와 도나가 도착해서 바라본 교회는 부드러운 불빛과 조용한 음악 그리고 평안한 공기가 흐르고, 촛불이 켜져 있었어요. 우리는 줄을 서도록 안내받았고, 앞쪽으로 다가갈수록 마치 건조기 안에서 테니스 신발이 도는 것처럼 제 가슴이 뛰었습니다.

앞에 도착하자, 아름다운 여인이 저의 어깨를 꽉 잡고 예수님이 저를 위해 무엇을 해주시기를 원하는지 물었어요. 저는 파킨슨에서 고쳐달라고 말했습니다. 그녀는 저를 바라보더니, "주 예수 그리스도의 능력과 약속으로 고침받으라"라고 말했어요. 그 말씀이 제 귓가에 맴돌며 저는 뒤로 넘어졌고, 저만큼이나 놀란 담임 목사님이 저를 붙잡았습니다. 눈을 떴을 때 저는 제 등을 대고 교회의 아치형 천장을 올려다보고 있다는 것을 깨달았습니다. 저를 내려다보는 얼굴들에 둘러싸여 있었는데, 그들은 제가 이해할 수 없는 언어로 기도하고 있었기에, 자리에서 일어날 수 없는 저는 매우 혼란스러웠습니다.

한참 후에 일어서서 보니 교회는 온통 사람들이 등을 대고 누워 있는 전쟁터 같았습니다. 이 광경에 놀란 저는 한참이 지나서야 왼쪽 어깨와 팔과 손에서 떨림이 멈춘 것을 알아차렸습니다. 그 시점에서 다른 사람들도 알아차리고 "봐, 저 남자는 더 이상 떨지 않아"라고 말했습니다. 중보자들이 찬양의 합창을 불러주었는데, 저는 제가 치유된 것과 예수 그리스도가 저를 만져주신 것 중 어느 것이 더 나은 기분인지 잘 알 수 없었습니다.

떨림이 다시 돌아왔지만, 약보다 더 깊은 곳을 만질 수 있는 무언가가 있다는 것을 알게 되었습니다. 너무 소중하고 인내심 있는 도나는 저와 함께 수요일 밤 기도팀에 합류했습니다. 그리고 저는 앞으로 2년 동안 기도를 받기로 했습니다. 휴이(Huey) 박사님은 제가 점점 나아지고 있는 진단 결과를 보면서, 제게 무슨 일이 일어나고 있는 것인지 물었습니다. 저와 같은 경우, 더 나아지는 것이 아니라 더 나빠지는 것이 일반적이라고 말했습니다. 그것이 기도의 힘이라고 제가 대답하자, 그도 강하게 동감하면서 계속 기도하라고 말했습니다.

제가 파킨슨병에서 해방된 지 8년이 되었습니다. 저는 그날 이후 즉각 치유되었지만, 제 병은 점진적이기 때문에 계속해서 건강을 관리해야 합니다. 저는 그 어느 때보다도 기타를 잘 칩니다. 하나님께 새로운 음악을 만들겠다고 약속했기 때문에 주님과 아버지 하나님 여호와 라파, 성령님, 특히 랜디와 도로시 비커스에게 끊임없는 감사와 찬사를 보냅니다. 랜디는 "하나님은 항상 재미있고 작은 사람(도로시)들에게 그분의 일을 하게 하시는 것이 이상하지 않나요?"라고 말했습니다. 제가 재미있고 작은 사람을 기뻐한 것은 이번이 처음입니다.

아멘, 아멘, 그리고 아멘.

윌 벨라미

만성소화장애(실리악병)가 치료되다

/

2004년에 있었던 이 방문은 여러 가지 면에서 가장 흥미로웠다.

어느 수요일 저녁 나와 도로시는 알라모 하이츠에 있는 스콧 히어(Scott Heare) 목사님과 몇몇 성도가 마을에서 33킬로미터 정도 떨어진 곳에 개척 중인 새로운 교회에 가서 설교하고 예배를 드렸다. 그 교회 교인 중 한 명이 다가와서 고맙다고 말했다. 왜냐하면 내가 알라모 하이츠에서 마지막으로 사역했을 때, 그녀의 십대 딸이 실리악병에서 치유되었기 때문이다.

2003년에 나와 도로시는 친구인 노라와 밥을 방문하고 있었는데, 스콧 히어 목사님은 내게 주일 아침 뉴 하이츠(New Heights) 교회에서 설교를 할 수 있는지 물었다. 그 예배는 그가 라이프 센터에서 이끌었으며, 일반 성소 예배 대신에 드렸다. 그녀의 딸이 어머니 없이 참석한 것이 바로 이 뉴 하이츠 예배였다. 그 주일에 그녀는 딸이 교회에서 집으로 돌아오자 딸이 먹으면 아프기 시작할 음식을 먹기 시작하는 것을 보았다. 엄마가 간섭하자 그 소녀는 예배 때 기도를 받아서 다 나았다고 말했다. 소녀의 엄마가 얼마나 경악했을지 상상할 수 있으나, 그녀가 말했듯이 시간이 지나면서 사실임이 증명되었다.

나는 그날 밤 리버사이드(Riverside)에서 그 소녀에게 간증하게 하였다. 소녀는 주일 아침에 설교를 듣고 있을 때 뱃속에서 무언가가 느껴졌고, 무슨 일이 일어나고 있다는 것을 알았다고 말했다. 소녀는 사역 시간에 기도를 받으러 앞으로 나갔고, 자신이 치유되었으며 더는 먹는 것에 대해 걱정할 필요가 없다는 것을 알았다. 소녀는 "오, 이제 저는 파티에서 정말 신날 것 같아요!"라고 말했다.

너무 자주 반복할 필요는 없지만, 예수님은 치유자시다. 그분이 우리에게 부탁하신 것은 그분을 믿고, 하늘나라가 가까이 있다고 설교하는 것이 전부다. 그러면 이러한 기적들이 뒤따를 것이라고 약속하신다. 우리는 이렇게 하면서 사람들이 치유받기를 기대해야 한다. 그것은 그분의 임재하심에 따르는 능력이지, 우리의 은사나 능력에 달려 있는 것이 아니다. 그분이 하시는 일을 다 알게 되기를 기대하지 않지만, 몇 년 후 그분이 그 당시에 바쁘게 하셨던 그 일들에 대해 듣게 된다면 정말 멋질 것이다.

성령님이 교회를 변화시키신다

/

2004년 방문 때 나는 뉴 하이츠 라이프 센터가 아니라 교회 주일 예배(성소 예배) 설교자로 초대되었고, 데이비드 맥니츠키 목사님이 회중에게 우리를 소개했다. 그는 나와 도로시가 몇 년 전에 그들의 교회에 왔을 때 교회가 바뀌었다고 말했다. 그는 윌 벨라미가 치유된 해를 언급하고 있었다.

데이비드 목사님은 첫 주간에 내적 치유와 감정의 온전함에 대한 수련회를 인도해달라고 우리를 초대하였다. 그래서 우리는 월요일에서 금요일까지 아침과 저녁으로, 예수님의 치유 사역에 대해 그리고 성령의 은사에 대해 여러 방면으로 가르쳤다. 이 수련회는 주로 교회 기도팀과 관심 있는 성도들을 위한 것이었다. 마지막으로 주일 저녁에 우리는 교회(성소)에서 치유 예배를 인도하기로 했다.

하나님은 놀랍게도 이 모든 것을 준비해주시고, 주말과 강의 시간을 꽉 채울 수 있게 해주셨다. 그날 저녁 방문한 일을 제외하고는 아무도 우리를 알지 못했다. 랜디와 도로시 비커스는 그렇게 유명한 사람들이 아니었다. 그런데 하나님이 노라 스콧(Nora Scott)이라는 훌륭한 조력자, 조직자, 열성적인 사람을 주셨다. 노라는 몇 년 전 다른 친구를 통해 저녁에 함께 방문했을 때, 예수님께 큰 축복과 은혜와 치유를 받았다. 그녀는 다른 사람들도 적어도 자기와 같은 기회를 가질 수 있기를 바랐다.

주말 설교와 강의는 아주 잘 진행된 것 같았다. 하지만 성령으로 세례받을 수 있도록 기도하러 올 때마다 스콧 히어가 없었다. 캐롤린(Carolyn)이 윌 벨라미를 위해 기도하게 된 것은 이런 이유에서였다. 우리는 주일 저녁 예배와 사역 시간을 위해 왔다. 놀랍게도 약 400명의 사람이 그 예배에 참석했다. 기도팀이 사역할 때, 모든 사람은 나와 도로시에게 기도받을 것을 기대했었다. 나는 강의를 마치고 기도팀에게 둘씩 짝을 지어 앞으로 나와서 각자의 자리에 서라고 요청하였고, 기도를 원하는 사람은 모두 앞으로 나오게 초청했다. 영국에서는 기도팀들이 기도 대상자가 없을 때까지 그들의 자리에 머물러 있는 것이 일반적이다. 내가 사람들에게 앞으로 나오라고 초대하자마자, 모든 기도팀은 그들 앞에 길게 늘어선 기도 대상자들을 발견했다. 스콧 히어는 파트너인 캐롤린에게 가야 했다. 스콧이 그녀에게 가기 위해 내 앞을 지나가고 있을 때 나는 그에게 성령을 받았느냐고 물었다. 스콧이 "아니요"라고 대답하자, 성령님이 그에게 임하셨다. 나는 그를 만지지 않았고 그에게서 몇 미터 안에 있지도 않았다. 성령이 임하시자 183센티미터 혹은 그 이상이 되는 스콧은 넘어졌다. 그는 성찬대 앞의 바닥에 독수리처럼 몸을 펴고 누워 오랫동안 성령 안에 있었다.

캐롤린은 윌이 간증에서 사랑스러운 숙녀라고 언급한 사람이다. 그녀는 윌이 성령의 힘으로 쓰러지는 것을 보았다. 그녀는 사역하는 동안 성령님의 권능으로 넘어지는 사람을 본 적이 없었다. 윌이 넘어지는 순간 그를 잡아줄 사람이 없었다. 그래서 그녀는 윌의 어깨를 잡고 안아 올린 다음, 재빨리 윌에게 치유를 선포하고 그가 쓰러져 있도록 두었다. 담임 목사인 데이비드 맥니츠키가 윌을 잡으려고 앞으로 나아갔다.

그날 밤 기도팀원들은 모두 그들을 통하여 어떻게 하나님이 능력으로 일하셨는지, 그들이 기도할 때 어떻게 성령님의 기름 부으심이 사람들에게 임하셨는지를 보고 놀랐다. 우리는 그날 밤 예수님이 사람들의 삶에 사역하심으로 인한 신기한 경험들과 치유를 절대 다 알지는 못할 것이다. 이것은 그리스도의 몸인 교회가 성령의 기름 부으심을 받아 천국을 전파하고 병든 자를 고치라는 주님의 사명을 수행하는 진정한 모습이다.

월요일 아침 직원들과 나누는 보고회에서 밥 스콧은 일어나 칠판에 선을 그렸다. 밥은 교회의 여정에서 한 선에 도달했는데, 그 선을 넘을 것인지 말 것인지를 결정해야 할 때가 왔다고 말했다. 스콧은 "밥, 어젯밤 우리는 그 선을 넘었고 이제 돌아갈 수 없습니다"라고 말했다.

만성소화장애와 뇌하수체장애에서 고침받다

/

베거즈 루스트에 왔던 조앤이 집으로 돌아간 다음, 아래와 같은 메일을 보내왔다.

존경하는 도로시와 랜디에게.

오늘 당신이 떠올라 메모를 남깁니다. 제가 받은 치유에 대해 하나님께 감사할 때마다 당신과 애니(Annie)를 떠올리기 때문입니다. 혹시 저(실리악병과 뇌하수체장애)를 기억하시는지요? 저는 1997년 4월 말과 5월 초 사이에 목요일마다 갔었고, 도로시에게 받은 '지식의 말씀'을 따라 즉시 건강이 회복되었습니다. 또 블라이스 커피 클럽에서 5월 말에 만났는데, 거기서 저에게 간증하라고 권하셨어요.

건강은 계속 좋은 상태이고, 여기저기에서 간증해달라는 요청을 많이 받았습니다. 때로 목사님들과 심지어 감리교 협의회를 포함한 큰 모임에서도 간증했습니다. 저에게 일어난 일을 듣고 사람들이 항상 기뻐한다는 것을 알게 되었고, 제 건강에 일어난 변화가 너무나 명백해서 저를 아는 그 누구도 의심할 수가 없었습니다.

저는 정규직 교사로 복귀했고, 감리교 순회 교구에서 설교하고 개인 지도를 하는 일에도 복귀하였습니다. 피터와 나는 스톡스필드(기독교 치유기도 센터가 있는 지역)에 다시 가서 그곳에서 예배드리고 싶어요.

당신의 사역에 다시 한번 감사드립니다. 당신과 모든 팀원에게 하나님이 축복하시길 바랍니다.

사랑으로, 조앤 쇼트

2005년 5월에 조앤의 남편이 그녀의 이야기를 사용해도 된다는 허락의 말과 함께 나에게 메일을 보냈다. 그는 조앤이 치유된 그다음 날, 직장에 복귀했으며 60세 이후에도 계속 일하기로 한 계약에 서명했다고 말했다.

헬렌(Helen)이 베거즈 루스트에 오다
/
헬렌은 근처에 사는 부부를 만났는데, 남편이 치유 센터를 통해 파킨슨병에서 치유된 이야기를 그들에게 직접 들었기 때문에 나에게 편지를 보내왔다. 그녀는 22년 동안 앓고 있던 류마티스 관절염을 치료하기 위해, 기도가 가능한지를 상의하고 싶어 여기에 오고 싶어 했다. 그녀는 여러 단체에서 많은 기도를 받았지만, 아무 효과도 보지 못했다고 했다. 나는 그녀를 목요일 밤 치유 예배에 초대했다. 우리를 방문한 후 그녀는 두 번째 편지를 보냈다.

존경하는 비커스 목사님,

2000년 4월 6일 제가 당신을 방문했을 때 당신과 사역팀을 만나서 정말 기뻤습니다. 제게 무슨 일이 일어났는지 궁금하실 거라고 생각했어요! 우선 그날 밤 차를 몰고 집으로 돌아오는데, 손이 엄청나게 뜨

겁고 따끔거렸습니다. 핸들을 잡고 있기가 힘들 정도였어요. 그 후 매일 힘이 좋아졌고, 두 손이 아닌 한 손으로 머그잔을 들 수 있게 되었습니다. 두 번째로 오른쪽 무릎 뒤의 혹이 사라졌습니다. 제게 이런 치유를 허락해주신 하나님을 찬양하며, 계속해서 몸이 좋아지기를 기대하고 있습니다. 저는 당신이 가르쳐준 것처럼 치유 안에서 살고 있습니다.

2005년 헬렌이 이 책에서 자신의 이름을 사용해도 좋다는 말과 함께 편지를 보내왔다. 최근에 류마티스 관절염이 재발하지 않았다는 의사의 진단을 받았다고 하면서 이렇게 덧붙였다. "제가 느끼는 또 다른 치유는 제 안에서부터 일어났습니다. 저의 모든 쓴 뿌리와 분노, 외로움이 사라졌습니다. 저는 하나님이 창조하신 사람으로 치유와 기쁨 안에서 살고 있습니다."

그녀가 언급한 파킨슨병의 치유

한 부부가 다른 사람들에게서 센터에 관한 이야기를 듣고 나에게 연락했다. 남편은 몇 년 동안 파킨슨병을 앓고 있었는데 나를 만나러 오길 원했다. 나를 찾아온 그 부부는 격려를 받고 집으로 돌아갔지만, 중요한 변화는 없었던 것으로 보였다. 얼마 후 그들이 다니는 교회에서 우리 팀을 초대하여 주일날 그 교회에서 치유 예배를 드렸다. 아주 좋은 저녁이었고, 주님이 여러 가지 방법으로 치유하고 계시는 것을 알았다. 예배 초반에 나는 그 부부와 기도했지만, 이번에도 뚜렷한 진전은 없었다. 그때 나는 계속 예배를 진행했지만, 우리 팀의 조앤은 휠체어에 앉은 채로 교회 뒤편에 남아 함께 예배를 드렸다. 그녀는 남편 곁에서 기도하기만 하면 남편이 치유될 수 있다고 확신했다. 이것이 바로 바울이 치유의 은사를 언급할 때 의미한 것이었다. 나는 말씀을 전하던 중 그 남편이 휠체어에서 일어나 복도 아래로 걸어가는 것을 알게 되었다. 저녁 집회가 끝날 무렵 그는 완전히 자유를 얻은 것 같았다. 그 모임을 주최한 여성은 그가 그다음 날 아주 가파른 그의 정원에 혼자 내려가서 정원의 창고에서 시간을 보냈다고 편지를 보내 알려주었다. 그는 오랫동안 그렇게 할 수 없었다. 시간이 꽤 지나서 그의 아내가 편지를 보내왔는데, 너무 늦게 연락해서 미안하다고 사과했다. 그리고 그들은 많은 일을 겪어왔다고 했다. 그것은 그의 몸이 해독되고 있으며, 그가 복용했던 약을 끊자 여러 가지 부작용이 있었기 때문이라고 하였다. 3-4년 후, 그 마을로 이사 온 한 부인이 그의 놀라운 치유 이야기를 듣고 자신도 치유받고 싶다고 할 때까지 그들에 관한 소식을 듣지 못했다. 하나님은 정말 좋으신 분이다.

도로시와 나는 이 간증과 다른 많은 간증으로 인해 하나님께 감사드린다. 하나님과 함께라면 모든 것이 가능하다. 이 책에서 무엇인가 당신에게 힘을 준 부분이 있다면 부디 하나님께만 모든 영광을 돌리기 바란다.

노섬브리아 기독교 치유기도 센터의 사역은 기도의 능력으로 이루어진다. 매일 기도에 헌신하는 큰 가정 중보팀이 있는데, 그 팀들은 기도 편지와 센터의 일정을 정리한 소식지 한 부, 그리고 기도를 요청한 4-5명의 이름과 그들의 상황을 한 달에 한 번씩 전달받는다. 당신이 중보기도자로서 부르심을 받았다면, 우리에게 연락해주기를 바란다.